税　法

主　编：杨仕晓

副主编：刘　颖　方小慧

陈益云　杨　露

参　编：郑　勇

北京理工大学出版社

BEIJING INSTITUTE OF TECHNOLOGY PRESS

内 容 简 介

本书是根据本科院校培养应用型人才为目标，将税法的理论知识与实际案例相结合，设置大量相应的图表说明、疑难问题的思考和重要信息的小贴士，尽可能将枯燥的税收法条具体化，将过于零散的知识点综合化，使学生学习税法时不拘泥于某一章节内容，而是理解各章节间的联系和差别，做到融会贯通，真正将自己培养成这样一种能力，就是学会“确定某项经济业务涉及交什么税、谁负责交税、交多少税和怎样交税”。

本书根据国家最新税制改革内容进行编写，展现税法的最新内容，具体包括税法总论、增值税法、消费税法、关税法、企业所得税法、个人所得税法、其他税法和税收征收管理办法。另外，在充分考虑学生参加有关税法考试的需要，内容上紧扣会计职称考试大纲和注册会计师考试大纲中对税法知识考核的要求，在每章开头都设有学习目标、案例导入，章末设有本章小结和关键术语，并配有相应的综合练习题，以引导学生迅速、准确地把握本章的知识点，力求做到清晰、翔实。

本书可作为普通高等院校会计专业和财经类其他专业的税法课程教材，也可作为在职财务、会计及税务人员业务学习、岗位培训教材。

图书在版编目（CIP）数据

税法/杨仕晓主编. —北京：北京理工大学出版社，2017.2

ISBN 978-7-5682-3708-6

Ⅰ. ①税…　Ⅱ. ①杨…　Ⅲ. ①税法－中国－高等学校－教材　Ⅳ. ①D922.22

中国版本图书馆 CIP 数据核字（2017）第 027952 号

出版发行 / 北京理工大学出版社有限责任公司
社　　址 / 北京市海淀区中关村南大街 5 号
邮　　编 / 100081
电　　话 /（010）68914775（总编室）
（010）82562903（教材售后服务热线）
（010）68948351（其他图书服务热线）
网　　址 / http://www.bitpress.com.cn
经　　销 / 全国各地新华书店
印　　刷 / 北京泽宇印刷有限公司
开　　本 / 787 毫米×1092 毫米　1/16
印　　张 / 16.25
字　　数 / 385 千字
版　　次 / 2017 年 2 月第 1 版　2017 年 2 月第 1 次印刷
定　　价 / 58.00 元

责任编辑 / 陆世立
文案编辑 / 赵　轩
责任校对 / 周瑞红
责任印制 / 李志强

图书出现印装质量问题，请拨打售后服务热线，本社负责调换

前 言

税法是会计学和财务管理本科专业学生的专业必修课程，是教育部规定的财经类、管理类专业的核心课程之一。因此，学好税法是对财经类学生的基本要求，而税法具有法律条文不好理解、知识点多、系统性强等特点，增加了学好税法的难度。

本书以新颁布的税法法律、法规为依据，介绍税法的相关内容。全书共分 8 章，包括税法总论、增值税法、消费税法、关税法、企业所得税法、个人所得税法、其他税法和税收征收管理办法，为了便于学生学习，在每章开头设有学习目标、案例导入，章末设有本章小结和关键术语，并配有相应的综合练习题，以引导学生快速、准确地把握本章的知识点。

本书在编写方面，设置大量相应的图表说明、案例解答、疑难问题的思考和重要信息的小贴士，图文并茂，力求清晰、翔实，做到科学性、系统性与实用性的有机结合。

本书的编写人员如下：第 1 章由杨仕晓（高级会计师）编写；第 2 章和第 3 章由杨仕晓、方小慧（广东东软学院讲师）编写；第 4 章、第 5 章和第 6 章由杨仕晓、陈益云（副教授）、杨露（注册会计师）编写；第 7 章和第 8 章由杨仕晓、刘颖（广东东软学院讲师）编写。在本书的写作过程中，郑勇副教授和杨露参与了主要章节的审核并提出了宝贵的修改意见。另外，杨露负责提供课后练习题的答案和配套课件。全书由杨仕晓负责修改并定稿。

本书在编写过程中参阅许多国内相关文献资料、研究成果和国家有关税法制度，时间紧，任务重，难免有些错漏，望能够得到专家、同行以及读者的批评指正。

目录

第一章
税法总论

学习目标

了解税法的内涵及税法与其他法律之间的关系；熟悉税收法律关系；掌握税法的构成要素；了解我国现行税法体系和税收管理体制。

案例导入

全面推开“营改增”税负只减不增

2016年5月1日，“营改增”将全面推开试点。这是一场意义重大、影响深远的改革，涉及新增建筑、房地产、金融、生活服务4个行业的1 000多万户纳税人。

衡量这次改革成效最重要的标志，就是把结构性减税措施落到实处，让广大企业受惠，要精心组织实施，把改革“红包”实实在在发到企业手中，以政府收入做“减法”换取企业效益做“加法”、市场活力做“乘法”。

全面实施“营改增”是结构性改革和财税体制改革牵一发而动全身的重大举措，具有一举多得的政策效应。一是可以大幅度减轻企业税负。今年扩大财政赤字主要就体现在全面实施营改增给企业减税上，将比改革前减轻企业税负5 000多亿元，是近年来最大规模的一次减税。而且这次把不动产纳入抵扣范围，也会带动企业扩大有效投资。通过“放水养鱼”增强发展的动力和后劲。二是能够发挥对经济转型升级的强大“助推器”作用。营改增的政策取向突出了推动服务业特别是研发等生产性服务业发展，这可以有力促进产业分工优化，拉长产业链，带动制造业升级。三是有利于营造公平竞争的市场环境。通过统一税制，实现增值税全覆盖，贯通服务业内部和二三产业之间抵扣链条，从制度上消除了重复征税，对完善我国财税体制有长远意义。

（资料来源：http：//sz.xinhuanet.com/2016-04/14/c.1118621053.htm.）

【讨论】

（1）“营改增”涉及的主要利益关联方包括哪些？

（2）“营改增”的作用可以概括为哪几个方面？

第一节　税法概述

一、税收与税法

（一）税收的含义与特征

税收是政府为了满足社会公共需要，凭借政治权力，强制、无偿地取得财政收入的一种形式。税收是国家取得财政收入的一种重要工具，其本质是一种分配关系；国家征税的依据是政治权力，有别于按要素进行的分配。税收分配是以国家为主体进行的分配。国家课征税款的目的是满足社会公共需要。

税收与其他财政收入形式相比，具有强制性、无偿性和固定性三个特征。

1. 强制性

强制性指国家以社会管理者身份，用法律、法规等形式，对征、纳双方权利与义务的制约。国家征税是凭借政治权力，而不是凭借财产所有权。国家征税不受财产直接所有权归属的限制，国家对不同所有者都可以行使征税权。负有纳税义务的纳税人都必须遵守国家强制性的税收法律制度，依法纳税，否则就要受到法律制裁。

2. 无偿性

无偿性指国家征税后，税款即成为财政收入，对纳税人既不需要直接偿还，也不付出任何形式的直接报酬。无偿性是税收的关键特征。它使税收既不同于国有资产收入或利润的上交，也不同于还本付息的国债形式，还区别于工商、交通等行政管理部门因服务社会而收取的各种形式的规费。无偿性决定了税收是筹集财政收入的主要手段，并成为调节经济和矫正社会分配不公的有力工具。

3. 固定性

固定性指国家必须通过法律形式，事先规定课税对象、课征额度和课税方法等，也可以理解为规范性。课税对象、征收比例或数额等制定公布后，在一定时期内保持稳定不变，未经法律程序，任何单位和个人对征税标准都不得随意变更或修改，因此，税收是一种固定的连续性收入。税收的固定性特征，是税收区别于罚没、摊派等财政收入形式的重要特征。

税收的“三性”互相联系，不可分离，是不同社会制度下税收所共有的，是税收本质的具体体现。这使其与利润、规费等分配形式有明显的区别，因此税收的“三性”是区别税与非税的根本标志。

（二）税法

税法是国家制定的用以调整国家与纳税人之间在征纳税方面的权利及义务关系的法律规范的总称。它是国家及纳税人依法征税、依法纳税的行为准则，其目的是维护正常的社会经济秩序和税收秩序，保证国家的财政收入。

税法是税收制度的核心内容，是税收的法律表现形式。它是一种义务性法规：以规定纳税人的义务为主，并不是指税法没有规定纳税人的权利，而是指纳税人的权利是建立在其纳税义务的基础之上，处于从属地位，这是由税收的无偿性和强制性特点所决定的。

二、税法的功能

税法的功能包括以下几个方面。

（1）税法是国家组织财政收入的法律保障。

（2）税法是国家宏观调控经济的法律手段。

（3）税法对维护经济秩序有重要的作用。

（4）税法能有效地保护纳税人的合法权益。

（5）税法是维护国家权益，促进国际经济交往的可靠保证。

三、税法的地位及与其他法律的关系

（一）税法是我国法律体系的重要组成部分

（1）税法属于国家法律体系中一个重要部门法，它是调整国家与各个经济单位及公民个人间分配关系的基本法律规范。

（2）性质上属于公法。不过与宪法、行政法、刑法等典型公法相比，税法仍具有一些私法的属性。

（二）税法与其他法律的关系

1. 税法与宪法的关系

宪法是国家的根本大法，具有最高的法律效力，是立法的基础。税法应依据宪法的原则制定。例如，《中华人民共和国宪法》（以下简称《宪法》）第五十六条规定：“中华人民共和国公民有依照法律纳税的义务。”

2. 税法与民法的关系

税法与民法有明显的区别。

民法是调整平等主体之间财产关系和人身关系的法律规范。民法调整方法的主要特点是平等、等价和有偿。

税法调整方法主要采用命令和服从的方法。当税法的某些规范同民法的规范基本相同时，税法一般援引民法条款。当涉及税收征纳关系时，一般应以税法的规范为准则。

3. 税法与刑法的关系

两者有本质区别，两者调整的范围不同，不过也有着密切的联系。因为税法和刑法对于违反税法都规定了处罚条款，两者之间的区别就在于情节是否严重，轻者给予行政处罚，重者要承担刑事责任，给予刑事处罚。

4. 税法与行政法的关系

税法与行政法有十分密切的联系，主要表现在税法具有行政法的一般特性。不过税法与行政法也有一定区别。

（1）与一般行政法所不同的是，税法具有经济分配的性质，并且经济利益由纳税人向国家无偿单方面转移，这是一般行政法所不具备的。

（2）税法在广度和深度上是一般行政法所不能比的。另外行政法大多为授权性法规，而税法则是一种义务性法规。

第二节　税法基本理论

一、税收法律关系

（一）税收法律关系的构成

税收法律关系是指税收法律制度所确认和调整的国家与纳税人之间、国家与国家之间以及各级政府之间在税收分配过程中形成的权利和义务关系，体现了国家征税与纳税人纳税的利益分配关系。在总体上，税收法律关系与其他法律关系一样也是由主体、客体和内容三个方面构成，具体如图 1-1 所示。

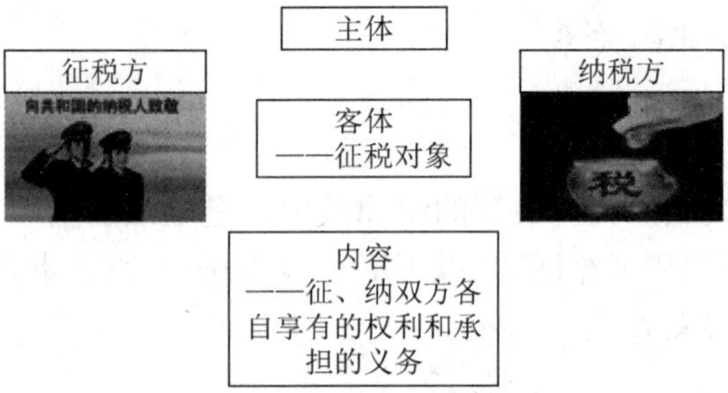

图 1-1　税收法律关系

1. 税收法律关系的主体

主体是指税收法律关系中享有权利和承担义务的当事人。在我国税收法律关系中，主体一方是代表国家行使征税职责的国家行政机关，包括国家各级税务机关、海关和财务机关；另一方是履行纳税义务的人，包括法人、自然人和其他组织。对这种主体的确定，我国采取属地兼属人原则，即在华的外国企业、组织、外籍人、无国籍人等凡在中国境内有所得来源的，都是我国税收法律关系的主体。

2. 税收法律关系的客体

客体是指主体的权利、义务所共同指向、影响和作用的客观对象。税收法律关系的客体与征税对象较为接近，在许多情况下是重叠的，但有时两者又有所不同。税收法律关系客体属于法学范畴，侧重于其所连接的征税主体与纳税主体之间权利义务的关系，不注重具体形态及数量关系，较为抽象；而征税对象属于经济学范畴，侧重于表明国家与纳税人之间物质利益转移的形式、数量关系及范围，较为具体。

3. 税收法律关系的内容

内容是指主体所享受的权利和所应承担的义务，这是税收法律关系中最实质的东西，也就是税法的灵魂。它具体规定了主体可以有什么行为，不可以有什么行为，如果违反了税法的规定，应该如何处罚等。

国家税务机关的权利主要表现为在依法征税、税务检查以及对违章者进行处罚；其主要义务是向纳税人宣传、咨询、辅导解读税法，及时把征收的税款解缴国库，依法受理纳税人对税收争议的申诉等。

纳税义务人的权利主要有多缴税款申请退还权、延期纳税权、依法申请减免税权、申请复议和提起诉讼等。其主要义务是按税法规定办理税务登记、进行纳税申报、接受税务检查、依法缴纳税款等。

（二）税收法律关系的产生、变更与消灭

税法是引起税收法律关系的前提条件，但税法本身并不能产生具体的税收法律关系。税收法律关系的产生、变更与消灭必须由税收法律事实来决定，其含义如表 1-1 所示。

表 1-1 税收法律事件和行为含义比较

类别	含义	举例
税收法律事件	不以税收法律关系权力主体的意志为转移的客观事件	自然灾害
税收法律行为	税收法律关系主体在正常意志支配下做出的活动	纳税人开业经营、转业或停业

（三）税收法律关系的保护

税收法律关系的保护对权利主体双方是对等的。

【例 1-1・单选题】下列关于税收法律关系的表述，正确的是（　　）。

A．税法是引起法律关系的前提条件，税法可以产生具体的税收法律关系

B．税收法律关系中权利主体双方法律地位并不平等，双方的权利义务也不对等

C．代表国家行使征税职责的各级国家税务机关是税收法律关系中的权利主体之一

D．税收法律关系总体上与其他法律关系一样，都是由权利主体、权利客体两方面构成

『答案』C

二、税法的构成要素

税法的构成要素是指出各种单行税法共同具备的基本要素总称，包含实体性的要素和程序性的要素。税法的构成要素一般包括纳税人、征税对象、税率、税目（见表 1-2）、纳税依据、纳税环节、纳税期限、纳税地点、减免税和法律责任等要素。其中，纳税人、纳税对象和税率构成税法的基本要素，税率处核心位置。

（一）纳税人

纳税人亦称纳税义务人，是指税法规定的直接负有纳税义务的单位或个人。纳税人通常可分为自然人、法人两种基本形式。

与纳税人紧密联系的两个概念是扣缴义务人和负税人。扣缴义务人是指税法规定的负有代收代缴、代扣代缴的单位或个人。负税人是指税收的实际负担者，它与纳税人不尽相同，如个人所得税的纳税人与负税人是相同的，而增值税的纳税人与负税人就不一致。

（二）征税对象

征税对象亦称课税对象、纳税客体，是指税法规定对什么征税，是纳税双方权利义务共同指向的标的物，是不同税种区分的重要标志。如消费税的征税对象是消费税条例所列举的应税消费品。征税对象按其性质的不同，通常可以分为流转税、所得税、财产税、资源税和特定行为税等五大类。

表 1-2　税目和税基的含义

概念	含义	与课税对象关系	作用或形式
税目	税法中对征税对象分类规定的具体的征税项目，反映具体的征税范围	对课税对象质的界定	① 明确具体的征税范围 ② 贯彻国家税收调节政策的需要
税基（计税依据）	据以计算征税对象应纳税款的直接数量依据，解决对征税对象课税的计算问题	对课税对象的量的规定	① 价值形态（从价计征） ② 物理形态（从量计征）

（三）税率

税率是对征税对象的征收比例或征收额度，是计算税额的尺度，也是衡量税负轻重与否的重要标志。税率是国家税收政策的主要表现形式，其高低直接影响到纳税人的税负和国家的财政收入，是税法的核心要素。我国现行的税率主要包括以下几种形式。

1. 比例税率

比例税率是对同一征税对象不分数额大小，按同一比例征税的税率。我国的增值税、城市维护建设税、企业所得税等采用的是比例税率。比例税率在适用中可分为三种形式：单一比例税率、差别比例税率和幅度比例税率。三种比例税率类型如图 1-2 所示。

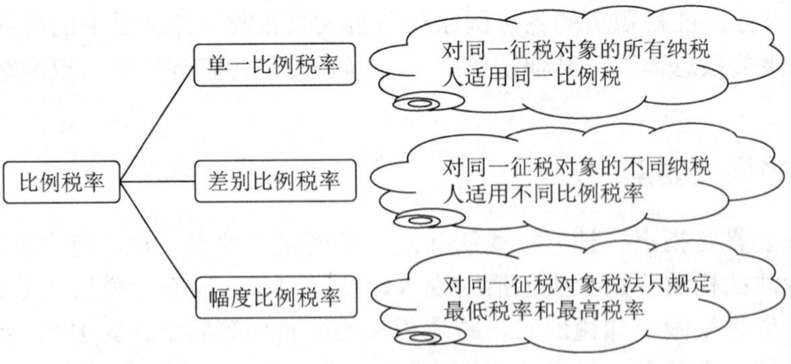

图 1-2　比例税率类型

2. 累进税率

累进税率是按征税对象数额大小，规定不同等级税率，课税税额越大，适用税率越高。累进税率充分体现纳税人收入多的多征、收入少的少征、无收入的不征的税收原则，从而有效地调节纳税人的收入，正确地处理税收负担的纵向公平问题。我国现行适用的累进税率包括超额累进税率和超率累进税率。

（1）超额累进税率：把征税对象按数额大小分成若干等级，每一等级规定一个税率，税率依次提高，但每一纳税人的征税对象依属不同等级同时适用几个不同税率分别计算，将计算结果相加后得出应纳税款。目前我国个人所得税的征收采用这种税率。

【例 1-2・计算题】超额累进税额计算。

如某人某月应纳税所得额为 8 000 元，按表 1-3 所列税率，其所应纳税额为多少？

表 1-3 某三级超额累进税率表

级数	全月应纳所得额（元）	税率（%）	速算扣除数
1	5 000 以下	5	0
2	5 000～15 000（含）	10	250
3	15 000 以上	20	1500

『答案』

根据超额累计税额计算公式：应纳税额=Σ（各级距计税依据×该级距适用税率），有第一级的 5 000 元适用税率为 5%，应纳税额为 5 000×5%=250（元）；第二级的 3 000 元（8 000−5 000）适用税率 10%，应纳税额为 3 000×10%=300（元）；则此人该月应纳税额=5 000×5%+3 000×10%=550（元）

在级数较多的情况下，分级计算然后相加的方法很烦琐。为了简化计算，也可采用速算法，即

应纳税额=按全额累进税率计算的税额−速算扣除数=8 000×10%−250=550（元）

（2）超率累进税率：以征税对象数额的相对率划分若干个级距，分别规定相应的差别税率，相对率每超过一个级距的，对超过部分按高一级的税率计算征税。我国的土地增值税采用超率累进税率（见表 1-4）。

表 1-4 土地增值额累进税率表

级数	全月应纳所得额（元）	税率（%）	速算扣除数
1	不超过 50%部分	30	0
2	超过 50%不超过 100%部分	40	5
3	超过 100%不超过 200%部分	50	15
4	超过 200%部分	60	35

小思考

我国现有税种为什么没有采用全额累计税率？

3. 定额税率

定额税率亦称固定税额，按征税对象的一定计量单位直接规定一个固定的纳税额，而不是规定征收比例。如天然气以立方米为计量单位，税额的多少与征税对象的数量成正比。我国目前采用定额税率的有城市土地使用税和车船税等。

【例 1-3 · 多选题】我国现行税收制度中，没有采用的税率形式有（　　）。

A. 超率累进税率　　B. 定额税率　　C. 负税率

D. 超倍累进税率　　E. 超额累进税率

『答案』CD

（四）税目

税目是税法中规定的征税对象的具体项目，是征税的具体根据，是对课税对象质的界定。并非所有的税种都需规定税目。有些税种不分课税对象的具体项目，一律按照课税对象的应税数额采用同一税率计征税款，因此无须设置税目，如企业所得税。有些税种具体课税对象比较复杂，需要规定税目，如消费税、资源税、个人所得税等，一般都规定有不同的税目。如个人所得税的征税对象是个人的应税所得，其税目包括工资、稿酬和利息、股息等 11 个项。

小思考

是不是所有的税种都有税目？为什么？

（五）纳税依据

纳税依据亦称计税依据，是计算应纳税额的根据，是纳税对象量的表现。纳税依据可分为从价计征、从量计征和复合计征三种类型。从价计征是以征税对象的数量与单价的乘积为计税依据；从量计征是以征税对象的自然实物量如体积、重量等为计税依据；复合计税依据是以从价从量计税为依据，然后加总。

（六）纳税环节

纳税环节是指征税对象在生产、进口、批发和零售等流转过程中依法规定应当缴纳税款的环节。按纳税环节的多少，纳税环节可分为以下几种。

（1）单一环节纳税：同一税种只在征税对象的诸多环节选择其中一个环节征税，如资源税中盐的课税只在盐出厂时课税。

（2）多环节课税：同一税种在征税对象从生产到消费的流转过程中，每流转一次就征税一次，如增值税的征收。

（七）纳税期限

纳税期限是指纳税人按照税法规定缴纳税款的期限。它是税收强制性、固定性在时间上的体现。如企业所得税在月份或者季度终了后 15 日内预缴，年度终了后 5 个月内汇算清缴。纳税期限与其相关的纳税义务发生时间和缴库期限两个概念不同（见表 1-5 和图 1-3）。

表 1-5 纳税义务时间、纳税期限和缴库期限的含义比较

内容	含义
纳税义务发生时间	应税行为发生的时间
纳税期限	每隔固定时间汇总一次纳税义务的时间
缴库期限	税法规定的纳税期满后，纳税人将应纳税款缴入国库的期限

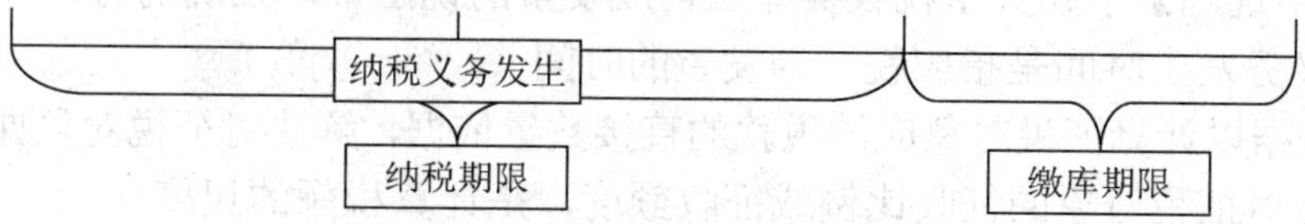

图 1-3 纳税时间示例

（八）纳税地点

纳税地点是指税法规定纳税人（含扣缴人）具体的纳税地点。纳税地点的规定便于税源控管和纳税人缴纳税款（见图 1-4）。

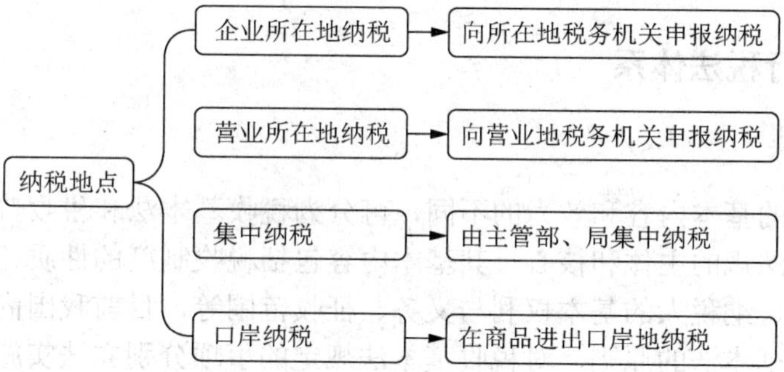

图 1-4 纳税地点

（九）减免税

减免税是指国家对特定纳税人或征税对象，给予减轻或者免除税收负担的一种税收优惠措施，包括以下几类。

（1）税基式减免：通过直接缩小计税依据的方式来实现的减税免税，具体包括起征点、免征额、项目扣除以及跨期结转等。

小思考

起征点与免征额有什么区别？试举例说明。

（2）税率式减免：通过直接降低税率的方式实行的减税免税。包括重新确定税率、选用其他税率、零税率等形式。如对于符合小型微利条件的企业应交所得税额可以适用 20%的税率，而对于国家重点扶持的高新技术企业，则给予 15%的企业所得税税率。

（3）税额式减免：通过直接减少应纳税额的方式实现的减税免税，包括全部免征、减半征收、核定减免率和另定减征额等。

（十）法律责任

法律责任是对违反国家税法规定的纳税义务人采取的处罚措施。税法规定的法律责任形式主要可分为一是行政责任，包括责令限期改正、罚款、没收财产和税收保全等；二是刑事责任，对于违反税法情节严重者，构成犯罪的行为，要依法追究刑事责任。

【例 1-4·多选题】下列关于税收实体法构成要素的说法中，正确的有（　）。

A．纳税义务发生时间是指应税行为发生的时间

B．税目是据以计算征税对象应纳税款的直接数量依据，解决对征税对象课税的计算问题

C．税率是对征税对象的征收比例或征收额度，是计算税额的尺度

D．纳税人就是负税人

『正确答案』AC

第三节　我国现行税法体系与税收管理体制

一、我国现行税法体系

（一）税法分类

（1）按照税法的基本内容和效力的不同，可分为税收基本法和税收普通法。税收基本法是各个单行税法、法规的主体和核心，其基本内容包括税收制度的性质、税收管理机构、税收立法与管理机构、纳税人的基本权利与义务、征收范围等，目前我国尚未统一制定。税收普通法是根据税收基本法的原则，对税收基本法规定的事项分别立法实施，如税收征收管理法、个人所得税法等。

（2）按税法的职能作用的不同，可分为税收实体法和税收程序法。税收实体法是指确定某种立法，具体规定包含征税对象、税率、税目和纳税期限等，如企业所得税法、个人所得税法。税收程序法是指税务管理方面的法律，主要包括税收管理法、纳税程序法、发票管理法、发票管理法、税务机关法。《中华人民共和国税收征收管理法》（以下简称《税收征收管理法》）就属于税收程序法。

（3）按照税法征收对象不同，可分为商品和劳务税税法、所得税税法、财产行为税税法、资源税税法和特定目的税税法。

（4）按照主权国家行使税收管辖权的不同，可分为国内税法、国际税法、外国税法等。国内税法规定一国的内部税收制度。国际税法是国家间形成的税收制度，主要包括双边或多边国家间的税收协定、条约和国际惯例等。外国税法是指外国国家制定的税收制度。

（二）我国现行税法体系

税收实体法和税收征收管理程序法的法律制度构成了我国现行税法体系。

（1）税收实体法体系。实体税法构成了实体税法体系，它们一般由 18 个税收法律、法规组成，按性质作用分为 5 类（见表 1-6）。

表1-6 税种分类表

主体税	流转税类（间接税）	包括增值税、消费税、（营业税）、关税
	所得税类（直接税）	包括企业所得税、个人所得税
非主体税	财产和行为税类	包括房产税、车船税、印花税、契税
	资源税类	包括资源税、土地增值税、城镇土地使用税
非主体税	特定目的税类	包括城市维护建设税、车辆购置税、耕地占用税、烟叶税、船舶吨税

小贴士

直接税：税收负担不能转嫁的税，如所得税、财产税等。

间接税：税收负担可以转嫁的税，如增值税、消费税等。

我国目前税制基本上是以直接税和间接税为双主体的税制结构。

（2）税收程序法体系。除税收实体法外，各种税收征收管理制度构成税收程序法体系，包括《税收征收管理法》、《中华人民共和国海关法》（以下简称《海关法》）和《进出口关税条例》等。

① 由税务机关负责征收的税种的征收管理，按照全国人大常委会发布实施的《税收征收管理法》执行。

② 由海关机关负责征收的税种的征收管理，按照《海关法》及《进出口关税条例》等有关规定执行。

【例1-5·单选题】下列各项中，属于直接税的有（　　）。

A．增值税　　B．消费税　　C．关税　　D．个人所得税

『答案』D

【例1-6·多选题】由海关负责征收的税种的征收管理按（　　）规定执行。

A．《税收征收管理法》　　B．《中华人民共和国企业所得税法》

C．《进出口关税条例》　　D．《海关法》

『答案』CD

二、我国税收管理体制

税收管理体制是指在各级国家机构之间划分税权的制度或制度体系。税权的划分有纵向划分和横向划分的区别。纵向划分是指税权在中央与地方国家机构之间的划分；横向划分是指税权在同级立法、司法、行政等国家机构之间的划分。

税收管理权限按大类可划分为税收立法权和税收执法权。

（一）税收立法权

1. 税收立法权划分的种类

（1）可以按照税种类型的不同来划分。

（2）可以根据任何税种的基本要素来划分。

（3）可以根据税收执法的级次来划分。我国的税收立法权的划分就是属于此种类型。

2. 我国税收立法权划分的现状

（1）中央税、中央与地方共享税以及全国统一实行的地方税的立法权集中在中央。

（2）依法赋予地方适当的地方税收立法权。

注意：地区性地方税收的立法权应只限于省级立法机关或经省级立法机关授权同级政府，不能层层下放。所立税法可在全省范围内执行，也可只在部分地区执行。

表 1-7　税收立法分类表

分类	立法机关	形式	举例	效力
税收法律	全国人大及常委会正式立法	4 部法律	《中华人民共和国企业所得税法》、《中华人民共和国个人所得税法》、《中华人民共和国税收征收管理法》、《中华人民共和国车船税法》	除《宪法》外，在税收法律体系中，税收法律具有最高的法律效力
	全国人大及其常委会授权国务院立法	4 个暂行条例	增值税、消费税、资源税、土地增值税的暂行条例	授权立法的法律效力高于行政法规
税收法规	国务院——税收行政法规	条例、暂行条例、实施细则	《中华人民共和国企业所得税法实施条例》、《中华人民共和国税收征收管理法实施细则》	行政法规的效力低于宪法、法律，高于地方法规、部门规章、地方规章
	地方人大及其常委会制定的税收地方性法规（目前只有海南省、民族自治区按全国人大授权立法）			
税收规章	财政部、税务总局、海关总署——税收部门规章	办法、规则、规定	《增值税暂行条例实施细则》、《税收代理试行办法》等	不得与税收法律、行政法规相抵触
	省级地方政府——税收地方规章		《房产税暂行条例实施细则》等	

【例 1-7・单选题】下列各项税收法律法规中，属于部门规章的是（　　）。

A.《中华人民共和国个人所得税法》

B.《中华人民共和国消费税暂行条例》

C.《中华人民共和国企业所得税法实施条例》

D.《中华人民共和国消费税暂行条例实施细则》

『答案』D

（二）税收执法权的划分

税收执法权和行政管理权是国家赋予税务机关的基本权力，包括税款征收管理权、税务稽查权、税务检查权、税务行政复议裁决权、其他税务管理权。

1. 税款征收权限的划分

（1）除少数民族自治地区和经济特区外，各地均不得擅自停征全国性的地方税种。

（2）经全国人大及其常委会和国务院的批准，民族自治地方和经济特区可以拥有某些特殊的税收管理权。

（3）涉外税收必须执行国家统一的税法，涉外税收政策的调整权集中在全国人大常委会和国务院，各地一律不得自行制定涉外税收的优惠措施。

（4）在税法规定之外，一律不得减税免税，也不得采取先征后返的形式变相减免税。

2. 税务机构设置

现行税务机构设置是指中央政府设立国家税务总局，省及省以下税务机构分为国家税务局和地方税务局两个系统（见表 1-8）。

表 1-8 税务机构设置

税务局	省级	省以下各级
国家税务局	国家税务总局垂直领导	上级税务局垂直领导
地方税务局	地方政府和国家税务总局双重领导，以地方政府领导为主	上级税务局和同级政府双重领导，上级税务局垂直领导为主

3. 税收征管范围划分

目前，我国税收主要由税务和海关系统负责征收管理，个别税种由地方财政征收（见表 1-9）。

表 1-9 税收征管分类

征收机关	征收税种
地方财政部门	（大部分地区）地方附加、契税、耕地占用税
海关系统	关税、船舶吨税、进口环节负责代征增值税和消费税
国税局系统	增值税，消费税，车辆购置税，各银行总行、各保险总公司集中缴纳的企业所得税、城镇维护建设税，中央企业缴纳的所得税，中央与地方所属企业、事业单位组成的联营企业、股份制企业缴纳的所得税，地方银行、非银行金融企业缴纳的所得税，海洋石油企业缴纳的所得税、资源税，证券交易税（开征之前为对证券交易征收的印花税）
地税局系统	城镇维护建设税（国税局征收的除外）、个人所得税（国税局征收的除外）、资源税、城镇土地使用税、土地增值税、房产税、车船税、印花税等

本 章 小 结

税法是税收的存在形式，税收是税法所规定的内容。税法是国家税务征管机关和纳税人从事税收征收管理与缴纳活动的法律依据。税法构成的基本要素包括纳税人、征收对象和税率等。我国税法体系是根据本国的具体情况，将不同功能的税种进行组合配置，形成主体税种明确，辅助税种各具特色的作用、功能互补的税种体系。税收管理体制是在中央与地方以及地方各级政府之间划分税收管理权限的一种制度。税收管理权限按大类可划分为税收立法权和税收执法权。

关 键 术 语

税收　税法　税法要素　税法体系　税收管理体制

综 合 练 习

一、单项选择题

1. 目前我国税收体系中采用超率累进税率征收的税种是（　　）。
A．资源税　B．土地增值税　C．个人所得税　D．企业所得税

2. 下列不属于税收的特征的是（　　）。
A．固定性　B．无偿性　C．灵活性　D．强制性

3. 下列不属于国家税务局负责征收管理的税种是（　　）。
A．增值税　B．土地增值税　C．消费税　D．车辆购置税

4. 按征税对象分类，增值税属于（　　）。
A．流转税　B．所得税　C．财产税　D．行为税

5. 按照税法的职能作用不同，税法可以分为（　　）。
A．税收基本法和税收普通法　B．所得税法和流转税法
C．实体税法和程序税法　D．中央税法和地方税法

二、多项选择题

1. 下列采用累进税率的税收有（　　）。
A．房产税　B．城镇土地使用税
C．土地增值税　D．个人所得税

2. 属于地方税务局单独征收管理的税收有（　　）。
A．印花税　B．城镇土地使用税
C．土地增值税　D．增值税

3. 按管理权限和使用权限分类，税收可以分为（　　）。
A．中央税　B．地方税　C．共享税　D．分享税

4. 我国现行税制中所应用的税率税种有（　　）。
A．比例税率　B．全额累进税率　C．超额累进税率　D．定额税率

5. 降低纳税人负担的措施有（　　）。
A．起征点　B．加成征收　C．免征额　D．加倍征收

6. 下列属于财产、行为税类的有（　　）。
A．房产税　B．契税　C．印花税　D．土地增值税

三、判断题

1．国家征税是为了满足政府及其工作人员的生活需要。（　　）

2．税法规定的扣缴义务人必须依法履行代扣代缴税款义务。如果不履行义务，就要承担相应的法律责任。（　　）

3．纳税期限是指纳税人向国家缴纳税款的法定期限，是税法的固定性在时间上的体现。（　　）

4. 税法是国家制定的用以调整国家与纳税人之间在纳税方面的权利义务关系的法律规范的总称。（　　）

5．税率是计算税额的尺度，也是衡量税负轻重与否的重要标志。（　　）

四、简答题

1．简述税收与税法的关系。

2．简述税收法律关系的三大要素。

3．简述税收法律按征税对象的分类。

4．简述税法的构成要素。

第二章

增 值 税

学习目标

了解增值税的类型和特点；掌握增值税销项税额和增值税进项税额的计算；理解“营改增”的基本内容和政策变化的影响；了解增值税的征收管理；能够准确填写增值税专用发票。

案例导入

飞翔建筑公司 2016 年 9 月发生以下业务：购进办公楼一栋，取得增值税专用发票，注明价款 2 200 万元，增值税税额 242 万元；购进钢材，取得增值税专用发票，注明价款 17 000 万元，增值税税额 28 918 万元；从农民手中收购农产品，收购专用发票上注明价款 7 万元；从个体户手中购买沙石料 100 万元，取得税务机关代开的增值税专用发票；支付银行贷款利息 200 万元；支付私募债券利息 400 万元。销售在本市开工的建筑服务，开具专用发票，注明价款为 34 000 元某，增值税额为 3 740 万元；为本市敬老院无偿建造一栋老人公寓，价值 500 万元。

【讨论】

（1）哪些业务的增值税额属于飞翔建筑公司的销项税额？

（2）哪些业务的增值税额属于飞翔建筑公司的进项税额？

（3）哪些进项税额可以从销项税额中扣除？哪些不可以？

第一节　增值税的基本原理

早在 1917 年，美国学者亚当斯（Adams）即已提出增值税的雏形；1921 年，德国学者西蒙斯（Siemens）正式提出“增值税”的名称。1948 年，法国对生产税进行改造，将一次课征改为分段征收、道道扣税，并允许从应纳税额中扣除购进原材料、零部件或半成品价款中的已缴税款，从而实质性地改进了传统流转税，使之初具增值税的特征。1954 年，在莫里斯·劳莱（Maurice Lauré）的倡导下，法国将生产税的扣除范围扩大到生产经营的一切收入，并将征收范围扩大到商业批发环节，并更名为增值税。从此，增值税制度在实践中得以确立，并推广到欧洲诸国及其他国家。迄今有 140 多个国家和地区开征了增值税或商品和服务税等。

一、增值税的概念

增值税（Value-added Tax，VAT），是以商品在流转过程中产生的增值额为计税依据而征收的一种商品税。

按增值额的内容、扣除项目的不同，增值税可以分为生产型增值税、收入型增值税和消费型增值税三种类型。三种类型的区分标志在于扣除项目中对外购固定资产的处理方式不同（见表 2-1）。

表 2-1 增值税分类表

类型	特点	适用范围
消费型增值税	① 当期收入固定资产价款一次全部扣除 ② 彻底消除重复征税，利于技术进步	国外普遍采用； 我国于 2009 年 1 月 1 日开始采用
收入型增值税	对外购固定资产只允许扣除当期折旧部分	我国没有采用
生产性增值税	① 不允许扣除任何外购固定资产价款 ② 存在重复征税，抑制固定资产投资	我国于 1994～2008 年采用

小思考

哪种类型的增值税对纳税人最有利？为什么？

二、增值税在世界范围开征的情况

自 1954 年法国正式开征增值税至今，增值税在国际上得到广泛采用，世界上已经有 160 多个国家和地区实行了增值税制度，范围遍及欧洲、拉美、亚洲等地，在 34 个 OECD 成员国中有 33 个国家征收了增值税。这些国家和地区开征的税种名称并不相同，如增值税、消费税、货物和劳务税等，但税制原理基本是相同的。在各国和地区实行的增值税中，比较典型的增值税类型有新西兰模式、欧洲模式等。

1. 新西兰模式

自 1986 年 10 月 1 日开始，新西兰在全国范围内开征了货物与劳务税，在新西兰境内的税务登记者发生的销售货物、提供劳务以及进口货物的行为都属于征税范围，包括对政府机关也征税，这是当今实际实行增值税范围最广的一个国家。新西兰对增值税实行一档税率，统一为 15%，除对年销售额在 6 万新元以下的小企业不征税外，其余一律征税。由于新西兰的货物和劳务税制与理想的增值税非常接近，避免了先前税制中的税收减免和多税率引起的扭曲效应，也避免了由此产生的遵从和执法成本，实现了理论上增值税应有的财政、经济目标，因此被认为是“完美”的增值税，也被称为现代增值税类型的代表。

2. 欧洲模式

欧洲模式的增值税是以法国的增值税模式为基础，在欧盟成员国实施的增值税。欧盟委员会颁布的增值税立法的第 6 号指令确定了欧洲增值税的基本框架，目标之一是通过减少税率的种类和数量，同时确定最高可接受税率和最低可接受税率，协调欧洲增值税制度，旨在使欧洲税法中的税收减免标准化并减少其数量，尽量废除一切影响产品和服务贸易正常进行的税收障碍，同等对待在各成员国之间的交易和一国内进行的交易。因此，欧盟各国的增值税制度基本上是统一的，但基于国家征税主权，在免税范围、适用零税率的范围、增值税税率等具体处理上也存在着一定差异。这些差异使欧盟各国的增值税征收管理在一定程度上变得复杂。

三、我国增值税发展历程

我国的增值税是伴随改革开放政策的逐步实施和计划经济向市场经济转轨的进程，采取渐进方式分阶段建立起来的。它是既吸取国外增值税经验，又立足于本国经济体制改革的实际，一步一步向前推进的。增值税在我国大致经历了试点、确立、转型改革和扩围改革四个主要阶段。

第一阶段是增值税试点阶段。在 1980 年前后，我国开始在柳州、长沙、襄樊、上海等城市，选择重复征税矛盾最为突出的机器机械和农业机具两个行业进行增值税试点。1982 年，上述两个行业的产品以及电风扇、缝纫机、自行车 3 项产品在全国范围内试行增值税。1984 年，工商税制全面改革，国务院正式颁布了《中华人民共和国增值税条例（草案）》，增值税正式成为我国税制体系中的一个独立税种，与产品税、营业税并列作为流转税三税之一，征税范围也扩大到 12 类产品，在计税方法上，分甲乙两类产品分别试行“扣税法”和“扣额法”。1987 年，增值税试行范围进一步扩大，将一部分轻工产品、建筑、有色金属和非金属矿产品纳入增值税征收范围，税目扩大到 30 个，并将计税方法统一为扣税法。1989 年，又在扣税法基础上逐步统一实行了“价税分流购进扣税法”，即规定企业在成本利润会计核算中不再包括增值税因素。

第二阶段是增值税确立阶段。1994 年 1 月《中华人民共和国增值税暂行条例》开始实施，扩大了增值税的征税范围——凡在我国境内销售货物或提供加工、修理修配劳务以及进出口货物都需征收增值税。增值税的征收范围扩大到货物生产、加工和销售范畴，并在生产、批发、零售和进口各个环节分别征收。增值税税制也得到进一步完善：一是结合我国当时的经济和财政状况，仍然实施生产型增值税；二是税率简化；三是延续价税分离的计税方法，采用发票抵免法计算增值税；四是将纳税人分为一般纳税人和小规模纳税人，一般纳税人按照税率适用一般计税方法，小规模纳税人按照征收率适用简易计税方法。

第三阶段是增值税由生产型向消费型转变阶段。2004 年 7 月 1 日起，东北三省开展了增值税转型改革试点，对东北地区从事以装备制造业、石油加工业、冶金业、船舶制造业、汽车制造业、农产品加工业为主的增值税一般纳税人，允许抵扣固定资产及相关进项税额，并采用增量抵扣的办法。自 2009 年 1 月 1 日起，在维持现行增值税税率不变的前提下，允许全国范围内的所有增值税一般纳税人抵扣其新购进设备所含进项税额，未抵扣完的进项税额可结转下期继续抵扣。

第四阶段是增值税的扩围改革阶段。为进一步深化税制改革，解决增值税和营业税并存导致的重复征税问题，自 2012 年 1 月 1 日起，上海开始实施交通运输业和部分现代服务业的增值税扩围改革试点。至 2014 年 6 月 1 日，营改增试点覆盖到全国“3+7”个行业，即交通运输业、邮政业、电信业 3 个大类行业和研发技术、信息技术、文化创意、物流辅助、有形动产租赁、鉴证咨询、广播影视 7 个现代服务业。自 2016 年 5 月 1 日起，全面推开营改增试点，将建筑业、房地产业、金融业、生活服务业一次性纳入试点范围，将新增不动产所含增值税全部纳入抵扣范围。至此，现行营业税已全部改征增值税。营改征前的税制情况如图 2-1 所示。

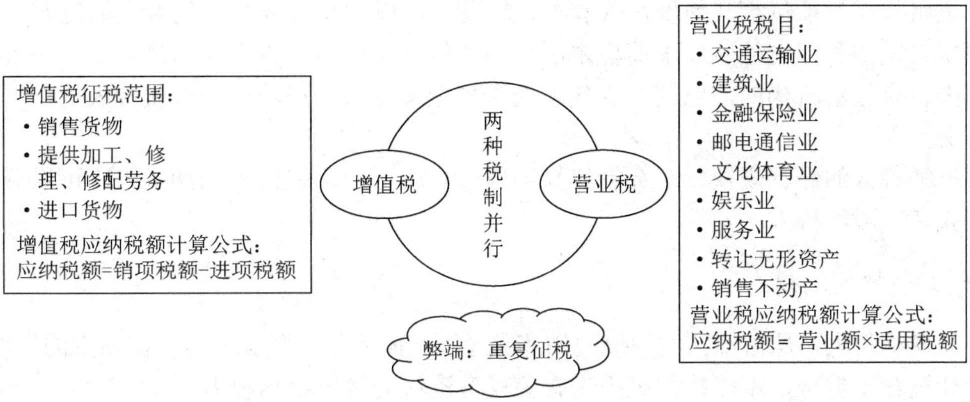

图 2-1 增值税和营业税并行

四、增值税的特点

与其他流转税不同，增值税在税制要素设计方面具有自己的特点。

（1）就增值额课征，税不重征。增值税在生产和销售过程的各个环节分段征收，在中间的每一环节，仅就增值部分征税，最终实现对最终消费环节全额征税，可有效避免重复征税问题。

（2）普遍征收，环环相扣。增值税的特殊计税方法，使得在上一环节已经缴纳的税额可以在下一环节征税时扣除，使各个环节形成环环相扣的完整链条。

（3）税收中性。理想的增值税是对创造和实现增值额的各领域的一切商品和服务等普遍征收，且一般采用单一税率，因此，增值税的课征对经济活动和消费行为通常不发生影响。

（4）税负具有转嫁性。理想的增值税是对最终消费支出征税，对纳税人在生产经营的每一环节所征的税款都全部包含在消费者所支付的价格中，纳税人已缴纳的税款在每次销售时都将从消费者那里得到补偿，最终消费者才是增值税的实际负担者，这表明增值税具有明显的转嫁性。

第二节 纳税义务人

一、增值税的纳税人

根据《增值税暂行条例》和“营改增”的规定，在中华人民共和国境内（以下简称境内）销售货物、提供应税劳务、提供应税服务、销售无形资产或不动产以及进口货物的单位和个人为增值税的纳税人。

“单位”是指企业、行政单位、事业单位、军事单位、社会团体及其他单位；“个人”是指个体工商户和其他个人。

境内是指销售货物的起运地或者所在地在境内、提供的应税劳务发生在境内以及应税服务提供方或接受方在境内。

单位租赁或者承包给其他单位或者个人经营的，以承租人或者承包人为纳税人。

中华人民共和国境外（以下简称中国境外）的单位或者个人在中国境内提供应税劳务，在境内未设有经营机构的，以其境内代理人为扣缴义务人；在境内没有代理人的，以购买方为扣缴义务人。

根据纳税人的经营规模以及会计核算的健全程度不同，增值税的纳税人，可以分为小规模纳税人和一般纳税人。

（一）小规模纳税人

小规模纳税人，是指年应纳增值税销售额（以下简称年应税销售额）在规定的标准以下，并且会计核算不健全，不能按规定报送有关税务资料的增值税纳税人。

会计核算不健全，是指不能正确核算增值税的销项税额、进项税额和应纳税额。对符合条件的小规模纳税人，由主管税务机关依照增值税法规定的标准认定。

小规模纳税人的标准由国务院财政、税务主管部门规定。目前，认定小规模纳税人的具体年应税销售额的标准如下。

（1）从事货物生产或者提供应税劳务的纳税人，以及以从事货物生产或者提供应税劳务为主，并兼营货物批发或者零售的纳税人，年应税销售额在 50 万元以下（含本数）的。“以从事货物生产或者提供应税劳务为主”是指纳税人的年货物生产或者提供应税劳务的销售额占年应税销售额的比重在 50%以上。

（2）以货物批发或者零售为主的纳税人，年应税销售额在 80 万元以下（含本数）的。

（3）年应税销售额超过小规模纳税人标准的其他个人，按小规模纳税人纳税。

（4）非企业性单位、不经常发生应税行为的企业可选择按小规模纳税人纳税；对于应税服务年销售额超过规定标准但不经常提供应税服务的单位和个体工商户可选择按照小规模纳税人纳税。

（5）应税服务（营改增的部分）年销售额标准为 500 万元，应税服务年销售额未超过 500 万元的纳税人为小规模纳税人。所谓年应税销售额，是指纳税人在连续不超过 12 个月的经营期内累计应征增值税销售额，包括免税销售额。

（6）旅店业和饮食业纳税人销售非现场消费的食品，属于不经常发生增值税应税行为，可以选择按小规模纳税人缴纳增值税。

除此之外，还有两种特殊情形：①小规模纳税人会计核算健全，能够提供准确税务资料的，可以向主管税务机关申请资格认定，不作为小规模纳税人，依法计算增值税应纳税额。会计核算健全，是指能够按照国家统一的会计制度规定设置账簿，根据合法、有效凭证核算。②年应税销售额超过小规模纳税人标准的非企业性单位、不经常发生应税行为的企业，可选择按小规模纳税人纳税。

（二）一般纳税人

除上述小规模纳税人以外的其他纳税人属于一般纳税人。年应税销售额超过认定标准的小规模纳税人，应当向主管税务机关申请一般纳税人资格认定。

国家税务总局于 2010 年 2 月 10 日发布《增值税一般纳税人资格认定管理办法》（国家税务总局令第 22 号），自 2010 年 3 月 20 日起施行，该办法适用于一般纳税人资格认定和认定以后的资格管理。

年应税销售额未超过财政部、国家税务总局规定的小规模纳税人标准以及新开业的纳税人，可以向主管税务机关申请一般纳税人资格认定。

对提出申请并且同时符合下列条件的纳税人，主管税务机关应当为其办理一般纳税人资格认定：①有固定的生产经营场所；②能够按照国家统一的会计制度规定设置账簿，根据合法、有效凭证核算，能够提供准确税务资料。

除国家税务总局另有规定外，纳税人一经认定为一般纳税人后，不得转为小规模纳税人。

下列纳税人不办理一般纳税人资格认定：①个体工商户以外的其他个人；②选择按照小规模纳税人的非企业性单位；③选择按照小规模纳税人的不经常发生应税行为的企业。

有下列情形之一者，应按销售额依照增值税税率计算应纳税额，不得抵扣进行税额，也不得使用增值税专用发票：①一般纳税人会计核算不健全，或者不能够提供准确税务资料的；②除年应税销售额超过小规模纳税人标准的其他个人、非企业性单位、不经常发生应税行为的企业，可选择按小规模纳税人纳税外，纳税人销售额超过小规模纳税人标准，未申请办理一般纳税人认定手续的。

区分一般纳税人和小规模纳税人的重要意义在于，两者的税法地位、计税方法都是不同的。两者的税法地位或称税法待遇的差别主要表现在：一般纳税人可以使用增值税专用发票，并可以用购进扣税法抵扣发票上注明的已纳增值税额。而小规模纳税人则不得使用增值税专用发票，也不能进行税款抵扣。正由于两者在税法地位上的差异，计税方法也各有不同。

一般纳税人与小规模纳税人主要区别如表 2-2 所示。

表 2-2 一般纳税人与小规模纳税人比较表

内容	一般纳税人	小规模纳税人
（1）收取和开具的发票	使用增值税专用发票，并凭进货的专用发票和购进生产性劳务的专用发票抵扣进项税额。	销货时不能使用增值税专用发票，只能使用普通发票，购进货物或应税劳务时也不得抵扣进项税额。
（2）身份的转换	会计核算不健全，或不能提供准确税务资料，销售额超过小规模纳税人标准但是未申请办理一般纳税人认定手续，都按照一般纳税人的税率计算税金，并且不得抵扣进项税额，不得使用增值税专用发票。	如果会计核算健全，能够提供准确税务资料，可以向主管税务机关申请资格认定，作为一般纳税人计算应纳税额。
（3）主要适用的税率	17%或 11%或 6%	3%
（4）应纳税额计算	应纳税额=当期销项税额- 当期进项税额	应纳税额=当期销售额*征收率
（5）纳税期限	一个月	一个季度

小 思 考

从纳税人角度看，选择为一般纳税人好呢，还是小规模纳税人好呢？

第三节 增值税的纳税范围

根据《增值税暂行条例》和“营改增”的最新规定，我们将增值税的征税范围分为一般规定和具体规定。

一、征税范围的一般规定

现行增值税征税范围的一般规定包括以下几个方面。

（一）销售或者进口的货物

货物是指有形动产，包括电力、热力、气体在内。销售货物是指有偿转让货物的所有权。

（二）提供的应税劳务

应税劳务是指纳税人提供的加工、修理修配劳务。加工是指受托加工货物，即委托方提供原料及主要材料，受托方按照委托方的要求制造货物并收取加工费的业务；修理修配是指受托对损伤和丧失功能的货物进行修复，使其恢复原状和功能的业务。提供应税劳务，是指有偿提供加工、修理修配劳务。单位或者个体工商户聘用的员工为本单位或者雇主提供加工、修理修配劳务，不包括在内。

（三）提供应税服务、销售无形资产或者不动产

提供应税服务是指提供交通运输服务、邮政服务、电信服务、建筑服务、金融服务、现代服务、生活服务；销售不动产，是指转让不动产所有权的业务活动。不动产，是指不能移动或者移动后会引起性质、形状改变的财产，包括建筑物、构筑物等；销售无形资产，是指转让无形资产所有权或者使用权的业务活动。无形资产，是指不具实物形态，但能带来经济利益的资产，包括技术、商标、著作权、商誉、自然资源使用权和其他权益性无形资产。但属于下列非经营活动的情形除外。

（1）行政单位收取的同时满足以下条件的政府性基金或者行政事业性收费：

① 由国务院或者财政部批准设立的政府性基金，由国务院或者省级人民政府及其财政、价格主管部门批准设立的行政事业性收费；

② 收取时开具省级以上（含省级）财政部门监（印）制的财政票据；

③ 所收款项全额上缴财政。

（2）单位或者个体工商户聘用的员工为本单位或者雇主提供取得工资的服务。

（3）单位或者个体工商户为聘用的员工提供服务。

（4）财政部和国家税务总局规定的其他情形。

在境内提供服务、销售无形资产或者不动产，是指服务（租赁不动产除外）或者无形资产（自然资源使用权除外）的销售方或者购买方在境内；所销售或者租赁的不动产在境内；所销售自然资源使用权的自然资源在境内；财政部和国家税务总局规定的其他情形。但下列情形不属于在境内销售服务或者无形资产：①境外单位或者个人向境内单位或者个人销售完全在境外发生的服务；②境外单位或者个人向境内单位或者个人销售完全在境外使用的无形资产；③境外单位或者个人向境内单位或者个人出租完全在境外使用的有形动产；④财政部和国家税务总局规定的其他情形。

二、征税范围的具体规定

增值税的征税范围除了上述的一般规定以外，还对经济实务中某些特殊项目或行为是否属于增值税的征税范围，作出了具体确定。

（一）属于征税范围的特殊项目

（1）货物期货（包括商品期货和贵金属期货），应当征收增值税。

（2）银行销售金银的业务，应当征收增值税。

（3）典当业的死当物品销售业务和寄售业代委托人销售寄售物品的业务，均应征收增值税。

（4）电力公司向发电企业收取的过网费，应当征收增值税。但各燃油电厂从政府财政专户取得的发电补贴不需缴纳增值税。

（5）对从事热力、电力、燃气、自来水等公用事业的增值税纳税人收取的一次性费用，凡与货物的销售数量有直接关系的，征收增值税；凡与货物的销售数量无直接关系的，不征收增值税。

（6）商业企业向供货方收取的部分收入征税问题：①对商业企业向供货方收取的与商品销售数量、销售额无必然联系，且商业企业向供货方提供一定劳务的收入，应按应税服务类税率征收增值税。②对商业企业向供货方收取的与商品销售量、销售额挂钩的各种返还收入，均应按照平销返利行为的有关规定冲减当期增值税进项税金。

（7）纳税人在资产重组过程中，通过合并、分立、出售、置换等方式，将全部或者部分实物资产以及与其相关联的债权、债务和劳动力一并转让给其他单位和个人的行为，不属于增值税的征税范围，其中涉及的货物转让，不征收增值税。

【例 2-1 · 单选题】下列各项中，需要计算缴纳增值税的是（　　）。

A．增值税纳税人收取的会员费收入

B．电力公司向发电企业收取的过网费

C．企业资产重组涉及的应税货物转让

D．燃油电厂从政府财政专户取得的发电补贴

『答案』B

（二）属于征税范围的特殊行为

（1）视同销售货物行为

① 将货物交付给其他单位或者个人代销。

② 销售代销货物。

③ 设有两个以上机构并实行统一核算的纳税人，将货物从一个机构移送其他机构用于销售，但相关机构设在同一县（市）内。其中“用于销售”，是指受货机构发生以下情形之一的经营行为：一是向购货方开具发票；二是向购货方收取款项。未发生上述两项情形的，则应由总机构统一缴纳增值税。

④ 将自产、委托加工的货物用于集体福利或者个人消费。

⑤ 将自产、委托加工或者购进的货物作为投资，提供给其他单位或者个体工商户。

⑥ 将自产、委托加工或者购进的货物作为投资分配给股东或者投资者。

⑦ 将自产、委托加工或者购进的货物无偿赠送其他单位或个人。

以上④～⑦归纳如表 2-3 所示。

表 2-3 视同销售货物税务处理表

货物类型	用途	税务处理
自产、委托加工的货物	集体福利或个人消费；投资；分配；无偿赠送	视同销售，所涉及的购进货物的进项税额，符合规定可以抵扣
购买的货物	集体福利或个人消费（含交际应酬消费）	不视同销售，所涉及的进项税额不得抵扣；已抵扣的，作进项税转出处理
	投资；分配；无偿赠送	视同销售，所涉及的购进货物的进项税额，符合规定可以抵扣

【例 2-2 · 多选题】根据增值税规定，下列行为应视同销售货物征收增值税的有（　　）。

A. 将自产的办公桌用于财务部门办公使用

B. 将外购的服装作为春节福利发给企业员工

C. 将委托加工收回的卷烟用于赠送客户

D. 将新研发的玩具交付某商场代为销售

『答案』CD

【例 2-3 · 多选题】下列各项中属于视同销售行为应当计算销项税额的有（　　）。

A. 以物易物业务　　B. 将货物交付他人代销

C. 将购买的货物无偿赠送他人　　D. 用自产货物抵偿债务

『答案』BC

（2）视同销售服务、无形资产、不动产。单位、个体工商户向其他单位或个人无偿提供劳务服务，无偿转让无形资产、不动产，但用于公益事业或以社会公众为对象的除外。

（3）兼营。纳税人兼营销售货物、劳务、服务、无形资产或者不动产，适用不同税率或者征收率的，应当分别核算适用不同税率或者征收率的销售额；未分别核算的，从高适用税率。纳税人兼营免税、减税项目的，应当分别核算免税、减税项目的销售额；未分别核算的，不得免税、减税。

（4）混合销售。一项销售行为如果既涉及服务又涉及货物，为混合销售。从事货物的生产、批发或者零售的单位和个体工商户的混合销售行为，按照销售货物缴纳增值税；其他单位和个体工商户的混合销售行为，按照销售服务缴纳增值税。

本条所称从事货物的生产、批发或者零售的单位和个体工商户，包括以从事货物的生产、批发或者零售为主，并兼营销售服务的单位和个体工商户在内。

【例 2-4 · 多选题】下列各项中，属于增值税混合销售行为的是（ ）。

A．建材商店在销售建材的同时又为其他客户提供装饰服务

B．汽车制造公司在生产销售汽车的同时又为其他客户提供修理服务

C．塑钢门窗销售商店在销售产品的同时又为客户提供安装服务

D．电信局为客户提供电话安装服务的同时又销售所安装的电话机

『答案』CD

第四节 增值税的税率

一、增值税的税率

我国增值税设置了一档基本税率 17%和一档低税率 13%，对出口货物实施零税率，另外“营改增”项目增加了两档税率 11%和 6%。小规模纳税人和采用简易办法征税的一般纳税人不使用税率，而使用征收率。

（一）基本税率

基本税率，又称标准税率，适用于大多数征税对象，体现了增值税税负的轻重。基本税率的高低与各国的经济状况、税收政策、收入水平以及历史形成的税负水平相关联。

我国增值税的基本税率为 17%。

（1）纳税人销售或者进口货物，除税法另有规定外，税率为 17%。

（2）纳税人提供加工、修理修配劳务，税率为 17%。

（3）油气田企业提供的生产性劳务，税率为 17%。

（二）低税率

低税率，又称轻税率，适用于税法列举的体现一定税收优惠政策的项目。设置低税率的根本目的是鼓励消费，或者说是保证消费者对基本生活必需品的消费。

我国增值税的低税率为 13%。根据《增值税暂行条例》及相关规定，13%的低税率适用于纳税人销售或进口下列货物：

（1）粮食、食用植物油。粮食包括稻谷，大米，大豆，小麦，杂粮，鲜山芋、山芋干、山芋粉以及经过加工的面粉（各种花式面粉除外）。淀粉不属于农产品的范围，应按照 17%征收增值税。

（2）自来水、暖气、冷气、热水、煤气、石油液化气、天然气、沼气、居民用煤炭制品。粉煤灰（渣）是煤炭燃烧后的残留物，可以用作部分建材产品的生产原料，属于废渣产品，不属于建材产品。对纳税人生产销售的粉煤灰（渣）应当按照增值税适用税率征收增值税，不得免征增值税，也不得按照简易办法征收增值税。

（3）图书、报纸、杂志。

（4）饲料、化肥、农药、农机、农膜。

① 自 2007 年 2 月 1 日起，硝酸铵适用的增值税税率统一调整为 17%，不再享受化肥产品免征增值税政策；同时，纳税人出口的硝酸铵统一执行 13%的退税率，此前已出口的硝酸铵，按 17%计算征税的，按 13%办理退税；按 13%计算征税的，按 11%办理退税；

② 对饲料级磷酸二氢钙产品可按照现行“单一大宗饲料”的增值税政策规定，免征增值税。纳税人销售饲料级磷酸二氢钙产品，不得开具增值税专用发票；凡开具专用发票的，不得享受免征增值税政策，应全额缴纳增值税。

（5）农产品。农产品是指种植业、养殖业、林业、牧业、水产业生产的各种植物、动物的初级产品。

① 植物类包括粮食、蔬菜、烟叶、茶叶、园艺植物、药用植物、油料植物、纤维植物、糖料植物、林业产品以及其他植物等。

② 动物类包括水产品、畜牧产品、蛋类产品、鲜奶、动物皮张、动物毛绒以及其他动物组织。

对鲜奶以及按照《食品营养强化剂使用卫生标准》（GB 14880—94）在鲜奶中添加微量元素生产的鲜奶，按 13%的低税率征收增值税。

对于农副产品及相关货物适用的进口环节增值税税率，大部分产品适用 13%的低税率，包括以下类别的所有农副产品：活动物；肉及食用杂碎；鱼、甲壳动物、软体动物及其他水生无脊椎动物；活树及其他活植物，鳞茎、根及类似品，插花及装饰用簇叶；食用蔬菜、根及块茎；谷物；编结用的植物材料，其他植物产品。其他类别的部分农副产品适用 13%的税率。

（6）音像制品。自 2007 年 1 月 1 日起，音像制品的增值税税率由 17%下调至 13%。音像制品，是指正式出版的录有内容的录音带、录像带、唱片、激光唱盘和激光视盘。

（7）电子出版物。自 2007 年 1 月 1 日起，电子出版物的增值税税率由 17%下调至 13%。电子出版物，是指以数字代码方式，使用计算机应用程序，将图文声像等内容信息编辑加工后存储在具有确定的物理形态的磁、光、电等介质上，通过内嵌在计算机、手机、电子阅读设备、电子显示设备、数字音/视频播放设备、电子游戏机、导航仪以及其他具有类似功能的设备上读取使用，具有交互功能，用以表达思想、普及知识和积累文化的大众传播媒体。载体形态和格式主要包括只读光盘、一次写入式光盘、可擦写光盘、软磁盘、硬磁盘、集成电路卡和各种存储芯片。

（8）二甲醚。自 2008 年 7 月 1 日起，二甲醚增值税税率由 17%下调至 13%。二甲醚，是指化学分子式为 CH_3OCH_3，常温常压下为具有轻微醚香味，易燃、无毒、无腐蚀性的气体。

（9）食用盐。盐，是指主体化学成分为氯化钠的工业盐和食用盐，包括海盐、井矿盐和湖盐。自 2007 年 9 月 1 日起，盐适用增值税税率由 17%统一调整为 13%。自 2009 年 1 月 1 日起，工业盐的增值税税率由 13%恢复到 17%，食用盐继续沿用 13%的低税率。

食用盐的范围包括符合《食用盐》（GB 5461—2000）和《食用盐卫生标准》（GB 2721—2003）两项国家标准的食用盐（见表 2-4）。

表 2-4 增值税低税率的货物范围明细

生活必需品类	① 粮食、食用植物油（包括橄榄油、花椒油，但不包括环氧大豆油、氢化植物油：17%） ② 鲜奶、符合国标规定的巴氏杀菌乳和灭菌乳（调制乳：17%） ③ 食用盐 ④ 自来水、暖气、冷气、热水、煤气、石油液化气、天然气、沼气和居民用煤炭制品等
文化用品类	图书、报纸、杂志、音像制品和电子出版物
农业生产资料类	饲料、化肥、农机（不含农机零部件）、农药、农膜；有机肥免税
（初级）农产品	① 干姜、姜黄的增值税适用税率为 13%； ② 纳税人销售自产人工合成牛胚胎免征增值税； ③ 麦芽、复合胶、人发、肉桂油、桉油、香茅油、淀粉应适用 17%的增值税税率
其他	如二甲醚、密集型烤房设备、频振式杀虫灯、自动虫情测报灯、粘虫板等

【例 2-5 • 多选题】下列货物适用 13%税率征收增值税的有（　　）。

A．食用蔬菜　B．速冻饺子　C．饲料　D．鱼虾等水产品

『答案』ACD

（三）零税率

零税率，即税率为零。仅适用于法律不限制或不禁止的报关出口的货物，以及输往海关管理的保税工厂、保税仓库和保税区的货物。国务院另有规定的某些货物，不适用零税率。

小思考

增值税零税率与免税一样吗？

（四）提供应税服务的税率

（1）提供增值电信服务、金融服务、现代服务（租赁服务除外）、生活服务，税率为 6%。

（2）提供交通运输服务、邮政服务、基础电信服务、建筑服务、不动产租赁服务，税率为 11%。

（3）提供有形动产租赁服务，税率为 17%。

（4）境内单位和个人跨境提供应税服务，符合规定条件的，税率为零。

（五）销售无形资产的税率

（1）转让土地使用权，税率为 11%。

（2）转让土地使用权以外的其他无形资产，税率为 6%。

（3）境内单位和个人跨境转让无形资产，符合规定条件的，税率为零。

（六）销售不动产的税率

销售不动产的增值税税率为 11%。

以上（四）至（六）的项目是属于营改增的部分，具体税率变化如表 2-5 所示。

表 2-5　营改增前后税率比较表

大类	中类	小类	征收品目	原营业税税率	增值税税率
销售服务	交通运输服务	陆路运输服务	铁路运输服务	3%	11%
			其他陆路运输服务		
		水路运输服务	水路运输服务		
		航空运输服务	航空运输服务		
		管道运输服务	管道运输服务		
	邮政服务	邮政特殊服务	邮政特殊服务	3%	11%
		其他邮政服务	其他邮政服务		
	电信服务	基础电信服务	基础电信服务	3%	11%
		增值电信服务	增值电信服务		6%
	建筑服务（新增）	工程服务	工程服务	3%	11%
		安装服务	安装服务		
		修缮服务	修缮服务		
		装饰服务	装饰服务		
		其他建筑服务	其他建筑服务		
	金融服务（新增）	贷款服务	贷款服务	5%	6%
		直接收费金融服务	直接收费金融服务		
		保险服务	人寿保险服务		
			财产保险服务		
		金融商品转让	金融商品转让		
	现代服务	研发和技术服务	研发服务	5%	6%
			合同能源管理服务		
			工程勘察勘探服务		
			专业技术服务（新增）		
		信息技术服务	软件服务	5%	6%
			电路设计机测试服务		
			信息系统服务		
			业务流程管理服务		
			信息系统增值服务（新增）		
		文化创意服务（商标和著作权转让重分类至销售无形资产）	设计服务	3%/5%	6%
			知识产权服务		
			广告服务		
			会议展览服务		
		物流辅服务	航空服务	3%/5%	6%
			港口码头服务		
			货运客运场站服务		
			打捞救助服务		
			装卸搬运服务		
			仓储服务		
			收派服务		

续表

大类	中类	小类	征收品目	原营业税税率	增值税税率
销售服务	现代服务	租赁服务	不动产融资租赁（新增）	5%	11%
			不动产经营租赁（新增）		
			有形动产融资租赁		17%
			有形动产经营租赁		
		鉴证咨询服务	认证服务	5%	6%
			鉴证服务		
			咨询服务		
		广播影视服务	广播影视节目（作品）制作服务	3%/5%	6%
			广播影视节目（作品）发行服务		
			广播影视节目（作品）播映服务		
		商务辅助服务（新增）	企业管理服务	5%	6%
			经纪代理服务		
			人力资源服务		
			安全保护服务		
		其他现代服务（新增）	其他现代服务	3%/5%	6%
	生活服务（新增）	文化体育服务	文化服务	3%/5%，娱乐业 5%～20%	6%
			体育服务		
		教育医疗服务	教育服务		
			医疗服务		
		旅游娱乐服务	旅游服务		
			娱乐服务		
		餐饮住宿服务	餐饮服务		
			住宿服务		
		居民日常服务	居民日常服务		
		其他生活服务	其他生活服务		
销售无形资产（新增）	销售无形资产（新增）	专利技术和非专利技术	专利技术和非专利技术	5%	6%（除销售土地使用权适用 11%）
		商标	商标		
		著作权	著作权		
		商誉	商誉		
		自然资源使用	自然资源使用（含土地使用权）		
		其他权益性无形资产	其他权益性无形资产		
销售不动产（新增）	销售不动产（新增）	建筑物	建筑物	5%	11%
		构筑物	构筑物		

小 思 考

光租、干租、湿租、程租、期租的收入计算增值税的税率一样吗？为什么？

二、我国增值税的征收率

增值税的征收率是针对在简易方法计算的情况下使用，即征收率是和简易计算相对应的概念。在 2014 年 7 月 1 日前，我国增值税的征收率有 3%、4%、6%、3%减按 2%、4%减半共五种情况。根据财政部和国家税务总局联合发布的《关于简并增值税征收率政策的通知》（财税〔2014〕57 号）和“营改增”的有关规定，自 2014 年 7 月 1 日起将 4%和 6%的增值税征收率统一调整为 3%，并增加对销售不动产、不动产经营租赁服务如采用简易方法计算的征收率为 5%。所以，现行增值税的征收率有 3%、3%减按 2%、5%三种情况。其中小规模纳税人征收率一般为 3%，其他的特殊业务适用 3%减按 2%、5%征收（见表 2-6）。

表 2-6 增值税征收率适用情况表

特殊征收率		适用情况	特别说明
小规模纳税人适用	按 3%减按 2%征收增值税	销售已使用过的固定资产： 销售额=含税销售额÷(1+3%) 应纳税额=不含税销售额×2%	销售除固定资产以外的物品应按 3%的征收率计算
	按 5%的征收率计税	销售不动产或者出租不动产	个人出租住房按 5%减按 1．5%征收增值税
一般纳税人适用	按 3%减按 2%征收增值税	① 销售自己使用过的不得抵扣且未抵扣进项税额的固定资产 ② 销售旧货（具体包括旧摩托车、旧汽车和旧游艇），不包括物品 销售额=含税销售额÷(1+3%) 应纳税额=不含税销售额×2%	①销售自己使用过的除固定资产以外的物品，应当按照适用税率计算增值税；②销售已抵扣的固定资产应当按照适用税率计算增值税
	应按 3%征收率计税	① 寄售商店代销寄售物品（包括居民个人寄售的物品在内） ② 典当业销售死当物品 ③ 经国务院或国务院授权机关批准的免税商店零售的免税品	
	可选择按 3%征收率计税	① 县级及县级以下小型水力发电单位生产的电力。小型水力发电单位，是指各类投资主体建设的装机容量为 5 万千瓦以下（含 5 万千瓦）的小型水力发电单位 ② 建筑用和生产建筑材料所用的砂、土、石料 ③ 以自己采掘的砂、土、石料或其他矿物连续生产的砖、瓦、石灰（不含黏土实心砖、瓦） ④ 用微生物、微生物代谢产物、动物毒素、人或动物的血液或组织制成的生物制品 ⑤ 自来水 ⑥ 商品混凝土（仅限于以水泥为原料生产的水泥混凝土）	一般纳税人选择简易办法计算缴纳增值税后，36 个月内不得变更
	可选择按 5%征收率计税	① 销售或出租 2016 年 4 月 30 日前取得的不动产 ② 房地产开发企业销售自己开发的房地产老项目	

第五节 一般纳税人应纳税额的计算

一般纳税人应纳税额运用购进扣税法计算，即当期销售税额抵扣当期进项税额后的余额。应纳税额的计算公式为

应纳税额=当期销项税额-当期进项税额

当期销项税额小于当期进项税额不足以抵扣时，其不足部分可以结转下期继续抵扣。

“当期”是个重要的时间限定，是指税务机关依照税法规定对纳税人确定的纳税期限。只有在纳税期限内实际发生的销项税额、进项税额，才是法定的当期销项税额、进项税额。

一、销项税额的计算

销项税额的计算公式为

销项税额=不含税销售额×税率

（一）一般销售方式下的销售额

销售额为纳税人销售货物或提供应税劳务和应税服务而向购买方收取的全部价款和价外费用。所谓价外费用，包括价外向购买方收取的手续费、补贴、基金、集资费、返还利润、奖励费、违约金、滞纳金、延期付款利息、赔偿金、代收款项、代垫款项、包装费、包装物租金、储备费、优质费、运输装卸费以及其他各种性质的价外费用。但下列项目不包括在内。

（1）受托加工应征消费税的消费品所代收代缴的消费税。

（2）同时符合以下条件的代垫运费：承运部门的运输费用发票开具给购买方的；纳税人将该项发票转交给购货方的。

（3）同时符合以下条件代为收取的政府性基金或者行政事业收费：由国务院或者财政部批准设立的政府性基金，由国务院或者省级人民政府及其财政、价格主管部门批准设立的行政事业性收费；收取时开具省级以上财政部门印制的财政票据；所收款项全额上缴财政。

（4）销售货物的同时代办保险等而向购买方收取的保险费，以及向购买方收取的代购买方缴纳的车辆购置税、车辆牌照费。

其他价外费用，无论会计制度上如何核算，均应并入销售额计算应纳税额。

【例 2-6・多选题】增值税的销售额为纳税人销售货物或者提供应税劳务向购买方收取的全部价款和价外费用，但不包括在价外费用之中的有（　　）。

A．向购买方收取的延期付款利息

B．向购买方收取的增值税销项税额

C．受托加工应征消费税消费品所代收代缴的消费税

D．同时符合两个条件的代垫运费：①承运部门的运费发票开具给购买方的；②纳税人将该项发票转交给购买方的

『答案』BCD

（二）特殊销售额的确认计量（根据“营改增”2016 年 36 号文件新规定）

（1）贷款服务，以提供贷款服务取得的全部利息及利息性质的收入为销售额。

（2）直接收费金融服务，以提供直接收费金融服务收取的手续费、佣金、酬金、管理费、服务费、经手费、开户费、过户费、结算费、转托管费等各类费用为销售额。

（3）金融商品转让，按照卖出价扣除买入价后的余额为销售额。

（4）经纪代理服务，以取得的全部价款和价外费用，扣除向委托方收取并代为支付的政府性基金或者行政事业性收费后的余额为销售额。

（5）融资租赁和融资性售后回租业务：

① 经人民银行、银监会或者商务部批准从事融资租赁业务的试点纳税人，提供融资租赁服务，以取得的全部价款和价外费用，扣除支付的借款利息、发行债券利息和车辆购置税后的余额为销售额。

② 经人民银行、银监会或者商务部批准从事融资租赁业务的试点纳税人，提供融资性售后回租服务，以取得的全部价款和价外费用，扣除对外支付的借款利息、发行债券利息后的余额作为销售额。

③ 试点纳税人根据2016年4月30日前签订的有形动产融资性售后回租合同，在合同到期前提供的有形动产融资性售后回租服务，可继续按照有形动产融资租赁服务缴纳增值税。继续按照有形动产融资租赁服务缴纳增值税的试点纳税人，经人民银行、银监会或者商务部批准从事融资租赁业务的，根据2016年4月30日前签订的有形动产融资性售后回租合同，在合同到期前提供的有形动产融资性售后回租服务，可以选择以下方法之一计算销售额：

a. 以向承租方收取的全部价款和价外费用，扣除向承租方收取的价款本金，以及对外支付的借款利息、发行债券利息后的余额为销售额；

b. 以向承租方收取的全部价款和价外费用，扣除支付的借款利息、发行债券利息后的余额为销售额。

（6）航空运输企业的销售额，不包括代收的机场建设费和代售其他航空运输企业客票而代收转付的价款。

（7）试点纳税人中的一般纳税人提供客运场站服务，以其取得的全部价款和价外费用，扣除支付给承运方运费后的余额为销售额。

（8）试点纳税人提供旅游服务，可以选择以取得的全部价款和价外费用，扣除向旅游服务购买方收取并支付给其他单位或者个人的住宿费、餐饮费、交通费、签证费、门票费和支付给其他接团旅游企业的旅游费用后的余额为销售额。

（9）试点纳税人提供建筑服务适用简易计税方法的，以取得的全部价款和价外费用扣除支付的分包款后的余额为销售额。

（10）房地产开发企业中的一般纳税人销售其开发的房地产项目，以取得的全部价款和价外费用，扣除受让土地时向政府部门支付的土地价款后的余额为销售额。

（三）特殊销售方式下的销售额

1. 折扣方式销售

增值税一般纳税人因销售货物退回或者折让而退还给购买方的增值税额，应从发生销售货物退回或者折让当期的销售税额中扣减；因购进货物退出或者折让而收回的增值税额，应从发生购进货物退出或者折让当期的进项税额中扣减。一般纳税人销售货物并开具增值税专用发票后，发生销售货物退回或者折让、开票有误等情形，应按国家税务总局的规定开具红字增值税专用发票，未按规定开具红字增值税专用发票的，增值税额不得从销项税额中扣减。

（1）商业折扣。商业折扣是指销货方在销售货物劳务或应税服务时，因购货方购货数量较大或销售方有特殊关系等原因而给予购货方的价格优惠。纳税人采用折扣方式销售货物，如果销售额和折扣额在同一张发票上的“金额”栏分别注明，可按折扣后的销售额征收增值税；未在同一发票“金额”栏注明折扣额，而仅在发票的“备注”栏注明折扣额的，折扣额不得从销售额中扣除。如果将折扣额另开发票，不论其在财务会计上如何处理，均不得从销售额中扣除折扣额，即要按折扣前的销售额全额作为计算销项税额的依据。

税法中纳税人采用折扣方式销售货物的核定，之所以强调销售额与折扣额必须在同一张发票上注明，主要是出于保证增值税征管的需要。如果允许对销售额开一张销货发票，对折扣额再开一张退款的增值税红字发票，就可能造成销售方按减去折扣额后的销售额计算销项税额，而购货方按未减去折扣额的销售额及其进项税额进行抵扣的问题，导致增值税逃税现象的发生。

“随货赠送”是组合销售本企业产品，实为折扣销售，属于有偿赠送，所以应将总的销售金额按各项商品公允价值比例进行分摊，以确认各项销售收入。它是指本企业采用的一种促销行为，在销售主货物的同时赠送从货物，目的在于提升企业的利润。

（2）现金折扣。现金折扣是指销货方在销售货物或应税劳务后鼓励购买方及早偿还贷款，而协议许诺给予购货方的一种折扣优待，如 2/10、1/20、n/30，即 10 天内付款，货款折扣 2%；20 天内付款，货款折扣 1%；30 天全价付款。现金折扣发生不得从销售额中减除，只能作为一种理财行为计入财务费用。

（3）销售退回或折让。销售折让是指货物销售后，因品种、规格、质量等原因，购货方没有退货，而销货方给予价格上的减让。对销售折让，可在实际发生时直接从当期实现的收入中抵减，即按折让后的贷款作为销售额，计算缴纳增值税。

购货方尚未进行账务处理，也未付款，销货方应在收到购货方转来的原开增值税专用发票的发票联和抵扣联上注明“作废”字样。如果当月销售，销货方尚未进行账务处理，则不需要进行冲销当月产品收入和销项税额的账务处理，只需根据双方协商扣除折让后的价款和增值税税额重新开具增值税专用发票。不同折扣方式销售税务处理归纳如表 2-7 所示。

表 2-7 不同折扣方式销售税务处理

类型	税务处理	举例
折扣销售	价格折扣	
	实物折扣：视同销售	
销售折扣（现金折扣）	不得从销售额中减除现金折扣额。现金折扣计入“财务费用”	销售价款 500 万元，购货方及时付款，给予 5%的折扣，实收 475 万元，则销项税额=500×17%=85（万元）
销售折让	按规定开具红字发票，可以从销售额中减除折让额	

2. 以旧换新

以旧换新是指纳税人在销售自己的货物时，有偿收回旧货物的行为。根据税法规定，采用以旧换新方式销售货物的，应按新货物的同期销售价格确定销售额，不得扣减旧货物的收购价格。之所以这样规定，既是因为销售货物与收购货物是两个不同的业务活动，销售额与收购额不能相互抵减，也是为了严格增值税的计算征收，防止出现销售额不实、减少纳税的现象。考虑到金银首饰以旧换新业务的特殊情况，对金银首饰依旧换新业务，可以按销售方实际收取的不含增值税的全部价款征收增值税（见表 2-8）。

表 2-8 以旧换新的税务处理

类型	税务处理
一般货物	按新货物同期销售价格确定销售额，不得扣减旧货物的收购价格
金银首饰	可按销售方实际收取的不含增值税的全部价款征收增值税

【例 2-7 · 计算题】某首饰商城为增值税一般纳税人，2015 年 5 月发生以下业务：

采取“以旧换新”方式向消费者销售金项链 2 000 条，新项链每条零售价 0.25 万元，旧项链每条作价 0.22 万元，每条项链取得差价款 0.03 万元。应缴纳增值税多少？

『答案』应缴纳的增值税=2 000×0.03÷(1+17%)×17%=8.72（万元）

3. 还本销售

还本销售方式，是指纳税人在销售货物后，到一定期限由销售方一次或分次退还给购货方全部或部分价款，这种方式实质上是一种融资行为，以货物换取资金的使用价值，到期还本不付息。税法规定，采取还本销售方式销售货物，其销售额就是货物的销售价格，不得从销售额中减除还本支出。

4. 以物易物

以物易物是一种较为特殊的购销活动，是指购销双方不是以货币结算，而是以同等价款的货物相互结算，实现货物购销的一种方式。在实务中，有的纳税人以为以物易物不是购销行为，销货方收到购货方抵顶货款的货物，认为自己不是购货；购货方发出抵顶货款的货物，认为自己不是销货。这两种认识都是错误的。正确的方法应当是，以物易物双方都应作购销处理，以各自发出的货物核算销售额并计算销项税额，以各自收到的货物按规定核算购货额并计算进项税额。应注意，在以物易物活动中，应分别开具合法的票据。

【例 2-8 · 计算题】甲企业为机器设备生产企业，乙企业为钢材生产企业，现在甲企业将市场售价为 50 万元的机器设备换取乙企业售价为 50 万元的钢材。双方各自向对方开具增值税专用发票。计算甲乙双方的增值税销项税和进项税。

『答案』

甲企业：销项税额——8.5 万元；进项税额——8.5 万元

乙企业：销项税额——8.5 万元；进项税额——8.5 万元

5. 包装物押金

包装物是指纳税人包装本单位货物的各种物品。纳税人销售货物时另收取包装物押金，目的是促使购货方及早退回包装物以便周转使用。对包装物的押金是否计入货物销售额征收的增值税呢？根据税法规定，纳税人为销售货物而出租出借包装物收取的押金，单独记账核算的，时间在 1 年以内，又未过期的，不并入销售额征税，但对因逾期未收回包装物不再退还的押金，应按所包装货物的适用税率计算销项税额。

销售酒类产品而收取的押金，分两种情况：一是啤酒、黄酒，计税要求和会计处理同上；二是其他酒类，这类货物销售时收取的包装物押金，无论将来押金是否返回，是否按时返回以及财务会计如何核算，均应并入当期销售额计税（见表 2-9）。

表 2-9 包装物押金的税务处理表

具体类型	税务处理
一般货物（包括啤酒和黄酒）	①如单独记账核算，时间在 1 年以内，又未逾期的，不并入销售额征税 ②因逾期（1 年为限）未收回包装物不再退还的押金，应并入销售额征税 （征税时注意：①逾期包装物押金为含税收入，需换算成不含税价再并入销售额；②税率为所包装货物适用税率）
除啤酒、黄酒外的其他酒类产品	无论是否返还以及会计上如何核算，均应并入当期销售额征税

【例 2-9 • 计算题】某饮料厂为一般纳税人。2013 年 4 月 1 日向某小卖部销售果汁饮料，开具普通发票上注明金额 16 500 元；同时收取单独核算的包装物押金 1 000 元。试计算该饮料厂 4 月份应确认的销项税额。

『答案』

销项税额=16 500÷(1+17%)×17%=2 397.44（元）

【例 2-10 • 计算题】某白酒厂为一般纳税人，2013 年 4 月 1 日向某小卖部销售白酒，开具普通发票上注明金额 16 500 元；同时收取单独核算的包装物押金 1 000 元，试计算此业务酒厂 4 月份应确认的销项税额。

『答案』

销项税额=(16 500+1 000)÷(1+17%)×17%=2 542.74（元）

（四）视同销售行为的销售额

纳税人发生应税行为价格明显偏低或明显偏高且不具有合理商业目的（不具有合理商业目的是指以谋取税收利益为主要目的，通过人为安排，减少、免除、推迟缴纳增值税税款，或者增加退还增值税税款），以及纳税人有视同销售行为而无销售额者，由主管税务机关按下列顺序确定其销售额。

（1）按纳税人最近时期销售同类货物、劳务、服务、无形资产或不动产的平均价格确定。

（2）按其他纳税人最近时期销售同类货物、劳务、服务、无形资产或不动产的平均价格确定。

（3）按组成计税价格确定，组成计税价格的公式如下（见表 2-10）。

① 货物为非应税消费品的，公式为

组成计税价格=成本×(1+成本利润率)

其中，成本利润率按 10%计算。

② 货物为应税消费品的，公式为

组成计税价格=成本×(1+成本利润率)+消费税

其中，成本利润率按消费税税法的规定计算。

表 2-10 视同销售的组成计税价格的计算

类型	组成计税价格
只征增值税的	成本×(1+成本利润率)
既征增值税，又征消费税的	成本×(1+成本利润率)+消费税

【例 2-11·计算题】某糕点厂为增值税一般纳税人，9 月份将自产的月饼 400 盒分发给本企业职工。每盒月饼成本价 90 元。

（1）如果产品不含税售价 158 元，如何确定销售额？

（2）如果为新产品，无产品售价，如何确定销售额？

『答案』

（1）产品不含税售价 158 元：

销售额=400×158=63 200（元）

（2）无产品售价：

销售额=400×90×(1+10%)=39 600（元）

【例 2-12·多选题】下列关于增值税销售额的说法，错误的是（ ）。

A．纳税人为销售货物而出租出借包装物收取的押金，单独记账核算的，一律不并入销售额征税，对逾期收取的包装物押金，均并入销售额征收增值税

B．随同货物销售收取的包装物租金，应该并入销售额征收增值税

C．采取还本销售方式销售货物，其销售额就是货物的销售价格，不得从销售额中减除还本支出。

D．销售折扣可以从销售额中减除

『答案』AD

（五）含税销售额的换算

如果销售收入中包含了销项税额，则应将含税销售额换算成不含税销售额。这是因为增值税是价外税，在计税的销售额中不能含有增值税税款，否则就会违背其“中性”特点，构成重复征税。属于含税销售收入的通常有普通发票的价款、零售价格、价外收入等。不含税销售额的计算公式为

不含税销售额=含税销售额÷(1+增值税税率)

【例 2-13·单选题】2013 年 3 月，某酒厂销售粮食白酒和啤酒给副食品公司，其中白酒开具增值税专用发票，注明不含税价款 50 000 元，另收取包装物押金 3 000 元；啤酒开具普通发票，收取的价税合计款 23 400 元，另外收取包装物押金 1 500 元。副食品公司按合同约定，于 2013 年 4 月将白酒、啤酒包装物全部退还给酒厂，并取回全部押金。就此项业务，该酒厂 2013 年 3 月增值税销项税额应为（ ）元。

A．11 900　　B．12 117.95　　C．12 335.90　　D．12 553.85

『答案』C

二、进项税额的计算

进项税额是与销项税额相对应的概念，是指纳税人购进货物、加工修理修配劳务或服务、无形资产或者不动产，支付或者担负的增值税额。它们之间的对应关系是：销售方收取的销项税额，就是购买方支付的进项税额。一般纳税人在经营活动中，既会发生销售货物、加工修理修配劳务、服务、无形资产或者不动产，又会发生购进货物、加工修理修配劳务、服务、无形资产或者不动产，相应地都会有收取的销项税额和支付的进项税额。纳税人实际应纳的增值税额为纳税人收取的销项税额抵扣其支付的进项税额后的余额。因此，进项税额作为可

抵扣的部分，对于纳税人实际纳税多少就产生了举足轻重的作用。值得注意的是，并不是纳税人支付的所有进项税额都可以从销项税额中抵扣。税法对不能抵扣的进项税额的项目做了严格的规定。

（一）准予从销项税额中抵扣的进项税额

根据《增值税暂行条例》和“营改增”的规定，准予从销项税额中抵扣的进项税额，限于下列增值税扣税凭证上注明的增值税税额和按规定的扣除率计算的进项税额。

1. 凭票抵扣

（1）从销售方或者提供方取得的增值税专用发票（含税控机动车销售统一发票和中华人民共和国税收缴款凭证，下同）上注明的增值税额。

（2）从海关取得的海关进口增值税专用缴款书上注明的增值税额。纳税人进口货物，凡已缴纳了进口环节增值税的，不论其是否已经支付货款，其取得的海关进口增值税专用缴款书均可作为增值税进项税额抵扣凭证，在规定的期限内申报抵扣进项。

2. 计算抵扣

购进农产品，除取得增值税专用发票或者海关进口增值税专用缴款书外，按照农产品收购发票或者销售发票上注明的农产品买价和13%的扣除率计算进项税额。

进项税额计算公式为

$$进项税额=买价\times扣除率$$

对这项规定需要解释的是：①所谓“农业产品”，是指直接从事植物的种植、收割和动物的饲养、捕捞的单位和个人销售的自产而且免征增值税的农业产品。②购买农业产品的买价，包括纳税人购进农产品在农产品收购发票或者销售发票上注明的价款和按规定缴纳的烟叶税。

对烟叶税纳税人按规定缴纳的烟叶税，准予并入烟叶产品的买价计算增值税的进项税额，并在计算缴纳增值税时一并抵扣。即购进烟叶准予抵扣的增值税进项税额，按照烟叶收购金额和烟叶税及法定扣除率计算。烟叶收购金额包括纳税人支付给烟叶销售者的烟叶收购价款和价外补贴，价外补贴统一暂按烟叶收购价款的10%计算。相关计算公式为

$$烟叶收购金额=烟叶收购价款\times(1+10\%)$$

$$烟叶税应纳税额=烟叶收购金额\times税率(20\%)$$

$$准予抵扣的进项税额=(烟叶收购金额+烟叶税应纳税额)\times扣除率$$

以上抵扣方法概括如表2-11所示。

表2-11 增值税进项税抵扣方法表

以票抵税	从销售方取得的增值税专用发票上注明的增值税额
	从海关取得的海关进口增值税专用缴款书上注明的增值税额
计算抵税	购进农产品，除取得增值税专用发票或海关进口增值税专用缴款书外，按照农产品收购发票或者销售发票上注明的农产品买价和13%的扣除率计算的进项税

【例2-14·单选题】某卷烟厂2015年2月收购烟叶生产卷烟，收购凭证上注明价款50

万元，该卷烟厂6月份收购烟叶可抵扣的进项税额为（　　）万元。

A．6.5　　B．7.15　　C．8.58　　D．8.86

『答案』C

（二）不得从销项税额中抵扣的进项税额

（1）未按照规定取得并保存增值税扣税凭证，或者增值税扣税凭证上未按照规定注明增值税额及其他有关事项的。

（2）有下列情形之一的，按照销售额依据增值税税率计算应纳税额，不得抵扣进项税额，也不得用增值税专用发票：①一般纳税人会计核算不健全，或者不能够准确提供税务资料；②纳税人销售额超过小规模纳税人标准，未申请办理增值税一般纳税人认定手续的。

（3）用于简易计税方法计税项目、免征增值税项目、集体福利或者个人消费的购进货物、加工修理修配劳务、服务、无形资产和不动产。其中，涉及的固定资产、无形资产、不动产，仅指专用于上述项目的固定资产、无形资产（不包括其他权益性无形资产）、不动产。个人消费包括纳税人的交际应酬消费。

（4）非正常损失的购进货物，以及相关的加工修理修配劳务和交通运输服务。所谓非正常损失，是指因管理不善造成被盗、丢失、霉烂变质，以及因违反法律法规造成货物或者不动产被依法没收、销毁、拆除的情形。不包括自然灾害损失、正常损耗。

（5）非正常损失的在产品、产成品所耗用的购进货物（不包括固定资产）、加工修理修配劳务和交通运输服务。

（6）非正常损失的不动产，以及该不动产所耗用的购进货物、设计服务和建筑服务。

（7）非正常损失的不动产在建工程所耗用的购进货物、设计服务和建筑服务纳税人新建、改建、扩建、修缮、装饰不动产，均属于不动产在建工程。

（8）购进的旅客运输服务、贷款服务、餐饮服务、居民日常服务和娱乐服务。

（9）一般纳税人兼营简易计税方法计税项目、免征增值税项目而无法划分不得抵扣的进项税额，按照下列公式计算不得抵扣的进项税额。

不得抵扣的进项税额=当期无法划分的全部进项税额×(当期免税项目销售额+简易计税方法计算项目销售额)÷当期全部销售额、营业额合计

（10）财政部和国家税务总局规定的其他情形。

【例2-15·单选题】下列行为中，涉及的进项税额不得从销项税额中抵扣的是（　　）。

A．将外购的货物用于本单位集体福利

B．将外购的货物分配给股东和投资者

C．将外购的货物无偿赠送给其他个人

D．将外购的货物作为投资提供给其他单位

『答案』A

【例2-16·单选题】一般纳税人2016年8月份发生的下列经济业务均取得了增值税专用发票，其注明的增值税额允许从当期销项税额中抵扣的情形是（　　）。

A．用于交际应酬的外购礼品

B．购买的办公用品

C．购买制造车间中央空调系统

D．从小规模纳税人处购买的用于集体福利的物品

『答案』BC

三、应纳税额的计算

应纳税额=当期销项税额-当期进项税额

具体见图 2-2：

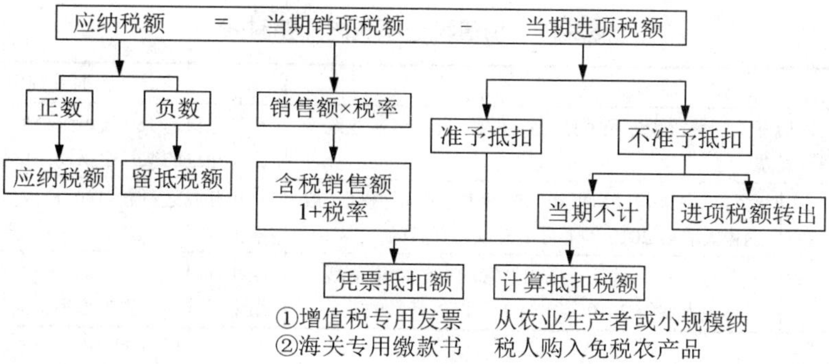

图 2-2

（一）计算应纳税额的时间限定

1. 计算销项税额的时间限定

销售货物、提供应税劳务、服务，为收讫销售款项或者取得索取销售款项凭据的当天。按销售结算方式的不同，具体如下。

（1）纳税人生产经营活动中采取直接收款方式销售货物，已将货物移送对方并暂估销售收入入账，但既未取得销售款或取得索取销售款凭据也未开具销售发票的，其增值税纳税义务的确认为取得销售款或取得索取销售款凭据的当天；先开具发票的，为开具发票的当天。

（2）采取托收承付和委托银行收款方式销售货物，为发出货物并办妥托收手续的当天。

（3）采取赊销和分期收款方式销售货物，为书面合同约定的收款日期的当天，无书面合同的或者书面合同没有约定收款时期的，为货物发出的当天。

（4）采取预收货款方式销售货物，为货物发出的当天，但销售生产工期超过 12 个月的大型机械设备、船舶、飞机等货物，为收到预收款或者书面合同约定的收款日期的当天。

（5）委托其他纳税人代销货物，为收到代销单位的代销清单或者收到全部或者部分货款的当天，未收到代销清单及货款的，为发出代销货物满 180 天的当天。

（6）纳税人提供建筑服务、租赁服务采取预收款方式的，其纳税义务发生时间为收到预收款的当天（“营改增”新规定）。

（7）纳税人从事金融商品转让的，为金融商品所有转转移的当天（“营改增”新规定）。

（8）纳税人发生税法规定的视同销售货物行为，为货物移送的当天；其他视同销售行为，其纳税义务发生时间为服务、无形资产转让完成的当天或者不当产权属变更的当天(“营改增”新规定）。

2. 进项税额抵扣的时间限定

我国现行增值税当期抵扣的进项税主要实施购进抵扣法，即要求在规定时限内对取得的进项税额发票进行认证，不论该发票上所列的货物是否已经使用，经过认证的发票税额才可以进行进项税额抵扣。2003～2009 年抵扣期限是 90 日，2010 年 1 月 1 日起改为 180 日，具体规定如表 2-12 所示。

表 2-12　增值税进项税的抵扣时间

<table>
<tr><th colspan="2">情形</th><th>时间规定</th></tr>
<tr><td colspan="2">（1）2010 年 1 月 1 日以后开具的增值税专用发票、公路内河货物运输业统一发票和机动车销售统一发票</td><td>开具之日起 180 日内到税务机关办理认证，并在认证通过的次月申报期内申报抵扣</td></tr>
<tr><td rowspan="2">（2）海关进口增值税专用缴款书</td><td>实行“先比对、后抵扣”管理办法的增值税一般纳税人取得 2010 年 1 月 1 日以后开具的</td><td>应在开具之日起 180 日内向主管税务机关申请稽核比对</td></tr>
<tr><td>未实行“先比对、后抵扣”管理办法的增值税一般纳税人取得 2010 年 1 月 1 日以后开具的</td><td>应在开具之日起 180 日后的第一个纳税申报期结束以前，向主管税务机关申报抵扣</td></tr>
</table>

（二）计算应纳税额时进项税额不足抵扣的处理

当期应纳税额计算结果若为正数，当期应缴纳增值税；计算结果若为负数，形成留抵税额，待下期与下期进项税额一并从下期销项税额中抵扣，即可以结转下期继续抵扣。

（三）扣减发生期进项税额的规定

当出现增值税进项税已抵扣后改变用途、发生损失、出口不得免抵退税额时，需要做进项税额转出处理。具体处理情况如表 2-13 所示。

表 2-13　增值税进项税额转出计算表

进转方法	进项税额转出的具体计算
原抵扣进项税额转出	① 以票抵税（增值税专用发票或海关进口增值税专用缴款书）：采购成本×税率； ② 用收购发票计算抵扣进项税额的免税农产品： 农产品采购成本/(1−13%)×13%
按当期实际成本计算应扣减的进项税额	无法准确确定该项进项税额的，按当期实际成本计算应扣减的进项税额： 进项税额转出数额=当期实际成本×税率 当期实际成本=买价+运费+保险费+其他有关费用
利用公式计算进项税额转出	不得抵扣进项税额=当月无法划分全部进项税额×(当期免税项目销售额+简易计税方法计算项目销售额)/当月全部销售额

【例 2-17 • 单选题】某制药厂为增值税一般纳税人，3 月份销售应税药品取得含税收入 117 万元，销售免税药品 50 万元，当月购入生产用原材料一批，取得增值税专用发票上注明税款 8.5 万元，应税药品与免税药品无法划分耗料情况，则该制药厂当月应纳增值税为（　　）万元。

A. 17　　B. 11.33　　C. 10.20　　D. 8.5

『答案』B

（四）销货退回或折让的税务处理

当出现销售货物退回或者折让的情形时，即表明实际交易金额减少，销售方和购买方要分别做冲减税额处理。具体处理如表 2-14 所示。

表 2-14 销货退回或折让的税务处理

方向	税务处理
销售方	因销售货物退回或者折让而退还给购买方的增值税额，应从发生销售货物退回或者折让当期的销项税额中扣减
购买方	因购进货物退出或者折让而收回的增值税额，应从发生购进货物退出或者折让当期的进项税额中扣减——如未扣减，造成不纳税或者少纳税的，认定为偷税行为

（五）向供货方取得返还收入的税务处理

2004 年 7 月 1 日起，对商业企业向供货方收取的各种返还收入，应区别不同情况处理，具体处理如表 2-15 所示。

表 2-15 向供货方取得返还收入的税务处理表

情形	税务处理
对商业企业向供货方收取的与商品销售量、销售额挂钩的各种返还收入	按平销返利行为的有关规定冲减当期进项税额，且不需要开增值税专用发票： 当期应冲减进项税金=当期取得的返还资金÷(1+所购货物适用增值税税率)×所购货物适用增值税税率
对商业企业向供货方收取的与商品销售量、销售额无必然联系，且商业企业向供货方提供一定劳务的收入	应按应税服务的适用税率征收增值税

【例 2-18・多选题】企业收取的下列款项中，应作为价外费用并入销售额计算增值税销项税额的有（　　）。

A．商业企业向供货方收取的返还收入

B．生产企业销售货物时收取的包装物租金

C．供电企业收取的逾期未退的电费保证金

D．燃油电厂从政府财政专户取得的发电补贴

『答案』BC

【例 2-19・多选题】某商场（增值税一般纳税人）与其供货企业达成协议，按销售量挂钩进行平销返利。2015 年 5 月向供货方购进商品取得税控增值税专用发票，注明价款 120 万元、进项税额 20.4 万元并通过主管税务机关认证，当月按平价全部销售，月末供货方向该商场支付返利 4.8 万元。下列该项业务的处理符合有关规定的有（　　）。

A．商场应按 120 万元计算确定销项税额

B．商场应按 124.8 万元计算销项税额

C．商场当月应抵扣的进项税额为 20.4 万元

D．商场当月应抵扣的进项税额为 19.7 万元

『答案』AD

【例 2-20・计算题】某生产企业为增值税一般纳税人，适用增值税税率 17%，2016 年 8

月份的有关生产经营业务如下：

（1）销售甲产品给某商场，开具增值税专用发票，取得不含税销售额 80 万元；另外，取得销售甲产品的送货运输费收入 5.85 万元（含增值税价格，与销售货物不能分别核算）。

（2）销售乙产品，开具普通发票，取得含税销售额 29.25 万元。

（3）将试制的一批应税新产品用于员工福利，成本价为 20 万元，国家税务总局规定成本利润率为 10%，该新产品无同类产品市场销售价格。

（4）销售 2013 年 10 月份购进作为固定资产使用过的进口摩托车 5 辆，开具增值税专用发票，上面注明每辆取得不含税销售额 1 万元。

（5）购进货物取得增值税专用发票，注明支付的货款 60 万元、进项税额 10.2 万元；另外支付购货的运输费用 6 万元（不含税），取得运输单位开具的增值税专用发票。

（6）向农业生产者购进免税农产品一批，支付收购价 30 万元，支付给运输单位的运费 5 万元（不含税），并取得运输单位开具的增值税专用发票。本月下旬将购进的农产品的 20% 用于本企业职工福利。

以上相关票据均符合税法的规定。请按下列顺序计算该企业 8 月应缴纳的增值税税额：

（1）计算销售甲产品的销项税额；

（2）计算销售乙产品的销项税额；

（3）计算自用新产品的销项税额；

（4）计算销售使用过的摩托车应纳税额；

（5）计算外购货物应抵扣的进项税额；

（6）计算外购免税农产品应抵扣的进项税额；

（7）计算该企业 5 月份合计应缴纳的增值税税额。

『答案』

（1）销售甲产品的销项税额=80×17%+5.85(1+17%)×17%=14.45（万元）

（2）销售乙产品的销项税额=29.25÷(1+17%)×17%=4.25（万元）

（3）自用新产品的销项税额=20×(1+10%)×17%=3.74（万元）

（4）销售使用过的摩托车应纳税额=1×17%×5=0.85（万元）

（5）外购货物应抵扣的进项税额=10.2+6×11%=10.86（万元）

（6）外购免税农产品应抵扣的进项税额=(30×13%+5×11%)×(1-20%)=3.56（万元）

（7）该企业 5 月份应缴纳的增值税税额=14.45+4.25+3.74+0.85-10.86-3.56=8.87（万元）

第六节　小规模纳税人应纳税额计算

小规模纳税人计算缴纳增值税不同于一般纳税人（注意：一般纳税人采用简易方法计税的，与小规模纳税人计算方法一样），实行按照销售额和征收率计算应纳税额的简易办法，并不得抵扣进项税额。应纳税额的计算公式为

应纳税额=不含税销售额×征收率

不含税销售额=含税销售额÷(1+征收率)

由于小规模纳税人自身不能开具增值税专用发票，对外报价一般为含税的销售额，故计税时要转化为不含税销售额。

小规模纳税人销售自己使用过的固定资产和旧货，应按3%减按2%征收增值税，具体计算办法为

销售额=含税销售额÷(1+3%)应纳税额=销售额×2%

【例 2-21·计算题】某商场是增值税小规模纳税人，2015 年 6 月，该商场取得零售收入总额 18.54 万元，还销售了旧货一批，开具普通发票，取得含税销售额 5.2 万元，原值 4 万元，计算该商场当月的应纳增值税税额。

『答案』

（1）零售收入应纳增值税税额=18.54÷(1+3%)×3%=0.54（万元）

（2）销售旧货收入应纳增值税税额=5.2÷(1+3%)×2%=0.1（万元）

（3）当月应纳增值税税额=0.54+0.1=0.64（万元）

【例 2-22·计算题】某小型工业企业是增值税小规模纳税人。2015 年 3 月取得销售收入 12.36 万元（含增值税）；购进月材料一批，支付货款 3.09 万元（含增值税）。计算该企业当月的应纳增值税税额。

『答案』

当月的应纳增值税税额=12.36÷(1+3%)×3%=0.36（万元）

【例 2-23·计算题】某商店为增值税小规模纳税人，2015 年 5 月，购进童装 280 套，“六一”儿童节之前以每套 128 元的含税价格全部零售出去，计算该商店当月销售这批童装应纳增值税税额。

『答案』

当月的应纳增值税税额=128÷(1+3%)×3%×280=1 043.88（元）

第七节 进口货物征税（海关代征）

一、进口货物的征税范围及纳税人

（一）征税范围

申报进入我国海关境内的货物，除特殊规定外，均应缴纳增值税。特殊规定包括：

（1）科研单位、教学单位直接进口的用于生产科研的仪器设备，进口时免税。

（2）来料加工和进料加工都是国外进口料件在国内加工后在出口，区别就是来料加工的进口料件是客户给我们的，我们没有付钱，出口的时候我们只收加工费，而进料加工就是原材料是从国外买进来的，出后的时候按产品的价格收费。所以来料加工只免税不退税而进料加工可以退税。

（二）纳税人

进口货物的纳税人是指进口货物的收货人或办理报关手续的单位和个人。

二、进口货物适用税率

进口货物的税率为17%或13%两种，不使用征收率。

三、进口货物应纳税额的计算

进口货物的纳税人，无论是一般纳税人还是小规模纳税人，均应按照组成计税价格和规定的税率计算应纳税额，不得抵扣进项税额。其计算公式为应纳税额=组成计税价格×税率

如果进口的货物不征消费税，则上述公式中的组成计税价格的计算公式为

组成计税价格=关税完税价格+关税税额

如果进口的货物应征消费税，则上述公式中的组成计税价格的计算公式为

组成计税价格=关税完税价格+关税税额+消费税税额

或

组成计税价格=关税完税价格×(1+关税率)÷(1-消费税率)

或

组成计税价格=[关税完税价格×(1+关税率)+课税数量×消费税定额税率]÷(1-消费税率)

【例 2-24・计算题】某企业是增值税一般纳税人。2015 年 3 月从国外进口一批原材料，海关审定的完税价格为 100 万元，该批原材料分别按 10%和 17%的税率向海关缴纳了关税和进口环节增值税，并取得了相关完税凭证。该批原材料当月加工成产品后全部在国内销售，取得销售收入 200 万元（不含增值税），同时支付运输费 8 万元（取得运费发票）。已知该企业适用的增值税税率为 17%。计算该企业当月应缴纳的增值税税额。

『答案』

（1）进口原材料的应纳增值税税额=(100+100×10%)×17%=18.7（万元）

（2）允许抵扣的增值税进项税额=18.7+8×7%=19.26（万元）

（3）应纳增值税税额=200×17%−19.26=14.74（万元）

【例 2-25・计算题】某商场是增值税一般纳税人，2015 年 6 月，该企业进口生产办公家具用的木材一批，该批木材在国外的买价 20 万元（人民币，下同），运抵我国海关前发生的包装费、运输费、保险费等共计 10 万元。货物报关后，商场按规定缴纳了进口环节的增值税并取得了海关开具的完税凭证。假定该批进口货物在国内全部销售，取得不含税销售额 50 万元。

计算该批货物进口环节、国内销售环节分别应缴纳的增值税税额（货物进口关税税率 12%，增值税税率 17%）。

『答案』

（1）关税的完税价格=20+10=30（万元）

（2）应缴纳进口关税税额=30×12%=3.6（万元）

（3）进口环节应纳增值税的组成计税价格：30+3.6=33.6（万元）

（4）进口环节应纳增值税税额：33.6×17%=5.712（万元）

（5）国内销售环节的销项税额：50×17%=8.5（万元）

（6）国内销售环节应纳增值税税额：8.5−5.712=2.788（万元）

第八节 增值税出口货物退（免）税

一、出口退（免）税制度的一般规定

为鼓励出口，对出口货物实行零税率或免税，以使本国产品以不含税（增值税、消费税等）的价格进入国家市场，提高本国产品的国际竞争力，是国家通行做法。我国实行出口货物零税率（除少数特殊货物外）的优惠政策。所谓零税率，是指货物在出口时整体税负为零，不但出口环节不必纳税，而且还可以退还以前环节已纳税款。

（一）出口退税应具备的条件

出口货物除国家明确规定不予退（免）税的货物外，都属于出口退（免）税的范围。可以出口退（免）税的，必须同时具备以下条件：

（1）必须属于增值税、消费税征收范围的货物。

（2）必须是报关离境的货物。

（3）必须是在财务上作销售处理的货物。

（4）必须是出口收汇并已核销的货物。

（二）退税的形式

退税包括以下三种形式：

（1）出口免税并退税，是指对货物在出口销售环节不征收增值税，而对货物在出口前实际承担的税收负担，按规定的退税率计算后给予退税。例如，生产企业自营出口或委托外贸企业代理出口的自产货物、有出口经营权的外贸企业收购后直接出口或委托其他外贸企业代理出口的货物等情形。

（2）出口免税不退税，是指对货物在出口销售环节不征增值税，而且因为这类货物在前一环节是免税的，因此出口时该货物的价格中是不含税的，也无须退税。例如：从农业生产者直接购进的免税农产品出口、增值税小规模纳税人出口自产货物、来料加工复出口货物、出口卷烟等。

（3）出口不免税也不退税。出口不免税是指国家限制或禁止出口的某些货物在出口环节视同内销，照常纳税。出口不退税是指对所出口的货物不退还出口前实际负担的税款。例如出口原油、木材、纸浆、山羊绒等货物。

（三）出口货物的退税率

出口货物的退税率是指出口货物的实际退税额与退税计税依据的比例。目前，我国出口货物的退税率有17%、16%、15%、13%、11%、9%、5%和零。出口企业应将不同税率的货物分开核算和申报，凡划分不清的，一律从低适用退税率计算退免税。

（四）出口货物退税的计算方法

出口货物退税的计算方法有两种：一种是采用“免抵退”税方法，适用于生产企业自营或委托外贸企业代理出口（以下简称生产企业出口）的自产货物；另一种是采用“先征后退”的方法，适用于外贸企业收购货物出口。

二、生产企业出口退（免）税

生产企业自营或委托外贸企业代理出口（以下简称生产企业出口）自产货物，除另有规定外，增值税一律实行免、抵、退税管理办法。

（一）免抵退税的含义

实行免、抵、退税办法的“免”税，是指对生产企业出口的自产货物，免征本企业生产销售环节增值税；“抵”税，是指生产企业出口自产货物所耗用的原材料、零部件、燃料、动力等所含应予退还的进项税额，抵顶内销货物的应纳税额；“退”税，是指生产企业出口的自产货物在当月内应抵顶的进项税额大于应纳税额时，对未抵顶完的部分予以退税。

（二）一般贸易方式的出口退税

具体计算方法如下：

（1）首先计算“免、抵、退”税不得免征和抵扣进项税额，将其计入产品销售成本。计算公式为

免抵退税不得免征和抵扣税额=当期出口货物的离岸价格×外汇人民币牌价×(出口货物征税率-出口货物退税率)

（2）计算当期内销货物应缴纳的增值税额。计算公式为

当期应纳税额=当期内销货物的销项税额-(当期进项税额-当期免抵退税不得免征和抵扣税额)-上期未抵扣完的进项税额

（3）计算当期免抵退税额。计算公式为

免抵退税额=出口货物的离岸价格×外汇人民币牌价×出口货物退税率

其中：

免抵退税额抵减额=免税购进原材料价格×出口货物退税率

（4）计算当期应退税额和免抵税额：

① 当期期末留抵税额（应纳税额为负数且绝对值）≤当期免抵退税额时。计算公式为

当期应退税额=当期期末留抵税额（应纳税额的绝对值）

当期免抵税额=当期免抵退税额-当期应退税额

② 当期期末留抵税额（应纳税额为负数且绝对值）＞当期免抵退税额时。计算公式为

当期应退税额=当期免抵退税额

当期免抵税额=0

结转下期抵扣的进项税额=当期期末留抵税额-当期应退税额

当期期末留抵税额根据当期《增值税纳税申报表》中“期末留抵税额”确定。

【例 2-26 • 计算题】某自营出口的生产企业为增值税一般纳税人，出口货物的征税税率为17%，退税税率为13%，2014 年 4 月的有关经营业务为：购进原材料一批，取得的增值税专用发票注明的价款 200 万元，外购货物准予抵扣的进项税额 34 万元通过认证。上月末留抵税款 3 万元，本月内销货物不含税销售额 100 万元，收款 117 万元存入银行，本月出口货物的

销售额折合人民币 200 万元。试计算该企业当期的“免、抵、退”税额。

『答案』

（1）当期“免、抵、退”税不得免征和抵扣税额=200×(17%−13%)=8（万元）

（2）当期应纳税额=100×17%−(34-8)−3=17−60−3=−12（万元）

（3）出口货物“免、抵、退”税额=200×13%=26（万元）

（4）按规定，如当期末留抵税额≤当期“免、抵、退”税额时：

当期应退税额=当期期末留抵税额,即该企业当期应退税额=12 万元

（5）当期免抵税额=当期免抵退税额-当期应退税额

=26−12=14（万元）

【例 2-27・计算题】某自营出口的生产企业为增值税一般纳税人，出口货物的征税税率为 17%，退税税率为 13%，2014 年 4 月的有关经营业务为：购进原材料一批，取得的增值税专用发票注明的价款 400 万元，外购货物准予抵扣的进项税额 68 万元通过认证。上月末留抵税款 5 万元，本月内销货物不含税销售额 100 万元，收款 117 万元存入银行，本月出口货物的销售额折合人民币 200 万元。试计算该企业当期的“免、抵、退”税额。

『答案』

（1）当期“免、抵、退”税不得免征和抵扣税额=200×(17%−13%)=8（万元）

（2）当期应纳税额=100×17%−(68−8)−5=−48（万元）

（3）出口货物“免、抵、退”税额=200×13%=26（万元）

（4）按规定，如当期末留抵税额＞当期“免、抵、退”税额时：

当期应退税额=当期“免、抵、退”税额，即该企业当期应退税额=26 万元

（5）当期免抵税额=当期免抵退税额-当期应退税额

=26−26=0（万元）

（6）4 月期末留抵结转下期继续抵扣税额为 22 万元（48−26）

（三）进料加工方式的出口退税

与一般贸易方式出口退税计算相比，该方式需增加计算两步，即还应计算免抵退税额抵减额和计算免抵退税不得免征和抵扣税额的抵减额。两种情况计算方法对比如表 2-16 所示。

表 2-16 一般贸易方式和进料加工方式的出口退税计算步骤

一般贸易方式	进料加工方式
	第 1 步：计算免抵退税不得免征和抵扣税额的抵减额
第 1 步：剔税 计算不得免征和抵扣税额	第 2 步：剔税 计算不得免征和抵扣税额
第 2 步：抵税 计算当期应纳或留抵增值税税额	第 3 步：抵税 计算当期应纳或留抵增值税税额
	第 4 步：计算免抵退税额抵减额
第 3 步：算尺度：计算免抵退税额	第 5 步：算尺度：计算免抵退税额
第 4 步：比较确定应退税额	第 6 步：比较确定应退税额
第 5 步：确定免抵税额	第 7 步：确定免抵税额

【例 2-28・计算题】某自营出口生产企业是增值税一般纳税人，出口货物的征税税率为

17%，退税税率为 13%，2014 年 8 月有关经营业务为：购原材料一批，取得的增值税专用发票注明的价款 200 万元，外购货物准予抵扣进项税额 34 万元通过认证。当月进料加工免税进口料件的组成计税价格 100 万元。上期末留抵税款 6 万元。本月内销货物不含税销售额 100 万元。收款 117 万元存入银行。本月出口货物销售额折合人民币 200 万元。试计算该企业当期的"免、抵、退"税额。

『答案』

（1）"免、抵、退"税不得免征和抵扣税额抵减额=免税进口料件的组成计税价格×(出口货物征税税率-出口货物退税税率)=100×(17%-13%)=4（万元）

（2）"免、抵、退"税不得免征和抵扣税额=当期出口货物离岸价×外汇人民币牌价×(出口货物征税税率-出口货物退税税率)-"免、抵、退"税不得免征和抵扣税额抵减额=200×(17%-13%)-4=8-4=4（万元）

（3）当期应纳税额=100×17%-(34-4)-6=17-30-6=-19（万元）

（4）"免、抵、退"税额抵减额=免税购进原材料×材料出口货物退税税率

=100×13%=13（万元）

（5）出口货物"免、抵、退"税额=200×13%-13=13（万元）

（6）按规定，如当期期末留抵税额>当期"免、抵、退"税额时：

当期应退税额=当期"免、抵、退"税额，即该企业应退税额=13 万元

（7）当期免抵税额=当期"免、抵、退"税额-当期应退税额

=13-13=0

（8）8 月期末留抵结转下期继续抵扣税额为 6 万元（19-13）

三、外贸企业出口退税计算

外贸企业出口货物退还增值税应依据购进货物的增值税专用发票所注明的进项金额和出口货物对应的退税率计算。计算公式为

应退增值税额=外贸收购不含增值税购进金额×退税税率

【例 2-29·计算题】某进出口公司 2014 年 3 月出口美国平纹布 2 000 米，进货增值税专用发票列明单价 20 元/平方米，计税金额 40 000 元，退税税率 13%。

『答案』

应退税额=2 000×20×13%=5 200（元）

第九节 增值税的主要税收优惠

为了实现不同的政策目标，我国在增值税领域规定了较多的减免税项目，主要涉及扶持农业发展、促进资源综合利用、鼓励产业发展、照顾社会公共事业、促进社会福利事业发展等目标。

一、增值税的法定免税项目

根据《增值税暂行条例》的规定，下列项目免征增值税。

（1）农业生产者销售的自产农产品。农业，是指种植业、养殖业、林业、牧业、水产业。农业生产者，包括从事农业生产的单位和个人。农产品，是指初级农产品，具体范围由财政部、国家税务总局确定。对农业生产者销售的外购农产品，以及单位和个人外购农产品生产、加工后销售的仍然属于规定范围的农业产品，不属于免税的范围，应按规定的税率征收增值税。

（2）避孕药品和用具。

（3）古旧图书，即指向社会收购的古书和旧书。

（4）直接用于科学研究、科学试验和教学的进口仪器、设备。

（5）外国政府、国际组织无偿援助的进口物资和设备。

（6）由残疾人的组织直接进口供残疾人专用的物品。

（7）销售的自己使用过的物品，即指其他个人自己使用过的物品。

二、财政部、国家税务总局规定的其他免征税项目

（一）资源综合利用及其他产品的增值税政策

（1）对销售下列符合规定的自产货物实行免征增值税政策：再生水；以废旧轮胎为全部生产原料生产的胶粉；翻新轮胎；生产原料中掺兑废渣比例不低于30%的特定建材产品。

（2）对符合规定的污水处理劳务免征增值税。

（3）对销售下列符合规定的自产货物实行增值税即征即退的政策：以工业废气为原料生产的高纯度二氧化碳产品；以垃圾为燃料生产的电力或者热力；以煤炭开采过程中伴生的舍弃物油母页岩为原料生产的页岩油；以废旧沥青混凝土为原料生产的再生沥青混凝土；采用旋窑法工艺生产的水泥（包括水泥熟料，下同）或者外购水泥熟料采用研磨工艺生产的水泥，水泥生产原料中掺兑废渣比例不低于30%。

（4）对销售自产的综合利用生物柴油实行增值税先征后退政策。综合利用生物柴油，是指以废弃的动物油和植物油为原料生产的柴油。废弃的动物油和植物油用量占生产原料的比重不低于70%。

（5）对增值税一般纳税人生产的黏土实心砖、瓦，一律按适用税率征收增值税，不得采取简易办法征收增值税。2008 年 7 月 1 日起，以立窑法工艺生产的水泥（包括水泥熟料），一律不得享受本通知规定的增值税即征即退政策。

（6）对销售符合规定的自产的以建（构）筑废物、煤矸石为原料生产的建筑砂石骨料免征增值税。

（7）对符合规定的垃圾处理、污泥处理处置劳务免征增值税。

（二）免征蔬菜流通环节增值税

经国务院批准，自 2012 年 1 月 1 日起，免征蔬菜流通环节增值税。

（1）对从事蔬菜批发、零售的纳税人销售的蔬菜免征增值税。蔬菜是指可作副食的草本、木本植物，包括各种蔬菜、菌类植物和少数可作副食的木本植物。蔬菜的主要品种参照《蔬菜主要品种目录》执行。经挑选、清洗、切分、晾晒、包装、脱水、冷藏、冷冻等工序加工的蔬菜，属于本通知所述蔬菜的范围。各种蔬菜罐头不属于本通知所述蔬菜的范围。蔬菜罐

头是指蔬菜经处理、装罐、密封、杀菌或无菌包装而制成的食品。

（2）纳税人既销售蔬菜又销售其他增值税应税货物的，应分别核算蔬菜和其他增值税应税货物的销售额；未分别核算的，不得享受蔬菜增值税免税政策。

（三）有机肥产品免征增值税政策

自2008年6月1日起，纳税人生产销售和批发、零售有机肥产品免征增值税。

享受免税政策的有机肥产品是指有机肥料、有机-无机复混肥料和生物有机肥。其产品执行标准为：有机肥料（NY 525—2002），有机-无机复混肥料（GB 18877—2002），生物有机肥（NY 884—2004）。其他不符合上述标准的产品，不属于规定的有机肥产品，应按照现行规定征收增值税。

享受免税政策的纳税人应按照规定，单独核算有机肥产品的销售额。未单独核算销售额的，不得免税。纳税人销售免税的有机肥产品，应按规定开具普通发票，不得开具增值税专用发票。纳税人申请免征增值税，应向主管税务机关提供相关的资料，凡不能提供的，一律不得免税。

（四）小微企业暂免征收增值税

为进一步扶持小微企业发展，经国务院批准，自2013年8月1日起，对增值税小规模纳税人中月销售额不超过2万元的企业或非企业性单位，暂免征收增值税。

为进一步加大对小微企业的税收支持力度，经国务院批准，对增值税小规模纳税人中月销售额未达到2万元的企业或非企业性单位，免征增值税。2017年12月31日前，对月销售额2万元（含本数）至3万元的增值税小规模纳税人，免征增值税。

值得注意的是：纳税人发生应税行为适用免税、减税规定的，可以放弃免税、减税，依照本办法的规定缴纳增值税。放弃免税、减税后，36个月内不得再申请免税、减税。

三、增值税的起征点

增值税起征点的适用范围限于个人，不包括登记为一般纳税人的个体工商户。有关增值税起征点幅度的规定如下：

（1）销售货物的，为月销售额5 000～20 000元；

（2）销售应税劳务和应税服务的，为月销售额5 000～20 000元；

（3）按次纳税的，为每次（日）销售额300～500元。

省、自治区、直辖市财政厅（局）和国家税务局应在规定的幅度内，根据实际情况确定本地区适用的起征点，并报财政部、国家税务总局备案。

纳税人销售额未达到国务院财政、税务主管部门规定的增值税起征点的，免征增值税；达到起征点的，依照《增值税暂行条例》规定全额计算缴纳增值税。

【例2-30·单选题】以下有关增值税起征点的说法中，错误的是（　　）。

A．小规模纳税人的销售额未达到规定的起征点的，免征增值税

B．小规模纳税人的销售额达到起征点的，应就其销售全额缴纳增值税

C．小规模纳税人的销售额超过起征点的，应就其销售全额缴纳增值税

D．小规模纳税人的销售额超过起征点的，应就其超过起征点的销售额部分缴纳增值税

『正确』D

第十节　增值税的征收管理

增值税由税务机关征收，进口货物的增值税由海关代征。个人携带或者邮寄进境自用物品的增值税，连同关税一并计征。具体办法由国务院关税税则委员会会同有关部门制定。

有关增值税的纳税地点、纳税义务的发生时间和纳税期限、计税货币以及关于增值税简易征收政策的管理等的规定如下。

一、纳税地点

（1）固定业户的纳税地点。固定业户应当向其机构所在地或者居住地主管税务机关申报纳税。总机构和分支机构不在同一县（市）的，应当分别向各自所在地的主管税务机关申报纳税；经财政部和国家税务总局或者其授权的财政和税务机关批准，可以由总机构汇总向总机构所在地的主管税务机关申报纳税。

固定业户到外县（市）销售货物或者应税劳务，应当向其机构所在地的主管税务机关申请开具外出经营活动税收管理证明，并向其机构所在地的主管税务机关申报纳税；未开具证明的，应当向销售地或者劳务发生地的主管税务机关申报纳税；未向销售地或者劳务发生地的主管税务机关申报纳税的，由其机构所在地的主管税务机关补征税款。

（2）非固定业户的纳税地点。非固定业户销售货物或者应税劳务，应当向销售地或者劳务发生地的主管税务机关申报纳税；未向销售地或者劳务发生地的主管税务机关申报纳税的，由其机构所在地或者居住地的主管税务机关补征税款。

（3）其他个人提供建筑服务，销售或者租赁不动产，转让自然资源使用权，应向建筑服务发生地、不动产所在地、自然资源所在地主管税务机关申报纳税。

（4）扣缴义务人应当向其机构所在地或者居住地主管税务机关申报缴纳扣缴的税款。

（5）进口货物应纳的增值税，应当向报关地海关申报纳税。

二、纳税义务的发生时间和纳税期限

纳税义务的发生时间直接影响纳税义务的成立和履行。有关增值税纳税义务的发生时间，具体规定如下。

（一）销售货物或提供应税劳务的时间的具体规定

销售货物或提供应税劳务的其纳税义务发生的时间为收讫销售款或者取得销售款凭据的当天。先开具发票的，为开具发票的当天。

收讫销售款项或者取得索取销售款项凭据的当天，按销售结算方式的不同，具体见本章第五节中第三大点的有关内容。

（二）纳税期限

增值税的纳税期限分别为 1 日、3 日、5 日、10 日、15 日、1 个月或者 1 个季度。纳税人的具体纳税期限，由主管税务机关根据纳税人应纳税额的大小分别核定。以 1 个季度为纳税期限的规定适用于小规模纳税人、银行、财务公司、信托投资公司、信用社，以及财政部和国家税务总局规定的其他纳税人。不能按照固定期限纳税的，可以按次纳税。

纳税人以 1 个月或者 1 个季度为 1 个纳税期的，自期满之日起 15 日内申报纳税；以 1 日、3 日、5 日、10 日或者 15 日为 1 个纳税期的，自期满之日起 5 日内预缴税款，于次月 1 日起 15 日内申报纳税并结清上月应纳税款。

纳税人进口货物，应当自海关填发海关进口增值税专用缴款书之日起 15 日内缴纳税款。纳税人出口货物，应当按月向税务机关申报办理该项出口货物退税。

【例 2-31·判断题】纳税人委托其他纳税人代销货物的，其增值税纳税义务的发生时间为发出代销货物的当天。（　　）

『答案』×

『解析』根据规定，纳税人委托其他纳税人代销货物的，其增值税纳税义务的发生时间为收讫销售款或者取得销售款凭据的当天。先开具发票的，为开具发票的当天。

【例 2-32·单选题】 纳税人进口货物，应当自海关填发海关进口增值税专用缴款书之日起（　　）内缴纳税款。

A．3 日　　B．7 日　　C．10 日　　D．15 日

『答案』D

『解析』根据规定，纳税人进口货物，应当自海关填发海关进口增值税专用缴款书之日起 15 日内缴纳税款。

第十一节　增值税专用发票的使用及管理

增值税专用发票的使用和管理，直接关系到整个增值税制度能否正常有效运作，关系到增值税的优点能否实现。

一、增值税专用发票概述

增值税专用发票不仅是纳税人从事经济活动的重要凭证，也是记载销货方的销项税额和购货方的进项税额的凭证。在专用发票上注明的税额既是销货方的销项税额，又是购货方的进项税额，是购货方进行税款抵扣的依据和凭证。

一般纳税人销售货物或者应税劳务，开具增值税专用发票后，发生销售货物退回或者折让、开票有误等情形，应按国家税务总局的规定开具红字增值税专用发票。未按规定开具红字增值税专用发票的，增值税额不得从销项税额中扣减。

【例 2-33·单选题】一般纳税人的下列销售行为中，应开具增值税专用发票的是（　　）。

A．向消费者个人销售货物

B．向小规模纳税人转让专利权

C．向消费者个人销售房地产

D．向一般纳税人提供修理修配劳务

『答案』D。

二、增值税专用发票的联次

为加强增值税征收管理，规范增值税专用发票使用行为，国家税务总局修订《增值税专用发票使用规定》(国税发〔2006〕156号)，自2007年1月1日起施行。

增值税专用发票，是指一般纳税人销售货物或者提供应税劳务开具的发票，是购买方支付增值税额并可按照增值税有关规定据以抵扣增值税进项税额的凭证。

一般纳税人应通过增值税防伪税控系统（以下简称“防伪税控系统”）使用增值税专用发票。使用，包括领购、开具、撤销、认证纸质增值税专用发票及其相应的数据电文。

增值税专用发票由基本联次或者基本联次附加其他联次构成，基本联次为3联。

（1）发票联，作为购买方核算采购成本和增值税进项税额的记账凭证。

（2）抵扣联，作为购买方报送主管税务机关认证和留存备查的凭证。

（3）记账联，作为销售方核算销售收入和增值税销项税额的记账凭证。

其他联次的用途，由一般纳税人自行确定。

三、增值税专用发票实行最高开票限额管理

最高开票限额，是指单份增值税专用发票开具的销售额合计数不得达到的上限额度。一般纳税人申请最高开票限额时，须填报《最高开票限额申请表》。最高开票限额由一般纳税人申请，税务机关依法审批。具体审批权限如表2-17所示。

表2-17　专用发票最高开票限额的审批权限

限额	审批机关
最高开票限额为10万元及以下的	区县级税务机关
最高开票限额为100万元的	地市级税务机关
最高开票限额为1 000万元及以上的	省级税务机关

四、增值税专用发票领购使用范围

一般纳税人领购专用设备后，凭《最高开票限额申请表》、《发票领购簿》到主管税务机关办理初始发行。一般纳税人凭《发票领购簿》、IC卡和经办人身份证明领购增值税专用发票。

一般纳税人有下列情形之一的，不得领购开具增值税专用发票。

（1）会计核算不健全，不能向税务机关准确提供增值税销项税额、进项税额、应纳税额数据及其他有关增值税税务资料的。

（2）有《税收征管法》规定的税收违法行为，拒不接受税务机关处理的。

（3）有下列行为之一的，经税务机关责令限期改正而仍未改正的：虚开增值税专用发票；私自印制增值税专用发票；向税务机关以外的单位和个人买取增值税专用发票；借用他人增值税专用发票；未按该规定第十一条开具增值税专用发票；未按规定保管增值税专用发票和专用设备；未按规定申请办理防伪税控系统变更发行；未按规定接受税务机关检查。有上列情形的，如已领购增值税专用发票，主管税务机关应暂扣其结存的专用发票和IC卡。

五、增值税专用发票的开具范围

商业企业一般纳税人零售的烟、酒、食品、服装、鞋帽（不包括劳保专用部分）、化妆品等消费品不得开具增值税专用发票。向消费者个人销售服务、无形资产或者不动产以及适用免征增值税规定的应税行为不得开具增值税专用发票。增值税小规模纳税人和非增值税纳税人不得领购使用增值税专用发票。增值税小规模纳税人需开具增值税专用发票的，可向当地主管税务机关申请代开。

六、增值税专用发票开具要求

增值税专用发票应按下列要求开具：

（1）项目齐全，与实际交易相符。

（2）字迹清楚，不得压线、错格。

（3）发票联和抵扣联加盖财务专用章或者发票专用章。

（4）按照增值税纳税义务的发生时间开具。对不符合上列要求的增值税专用发票，购买方有权拒收。

七、丢失已开具增值税专用发票的发票联和抵扣联的处理规定

丢失已开具增值税专用发票的发票联和抵扣联的处理规定如表 2-18 所示。

表 2-18　丢失已开具专用发票的税务处理

具体情形		处理措施
丢失已开具增值税专用发票的发票联和抵扣联	① 如果丢失前已认证相符的	购买方凭销售方提供的相应增值税专用发票记账联复印件及销售方所在地主管税务机关出具的《丢失增值税专用发票已报税证明单》，经购买方主管税务机关审核同意后，可作为增值税进项税额的抵扣凭证
	② 如果丢失前未认证的	购买方凭销售方提供的相应增值税专用发票记账联复印件到主管税务机关进行认证，认证相符的凭该增值税专用发票记账联复印件及销售方所在地主管税务机关出具的《丢失增值税专用发票已报税证明单》，经购买方主管税务机关审核同意后，可作为增值税进项税额的抵扣凭证
一般纳税人丢失已开具增值税专用发票的抵扣联	① 如果丢失前已认证相符	可使用增值税专用发票发票联复印件留存备查
	② 如果丢失前未认证	可使用增值税专用发票发票联到主管税务机关认证，增值税专用发票发票联复印件留存备查
一般纳税人丢失已开具专用发票的发票联		可将专用发票抵扣联作为记账凭证，专用发票抵扣联复印件留存备查

八、加强增值税专用发票的管理

（一）关于被盗、丢失增值税专用发票处理

处 1 万元以下罚款；并可视具体情况，对丢失专用发票的纳税人在一定期限内（最长不得超过半年）停止领购专用发票。对遗失的专用发票，如发现非法代开、虚开问题的，该纳税人承担偷税、骗税的连带责任；并要求在中国税务报上刊登“遗失声明”。

（二）关于对纳税人虚开增值税专用发票的处理

纳税人虚开增值税专用发票，未就其虚开金额申报并缴纳增值税的，应按照其虚开金额补缴增值税；已就其虚开金额申报并缴纳增值税的，不再按照其虚开金额补缴增值税。税务机关对纳税人虚开增值税专用发票的行为，应按有关规定给予处罚。

纳税人取得虚开的增值税专用发票，不得作为增值税合法有效的扣税凭证抵扣其进项税额。

（三）纳税人善意取得虚开的增值税专用发票处理

对购货方不以偷税或者骗取出口退税论处。纳税人取得虚开的增值税专用发票，不得作为增值税合法有效的扣税凭证抵扣其进项税额。如能重新取得合法、有效的专用发票，准许其抵扣进项税款。

阅读材料

销售服务、无形资产、不动产注释

一、应税劳务

1. 交通运输服务

交通运输服务，是指利用运输工具将货物或者旅客送达目的地，使其空间位置得到转移的业务活动。包括陆路运输服务、水路运输服务、航空运输服务和管道运输服务。

（1）陆路运输服务，是指通过陆路（地上或者地下）运送货物或者旅客的运输业务活动，包括铁路运输服务和其他陆路运输服务。

（2）水路运输服务，是指通过江、河、湖、川等天然、人工水道或者海洋航道运送货物或者旅客的运输业务活动。水路运输的程租、期租业务，属于水路运输服务。

（3）航空运输服务，是指通过空中航线运送货物或者旅客的运输业务活动。航天运输服务，是指利用火箭等载体将卫星、空间探测器等空间飞行器发射到空间轨道的业务活动。

（4）管道运输服务，是指通过管道设施输送气体、液体、固体物质的运输业务活动。

2. 邮政服务

邮政服务，是指中国邮政集团公司及其所属邮政企业提供邮件寄递、邮政汇兑和机要通信等邮政基本服务的业务活动。包括邮政普遍服务、邮政特殊服务和其他邮政服务。

（1）邮政普遍服务，是指函件、包裹等邮件寄递，以及邮票发行、报刊发行和邮政汇兑等业务活动。

（2）邮政特殊服务，是指义务兵平常信函、机要通信、盲人读物和革命烈士遗物的寄递等业务活动。

（3）其他邮政服务，是指邮册等邮品销售、邮政代理等业务活动。

3. 电信服务

电信服务，是指利用有线、无线的电磁系统或者光电系统等各种通信网络资源，提供语音通话服务，传送、发射、接收或者应用图像、短信等电子数据和信息的业务活动。包括基础电信服务和增值电信服务。

（1）基础电信服务，是指利用固网、移动网、卫星、互联网，提供语音通话服务的业务活动，以及出租或者出售带宽、波长等网络元素的业务活动。

（2）增值电信服务，是指利用固网、移动网、卫星、互联网、有线电视网络，提供短信和彩信服务、电子数据和信息的传输及应用服务、互联网接入服务等业务活动。

4. 建筑服务

建筑服务，是指各类建筑物、构筑物及其附属设施的建造、修缮、装饰，线路、管道、设备、设施等的安装以及其他工程作业的业务活动。包括工程服务、安装服务、修缮服务、装饰服务和其他建筑服务。

（1）工程服务，是指新建、改建各种建筑物、构筑物的工程作业，包括与建筑物相连的各种设备或者支柱、操作平台的安装或者装设工程作业，以及各种窑炉和金属结构工程作业。

（2）安装服务，是指生产设备、动力设备、起重设备、运输设备、传动设备、医疗实验设备以及其他各种设备、设施的装配、安置工程作业，包括与被安装设备相连的工作台、梯子、栏杆的装设工程作业，以及被安装设备的绝缘、防腐、保温、油漆等工程作业。

（3）修缮服务，是指对建筑物、构筑物进行修补、加固、养护、改善，使之恢复原来的使用价值或者延长其使用期限的工程作业。

（4）装饰服务，是指对建筑物、构筑物进行修饰装修，使之美观或者具有特定用途的工程作业。

（5）其他建筑服务，是指上列工程作业之外的各种工程作业服务，如钻井（打井）、拆除建筑物或者构筑物、平整土地、园林绿化、疏浚（不包括航道疏浚）、建筑物平移、搭脚手架、爆破、矿山穿孔、表面附着物（包括岩层、土层、沙层等）剥离和清理等工程作业。

5. 金融服务

金融服务，是指经营金融保险的业务活动。包括贷款服务、直接收费金融服务、保险服务和金融商品转让。

（1）贷款服务。贷款，是指将资金贷与他人使用而取得利息收入的业务活动。各种占用、拆借资金取得的收入，包括金融商品持有期间（含到期）利息（保本收益、报酬、资金占用费、补偿金等）收入、信用卡透支利息收入、买入返售金融商品利息收入、融资融券收取的利息收入，以及融资性售后回租、押汇、罚息、票据贴现、转贷等业务取得的利息及利息性质的收入，按照贷款服务缴纳增值税。

（2）直接收费金融服务，是指为货币资金融通及其他金融业务提供相关服务并且收取费用的业务活动。包括提供货币兑换、账户管理、电子银行、信用卡、信用证、财务担保、资产管理、信托管理、基金管理、金融交易场所（平台）管理、资金结算、资金清算、金融支付等服务。

（3）保险服务，是指投保人根据合同约定，向保险人支付保险费，保险人对于合同约定的可能发生的事故因其发生所造成的财产损失承担赔偿保险金责任，或者当被保险人死亡、伤残、疾病或者达到合同约定的年龄、期限等条件时承担给付保险金责任的商业保险行为。

（4）金融商品转让，是指转让外汇、有价证券、非货物期货和其他金融商品所有权的业务活动。

6. 现代服务

现代服务，是指围绕制造业、文化产业、现代物流产业等提供技术性、知识性服务的业务活动。包括研发和技术服务、信息技术服务、文化创意服务、物流辅助服务、租赁服务、鉴证咨询服务、广播影视服务、商务辅助服务和其他现代服务。

（1）研发和技术服务，包括研发服务、合同能源管理服务、工程勘察勘探服务、专业技术服务。

（2）信息技术服务，是指利用计算机、通信网络等技术对信息进行生产、收集、处理、加工、存储、运输、检索和利用，并提供信息服务的业务活动。包括软件服务、电路设计及测试服务、信息系统服务、业务流程管理服务和信息系统增值服务。

（3）文化创意服务，包括设计服务、知识产权服务、广告服务和会议展览服务。

（4）物流辅助服务，包括航空服务、港口码头服务、货运客运场站服务、打捞救助服务、装卸搬运服务、仓储服务和收派服务。

（5）租赁服务，包括融资租赁服务和经营租赁服务。

（6）鉴证咨询服务，包括认证服务、鉴证服务和咨询服务。

（7）广播影视服务，包括广播影视节目的制作服务、发行服务和播映服务。

（8）商务辅助服务，包括企业管理服务、经纪代理服务、人力资源服务、安全保护服务。

（9）其他现代服务，是指除研发和技术服务、信息技术服务、文化创意服务、物流辅助服务、租赁服务、鉴证咨询服务、广播影视服务和商务辅助服务以外的现代服务。

7. 生活服务

生活服务，是指为满足城乡居民日常生活需求提供的各类服务活动。包括文化体育服务、教育医疗服务、旅游娱乐服务、餐饮住宿服务、居民日常服务和其他生活服务。

（1）文化体育服务。

（2）教育医疗服务。

（3）旅游娱乐服务。

（4）餐饮住宿服务。

（5）居民日常服务，是指主要为满足居民个人及其家庭日常生活需求提供的服务，包括市容市政管理、家政、婚庆、养老、殡葬、照料和护理、救助救济、美容美发、按摩、桑拿、氧吧、足疗、沐浴、洗染、摄影扩印等服务。

（6）其他生活服务，是指除文化体育服务、教育医疗服务、旅游娱乐服务、餐饮住宿服务和居民日常服务之外的生活服务。

二、销售不动产

销售不动产，是指转让不动产所有权的业务活动。不动产，是指不能移动或者移动后会引起性质、形状改变的财产，包括建筑物、构筑物等。

建筑物，包括住宅、商业营业用房、办公楼等可供居住、工作或者进行其他活动的建造物。构筑物，包括道路、桥梁、隧道、水坝等建造物。

转让建筑物有限产权或者永久使用权的，转让在建的建筑物或者构筑物所有权的，以及在转让建筑物或者构筑物时一并转让其所占土地的使用权的，按照销售不动产缴纳增值税。

三、转让无形资产

销售无形资产，是指转让无形资产所有权或者使用权的业务活动。无形资产，是指不具实物形态，但能带来经济利益的资产，包括技术、商标、著作权、商誉、自然资源使用权和其他权益性无形资产。

技术，包括专利技术和非专利技术。

自然资源使用权，包括土地使用权、海域使用权、探矿权、采矿权、取水权和其他自然资源使用权。

其他权益性无形资产，包括基础设施资产经营权、公共事业特许权、配额、经营权、经销权、分销权、代理权、会员权、席位权、网络游戏虚拟道具、域名、名称权、肖像权、冠名权、转会费等。

本 章 小 结

增值税是税法最重要的组成部分，有其自身的特征。根据财务状况的不同，增值税纳税人分为一般纳税人和小规模纳税人，各自有规定的税率和应纳税额的计算方法。

在我国境内销售和进口货物、提供劳务、销售服务、无形资产和不动产，均属于增值税的纳税范围；此外还有视同销售或提供劳务行为或兼营行为的纳税范围特别规定。

《全面推开营业税改增值税业务》对各个行业的增值税税率进行了新的规定，和原来营业税税率的计算方法有所不同；同时对增值税的免征、减征作了详细的条文规定。

计算增值税，要注意每种具体情况增值税纳税义务的确认、销项税额的计算、准予抵扣进项税额与不得抵扣进项税额的区分和计算，确定应纳税所得额。

营业税改增值税的纳税计算新规定，可参考原营业税行业，分为交通运输、建筑、金融保险、邮电通信、文化体育、娱乐、服务、转让不动产、转让无形资产、融资租赁等行业进行分析对比。

《全面推开营业税改增值税业务》规定了增值税纳税人的规定，纳税义务发生时间、纳税地点、纳税期限、纳税起征点，并针对“营改增”过渡对税务部门提出了业务要求。

关 键 术 语

增值税　小规模纳税人　征收率　销项税额　进项税额　税收优惠

综 合 练 习

一、单项选择题

1. 对商品生产、商品流通和劳务服务中各个环节的新增价值或商品的附加值征收的一种流转税，叫做（　　）。

A. 增值税　　B. 营业税　　C. 消费税　　D. 资源税

2. 我国目前征收增值税采用的类型是（　　）。

A. 消费型增值税　　B. 收入型增值税

C. 生产型增值税　　D. 积累型增值税

3. 从整个社会来看，作为计税依据的增值额相当于全部消费品的价值，不包括原材料、固定资产等投资品价值，称为（　　）。

A. 消费型增值税　　B. 收入型增值税

C. 生产型增值税　　D. 积累型增值税

4. 不属于原来营业税税目范围的是（　　）。

A. 建筑业　　B. 销售不动产　　C. 转让无形资产　　D. 销售货物

5. 兼具不同税率和征收率的销售货物、加工修理修配劳务、服务、无形资产、不动产（　　）。

A. 从高适用税率　　B. 从低适用税率

C. 适用不同税率　　D. 适用平均税率

6. 提供有形动产租赁服务，税率为（　　）。

A. 6%　　B. 11%　　C. 13%　　D. 17%

7. 境内单位和个人跨境转让无形资产，符合规定条件的，税率为（　　）。

A. 0%　　B. 11%　　C. 13%　　D. 17%

8. 经人民银行、银监会或商务部批准从事融资租赁业务的试点纳税人中的一般纳税人，提供有形动产融资租赁服务和有形动产融资性售后回租服务，对其增值税实际税负超过（　　）的部分，实行增值税即征即退政策。

A. 3%　　B. 7%　　C. 10%　　D. 11%

9. 通过上海黄金交易所销售进口铂金、国内生产企业自产自销铂金，实行增值税（　　）。

A. 先征后退　　B. 即征即退　　C. 先征后返　　D. 不征收

10. "营改增"试点纳税人中的一般纳税人，销售本地区试点实施之日以前购进或者自制的自己使用过的固定资产，依照（　　）征收率。

A. 1%　　B. 2%　　C. 3%　　D. 4%

11. 自（　　）起，现行营业税全部改征增值税。

A. 2013 年 8 月 1 日　　B. 2014 年 6 月 1 日

C. 2016 年 3 月 18 日　　D. 2016 年 5 月 1 日

12．征收增值税同时又征收消费税的货物，其增值税的组成计税价格计算为（　　）。

A．组成计税价格=成本+利润

B．组成计税价格=成本+利润+消费税

C．组成计税价格=成本+利润+增值税

D．组成计税价格=成本+利润+增值税+消费税

13．购进农产品，除取得增值税专用发票或者海关进口增值税专用缴款书外，按照农产品收购发票或者销售发票上注明的农产品买价和（　　）的扣除率计算的进项税额。

A．11%　　B．13%　　C．16%　　D．17%

14．在以托收承付和委托收款方式结算销售商品时，企业按合同要求向购买方发货，然后凭专用发票、运单、账单向银行申请办理托收手续，银行受理后，即可认为企业已经取得收款专利，确认销售收入实现并发生纳税义务，这种方式成为（　　）。

A．直接收款　　B．委托收款　　C．商业汇票　　D．预收货款

15．购销双方不是以货币结算，而是以同等价款的货物相互结算，实现货物购销的，叫做（　　）。

A．以物换物　　B．以旧换新　　C．折扣销售　　D．销售折让

16．纳税人在销售自己的货物时，有偿收回旧货物的行为，叫做（　　）。

A．以物换物　　B．以旧换新　　C．折扣销售　　D．销售折让

17．对于发出代销商品超过180天仍未收到代销清单及货款的，视同销售实现，其纳税发生时间为发出代销商品（　　）。

A．满180天的当天　　B．满150天的当天

C．满120天的当天　　D．满100天的当天

18．原来营业税的核算项目是（　　）。

A．应交增值税（进项税额）　　B．应交增值税（销项税额）

C．应交营业税　　D．应交消费税

19．某单位采取折扣方式销售，折扣额单独开发票，增值税销售额的确定是（　　）。

A．扣除折扣额的销售额　　B．不扣除折扣额的销售额

C．折扣额　　D．加上折扣额的销售额

20．独立核算，经主管税务机关认定为增值税一般纳税人，且具实际生产能力的企业或企业集团，适用的出口货物免退税方法为（　　）。

A．“免，退”税方法　　B．“免、抵，退”税方法

C．“先征后退”税方法　　D．免税方法

二、多项选择题

1．小规模纳税人认定标准包括（　　）。

A．从事货物生产或提供应税劳务的纳税人，以及从事货物生产或提供应税劳务为主、兼营货物批发或者零售的纳税人，年应征增值税销售额在50万元以下的

B．应税服务年销售额未超过500万元的

C．年应税销售额超过小规模纳税人标准的其他个人按小规模纳税人纳税；非企业性单位、不经常发生应税行为的企业，可选择按小规模纳税人纳税

D．非企业性单位、不经常发生应税行为的企业，对于应税服务年销售额超过规定标准但不经常提供应税服务的单位和个体工商户，可选择按小规模纳税人纳税

2．一般纳税人和小规模纳税人的区别体现在（　　）。

A．收取和开具的发票　　B．增值税的税率

C．增值税的计算　　D．纳税期限

3．原来的营业税税目，现在适用增值税的简易计税方法的有（　　）。

A．邮电通信业　B．文化体育业　C．金融保险业　D．生活性服务业

4．增值税的纳税范围包括（　　）。

A．销售和进口货物　　B．提供劳务

C．销售服务　　D．销售不动产和无形资产

5．视同销售货物的行为包括以下（　　）。

A．将货物交付给其他单位或者个人代销

B．销售代销货物

C．将自产、委托加工的货物用于集体福利

D．将自产、委托加工或者购进的货物作为投资

6．现行税法规定，下列项目免征增值税（　　）。

A．直接用于科学研究、科学试验和教学的进口仪器、设备

B．批发、零售环节销售蔬菜

C．从事农业生产的单位和个人销售的自产初级农产品

D．外国政府、国际组织无偿援助的进口物资和设备

7．增值税销售额的确定，下列描述正确的是（　　）。

A．纳税人生产经营活动中采取直接收款方式销售货物，已将货物移送对方并暂估销售收入入账，其增值税纳税义务的确认为取得销售款或取得索取销售款凭据的当天

B．采取预收货款方式销售货物，为货物发出的当天，但销售生产工期超过 12 个月的大型机械设备、船舶、飞机等货物，为收到预收款或者书面合同约定的收款日期的第二天

C．纳税人发生税法规定的视同销售货物行为，为货物移送的当天；其他视同销售行为，其纳税义务发生时间为服务、无形资产转让完成的当天或不当产权属变更的第二天

D．纳税人从事金融商品转让的，为金融商品所有权转移的当天

8．价外费用不包含（　　）。

A．手续费　　B．代为收取的政府性基金

C．代办保险收取的保险费　　D．运输装卸费

9．关于特殊销售额的确认，下列描述正确的是（　　）。

A．直接收费金融服务，以提供直接收费金融服务收取的手续费、佣金、酬金、管理费、服务费、经手费、开户费、过户费、结算费、转托管费等各类费用为销售额

B．经人民银行、银监会或者商务部批准从事融资租赁业务的试点纳税人，提供融资租赁服务，以取得的全部价款和价外费用，扣除支付的借款利息、发行债券利息

和车辆购置税后的余额为销售额

C. 经人民银行、银监会或者商务部批准从事融资租赁业务的试点纳税人，提供融资性售后回租服务，以取得的全部价款和价外费用，扣除对外支付的借款利息、发行债券利息后的余额作为销售额

D. 试点纳税人提供旅游服务，可以选择以取得的全部价款和价外费用，扣除向旅游服务购买方收取并支付给其他单位或者个人的住宿费、餐饮费、交通费、签证费、门票费和支付给其他接团旅游企业的旅游费用后的余额为销售额

10. 下列进项税额不得从销项税额中抵扣（　　）。

A. 非正常损失的购进货物，以及相关的加工修理修配劳务和交通运输服务

B. 从销售方取得的增值税专用发票（含税控机动车销售统一发票）上注明的增值税额

C. 非正常损失的不动产在建工程所耗用的购进货物、设计服务和建筑服务纳税人新建、改建、扩建、修缮、装饰不动产，均属于不动产在建工程

D. 从境外单位或者个人购进服务、无形资产或者不动产，自税务机关或者扣缴义务人取得的解缴税款的完税凭证上注明的增值税额

11. “待抵扣进项税额”的处理（　　）。

A. 处于辅导期的一般纳税人实行“先认证、后抵扣”

B. 进口企业取得海关专用缴款书实行“先稽核比对、后抵扣”征收方式

C. 借方发生额为本期已购进尚未抵扣的进项税额

D. 贷方发生额为次月比对无误进项发票可以抵扣的进项税

12. 采用折扣折让方式销售时，不得从计税销售额中扣除的项目包括（　　）。

A. 现金折扣

B. 实物折扣

C. 销售折让

D. 销售额和折扣额在同一张发票上分别注明的折扣销售

13. 委托代销的方式通常有两种，即（　　）。

A. 收取手续费　　B. 视同买断

C. 委托代销　　D. 自购自销

14. 增值税起征点幅度包括（　　）。

A. 按期纳税的，为月销售额 5 000～20 000 元（含本数）

B. 按期纳税的，为月销售额 15 000～20 000 元（含本数）

C. 按次纳税的，为每次（日）销售额 500～700 元（含本数）

D. 按次纳税的，为每次（日）销售额 300～500 元（含本数）

15. 有下列行为之一，经税务机关责令限期改正而仍未改正的，不得领购开具增值税专用发票，（　　）。

A. 虚开增值税专用发票

B. 向税务机关以外的单位和个人买取专用发票

C. 未按规定保管专用发票和专用设备

D. 未按规定申请办理防伪税控系统变更发行

16. 出口货物免退增值税的方法包括（　　）。

A. “免、退”税方法　　B. “免、抵、退”税方法

C. “先征后退”税方法　　D. 免税方法

三、业务实训题

1. 某商业企业为增值税一般纳税人，发生下列外购商品的业务：

（1）购进商品 400 件，每件不含税价格 90 元，通过银行付款并取得增值税专用发票，上面注明商品价款 36 000 元，增值税进项税额 6 120 元，商品如数验收入库；

（2）购进衣服 500 件，同时收到银行转来的供货单位开具的有关结算的凭证，增值税专用发票注明的价款为 10 000 元，增值税税额 1 700 元。通过银行收款，尚未收到货物；

（3）购进自行车 100 辆，如数验收，同时收到供货单位的账单，注明价款 15 000 元，增值税税额 2 550 元，尚未付款。

要求：计算相关的进项税额。

2. 某企业为增值税一般纳税人，本期发生的有关销售业务如下：

（1）向某公司销售产品一批，价款 12 000 元，增值税税额 2 040 元，开出增值税专用发票，收入存入银行；

（2）向外地某企业发出产品一批，价款 26 000 元，增值税税额 4 420 元，代垫铁路运费 480 元，以银行支票结算，开出增值税专用发票，办妥银行委托收款手续；

（3）向社会团体销售产品一批，开出普通发票，金额为 11 700 元，收到银行支票一张。

要求：计算相关的销项税额。

3. 某运输公司为增值税一般纳税人，2014 年 2 月提供货物运输劳务取得价税合计金额为 111 万元，提供客运劳务取得不含税价款 190 万元，当月购进运输用汽车取得的增值税专用发票上注明价款 180 万元，增值税 30．6 万元。

要求：计算该运输公司 2014 年 2 月应缴的纳增值税。

4. 某企业为增值税一般纳税人，本期发生以下业务：

（1）购进甲产品 400 箱，每箱不含税价格 140 元，增值税税额 9 520 元，用商业承兑汇票支付。验货时发现其中 10 箱规格不符，予以退货；

（2）购进乙商品，价款 20 000 元，增值税税额 3 400 元，货物如数验收，并及时付款。然后收到供货单位的返还资金 3 000 元，存入银行；

（3）购进丙商品，价款 90 000 元，增值税额 15 300 元，按照协议，价税合计折让 10%。

要求：计算每笔业务的进项税额。

5. 某生产企业为增值税一般纳税人，2015 年 12 月发生经济业务如下：

（1）开具银行支票购入原材料，取得增值税专用发票，价款 100 000 元，增值税额 17 000 元，材料尚未到达；

（2）开具银行支票购进一批免税农产品，实际支付价款 50 000 元，并支付运费不含税 500 元，取得运费增值税专用发票；

（3）收到某企业投资的运材料，双方协议价格为 300 万元，并取得增值税专用发票，增值税税率为 17%，材料验收入库；

（4）收到某企业捐赠的低值易耗品一批，同时取得增值税专用发票，注明价款 12 000 元，

增值税额为 2 040 元；

（5）转让使用过的设备 4 台，该设备于 2008 年 6 月 1 日购入，购入时未抵扣过进项税额，收入 370 000 元存入银行；

（6）销售 A 产品一批，开具的增值税专用发票上注明的价款为 400 万元，增值税额 68 万元，货款已经收到；

（7）收到某单位退货的 A 产品，价款 24 万元，增值税额 40 800 元，已经收到购货方税务机关开具的退货证明单，尚未付款，开出红字增值税专用发票；

（8）向灾区捐赠 A 产品，不含税售价 100 000 元，实际成本 84 000 元；

（9）用以旧换新的方式销售 A 产品 160 万元（已扣除收购旧货支付款项 20 万元）；

（10）将 B 产品转让给投资人，市场售价为 300 000 元，成本为 216 000 元；

（11）将 B 产品用于福利部门，产品实际成本 100 000 元，不含税售价 120 000 元；

（12）对外提供修理修配劳务取得收入 6000 元（含税）

（13）转让固定资产，含税售价 52 000 元，该项固定资产在购入时已抵扣过进项税额；

（14）转让一项商标权取得不含税收入 17 万元。

要求：计算企业 12 月应交的增值税。

第三章

消费税法

学习目标

理解记忆消费税的概念、纳税人、纳税范围和税率；掌握消费税的计税依据，并正确计算消费税的应纳税额；了解消费税的征收管理。注意本章和增值税的之间的联系和区别。

案例导入

某著名化妆品公司将自产的香水、指甲油、眉笔作为职工福利发放给职工（生产车间 75 人，管理车间 25 人）。其中，香水 100 瓶，成本价为 80 元/瓶，公允价为 200 元/瓶；指甲油 100 瓶，成本价为 20 元/瓶，公允价为 85 元/瓶；眉笔 100 支，成本价为 15 元/支，公允价为 60 元/支。（上述公允价均不含增值税）

【讨论】

（1）该化妆品公司发放职工福利是否应缴纳消费税？

（2）若应缴纳，应纳消费税税额数据是多少？

第一节　消费税概述

一、消费税的概念

消费税是以特定消费品和特定消费行为为征税对象按流转额征收的一种商品税。我国现行消费税法的基本规范是 2008 年 11 月 5 日经国务院第 34 次常务会议修订通过并颁布，在 2009 年 1 月 1 日起施行的《中华人民共和国消费税暂行条例》（以下简称《消费税暂行条例》），以及 2008 年 12 月 15 日财政部、国家税务总局第 51 号令颁布的《中华人民共和国消费税暂行条例实施细则》（以下简称《消费税暂行条例细则》）。

二、消费税的发展历程

消费税是国际上普遍征收的一个税种，从消费税的发展历程及其地位和作用来看，消费税起源于 19 世纪中叶，但后来由于许多国家为了达到扩张的目的，大量采用所得税为战争筹款，使以所得税为代表的直接体系有了快速发展，从而导致以商品课税为主要形式的消费税占各国税收收入的比重有所下降。到了20世纪70年代，随着供给学派经济思想影响力的不断扩大，以美国为代表的减税浪潮席卷西方发达资本主义国家，各国纷纷开始探索降低所得税，加强和改进商品、劳务税道路，尤其是20世纪70年代后期，西方国家对环境和生态保护觉醒，消费税因其具有独特的经济调节作用，又开始受到各国的普遍重视。目前，美国、英国、德国、法国、日本等国都开征消费税。而且随着商品经济的发展，消费税课征范围不断扩大，数额日益增加。其中，欧洲一些实行增值税、消费税间接税制的国家，大多数实行中间型消费税，如德国、法国、意大利、西班牙等国。其应税的货物税目为15～30种，这些税目中大多是广泛的消费品、奢侈品及某些劳务。随着社会经济的发展，消费水平与消费结构发生了很大的变化，世界各国在选择消费税征收范围方面，为了发挥消费税的特殊调节作用，引导形成合理的消费模式和结构，在消费税范围的选择上有适度的扩大。

我国自 1994 年税制改革时新设置的税种消费税是原来的产品税的一部分和特别消费税的部分税目组成的，是在增值税具有普遍调节作用的基础上，体现国家对某些特定产品进行特殊调节而设定的税种。自1994年至今，消费税在有效组织财政收入和正确引导生产消费等方面发挥了重要的作用。经国务院批准，财政部、国家税务总局在2006年联合下发通知，对我国消费税的税目、税率和相关配套政策进行重大改革，这次改革可以说是对消费税制的一次制度性调整，对于完善消费税制、进一步增强其调节功能具有重要的意义，起到调节市场、缓解社会不平等、保护环境的作用。

三、消费税的基本特征

我国现行消费税的基本特征如下：

（1）征收范围具有选择性。我国消费税在征收范围上根据产业政策和消费政策仅选择部分消费品征税，而不是对所有消费品都征收消费税。

（2）征税环节具有单一性。我国消费税主要在生产销售、委托加工或进口环节征收。

（3）平均税率较高且税负差异大。为了体现国家的消费政策和产业政策，消费税的平均税率水平一般定得比较高，并且各税目或子税目的税率差异较大，往往对需要限制或控制消费的消费品制定较高的税率。

（4）征收方法具有灵活性。既可以依据消费品的数量实行从量定额征收，也可以依据消费品的销售价格从价定率征收，还可以将从价定率和从量定额相结合实行复合征收。

小思考

消费税与增值税在征收范围、纳税环节、计税依据、与价格的关系等方面有什么区别？

第二节 纳税义务人与征税范围

一、纳税义务人

消费税的纳税义务人是指我国境内生产、委托加工和进口以及《消费税暂行条例》规定的应税消费品的单位和个人。“我国境内”是指生产、委托加工和进口属于缴纳消费税的消费品的起运地或者所在地在境内。“单位”是指各种不同所有制企业、行政单位、事业单位、军事单位、社会团体及其他单位；“个人”是指个体经营者及其他个人。

二、征税环节

消费税的征税环节不同于增值税，实行单一环节征收，主要在生产销售、委托加工或进口环节征收。具体包括：

（一）生产应税消费品

纳税人生产的应税消费品用于对外销售的，于纳税人销售时纳税；用于连续生产应税消费品的，不纳税；用于其他方面的，于移交使用时纳税。

（二）委托加工应税消费品

委托加工的应税消费品，除受托方为个人外，由受托方在向委托方交货时代收代缴税款。

（三）进口应税消费品

单位和个人进口应税消费品，应该于报关进口时在海关申报缴纳消费税。

（四）批发应税消费品

纳税人（卷烟批发商）销售给纳税人以外的单位或个人的卷烟于销售时纳税，纳税人（卷烟批发商）之间销售的卷烟不缴纳消费税。

自 2009 年 5 月 1 日，我国在卷烟批发环节加征一道从价计征的消费税，2015 年 5 月 10 日起改为从价从量复合计征。

（五）零售应税消费品

生产、进口和批发金银首饰（仅限于金基、银基合金首饰以及金、银和金基、银基合金的镶嵌首饰）、钻石、钻石饰品时不征收消费税，纳税人在零售时纳税。

经国务院批准，自 1995 年 1 月 1 日起，金银首饰的消费税由生产、进口环节改为零售环节征收；自 2002 年 1 月 1 日起，钻石及钻石饰品也由生产、进口环节改为零售环节征收。

三、消费税的征税范围

消费税的征收范围包括 5 种类型的产品：

第一类：一些过度消费会对人类健康、社会秩序、生态环境等方面造成危害的特殊消费品，如烟、酒、鞭炮、焰火等。

第二类：奢侈品、非生活必需品，如贵重首饰、化妆品等。

第三类：高能耗及高档消费品，如小轿车、摩托车等。

第四类：不可再生和替代的石油类消费品，如汽油、柴油等。

第五类：具有一定财政意义的产品，如高档护肤、护发品等。

第三节　税目与税率

一、税目税率表

现行消费税税目共有15个：烟，酒，化妆品，贵重首饰及珠宝玉石，鞭炮焰火，成品油，摩托车，小汽车，高尔夫球及球具，高档手表，游艇，木制一次性筷子，实木地板，电池和涂料等商品。

消费税实行比例税率、定额税率及复合税率三种形式，以适应不同应税消费品的实际情况（见表3-1）。

表3-1　消费税税目税率表

税　目	税　率
一、烟	
1．卷烟	
（1）甲类卷烟	56%加0.003元/支
（2）乙类卷烟	36%加0.003元/支
（3）批发环节	11%+0.005元/支
2．雪茄烟	36%
3．烟丝	30%
二、酒	
1．白酒	20%加0.5元/500克（或者500毫升）
2．黄酒	240元/吨
3．啤酒	
（1）甲类啤酒	250元/吨
（2）乙类啤酒	220元/吨
4．其他酒	10%
三、化妆品	30%
四、贵重首饰及珠宝玉石	
1．金银首饰、铂金首饰和钻石及钻石饰品	5%
2．其他贵重首饰和珠宝玉石	10%
五、鞭炮、焰火	15%
六、成品油	
1．汽油	1.52元/升
2．柴油	1.2元/升
3．航空煤油	1.2元/升
4．石脑油	1.52元/升
5．溶剂油	1.52元/升
6．润滑油	1.52元/升
7．燃料油	1.2元/升
七、摩托车	
1．气缸容量250毫升的	3%
2．气缸容量在250毫升（不含）以上的	10%

续表

税　目	税　率
八、小汽车 1．乘坐用车 （1）气缸容量（排气量，下同）在 1.0 升（含 1.0 升）以下的 （2）气缸容量在 1.0 升以上至 1.5 升（含 1.5 升）的 （3）气缸容量在 1.5 升以上至 2.0 升（含 2.0 升）的 （4）气缸容量在 2.0 升以上至 2.5 升（含 2.5 升）的 （5）气缸容量在 2.5 升以上至 3.0 升（含 3.0 升）的 （6）气缸容量在 3.0 升以上至 4.0 升（含 4.0 升）的 （7）气缸容量在 4.0 升以上的 2．中轻型商用客车	 1% 3% 5% 9% 12% 25% 40% 5%
九、高尔夫球及球具	10%
十、高档手表	20%
十一、游艇	10%
十二、木制一次性筷子	5%
十三、实木地板	5%
十四、涂料	4%
十五、电池	4%

二、税目的具体说明

（一）烟

凡是以烟叶为原料加工生产的产品，不论使用何种辅料，均属于本税目的征收消费税范围。本税目下设甲类卷烟、乙类卷烟、雪茄烟、烟丝 4 个子目。

卷烟是指将各种烟叶切成烟丝，按照配方要求均匀混合，加入糖、酒、香料等辅料，用白色盘纸、棕色盘纸、涂布纸或烟草薄片经机器或手工卷制的普通卷烟和雪茄型卷烟。

（1）甲类卷烟：每标准条（200 支）调拨价格在≥70 元（不含增值税）的卷烟。

（2）乙类卷烟：每标准条（200 支）调拨价格在＜70 元（不含增值税）的卷烟。

（3）雪茄烟：以晾晒烟为原料或者以晾晒烟和烤烟为原料，用烟叶或卷烟纸、烟草薄片作为烟支内包皮，再用烟叶作为烟支外包皮，经机器或手工卷制而成的烟草制品。按内包皮所用材料的不同可分为全叶卷雪茄烟和半叶卷雪茄烟。雪茄烟的征收范围包括各种规格、型号的雪茄烟。

（4）烟丝：将烟叶切成丝状、粒状、片状、末状或其他形状，再加入辅料，经过发酵、储存，不经卷制即可供销售吸用的烟草制品。烟丝的征收范围包括以烟叶为原料加工生产的不经卷制的散装烟，如斗烟、莫合烟、烟末、水烟、黄红烟丝等。

（二）酒

（1）白酒：以高粱、玉米、大米、糯米、大麦、小麦、小米、青稞、白薯、木薯、马铃薯、芋头、山药等各种粮食和薯类为原料，经过糖化、发酵后，采用蒸馏方法酿制的白酒。

（2）黄酒：以糯米、粳米、籼米、大米、黄米、玉米、小麦、薯类等为原料，经加温、糖化、发酵、压榨酿制的酒。由于工艺、配料和含糖量的不同，黄酒分为干黄酒、半干黄酒、半甜黄酒、甜黄酒四类。黄酒的征收范围包括各种原料酿制的黄酒和酒度超过12度的土甜酒。

（3）啤酒：以大麦或其他粮食为原料，加入啤酒花，经糖化、发酵、过滤酿制的含有二氧化碳的酒。啤酒按照杀菌方法的不同，可分为熟啤酒和生啤酒或鲜啤酒。啤酒的征收范围包括各种包装和散装的啤酒。无醇啤酒比照啤酒征税。啤酒分为甲类和乙类啤酒，具体划分标准如表3-2所示。

表3-2 甲类和乙类啤酒分类表

甲类啤酒	每吨出厂价格（含包装物及包装物押金，不含增值税）≥3 000元
乙类啤酒	每吨出厂价格（含包装物及包装物押金，不含增值税）＜3 000元

（4）其他酒：除粮食白酒、薯类白酒、黄酒、啤酒以外，酒度在1度以上的各种酒。其征收范围包括糠麸白酒、其他原料白酒、土甜酒、复制酒、果木酒、汽酒、药酒等等。

自2014年12月1日起，取消酒精征收消费税。

（三）化妆品

（1）香水、香水精：以酒精和香精为主要原料混合配制而成的液体芳香类化妆品。

（2）香粉：用于粉饰面颊的化妆品。按其形态有粉状、块状和液状。高级香粉盒内附有的彩色丝绒粉扑，花色香粉粉盒内附有的小盒胭脂和胭脂扑，均应按“香粉”征税。

（3）口红：涂饰于嘴唇的化妆品。口红的颜色一般以红色为主，也有白色的，还有一种变色口红，是用曙红酸等染料调制而成的。

（4）指甲油：用于修饰保护指甲的一种有色或无色的油性液态化妆品。

（5）胭脂：擦敷于面颊皮肤上的化妆品。有粉质块状胭脂、透明状胭脂膏及乳化状胭脂膏等。

（6）眉笔：修饰眉毛用的化妆品。有铅笔式和推管式两种。

（7）唇笔：修饰嘴唇用的化妆品。

（8）蓝眼油：涂抹于眼窝周围和眼皮的化妆品。它是以油脂、蜡和颜料为主要原材料制成。色彩有蓝色、绿色、棕色等，因蓝色使用最为普遍，故俗称“蓝眼油”。眼影膏、眼影霜、眼影粉应按照蓝眼油征税。

（9）眼睫毛：用于修饰眼睫毛的化妆品。其产品形态有固体块状、乳化状。颜色以黑色及棕色为主。

（10）成套化妆品：由各种用途的化妆品配套盒装而成的系列产品。一般采用精制的金属或塑料盒包装，盒内常备有镜子、梳子等化妆工具，具有多功能性和使用方便的特点。

舞台、戏剧、影视演员化妆用的上妆油、卸妆油、油彩等，不属于本税目范围。

高档护肤类化妆品征收范围另行规定。

（四）贵重首饰及珠宝玉石

包括凡以金、银、白金、宝石、珍珠、钻石、翡翠、珊瑚、玛瑙等高贵稀有物质以及其他金属、人造宝石等制作的各种纯金银首饰及镶嵌首饰（含人造金银、合成金银首饰等）和经采掘、打磨、加工的各种珠宝玉石。

对出国人员免税商店销售的金银首饰征收消费税。

（五）鞭炮、焰火

鞭炮，又称爆竹。是用多层纸密裹火药，接以药引线，制成的一种爆炸品。焰火，指烟火剂，一般系包扎品，内装药剂，点燃后烟火喷射，呈各种颜色，有的还变幻成各种景象，分平地小焰火和空中大焰火两类。

本税目征收范围包括各种鞭炮、焰火。通常分为13类，即喷花类、旋转类、旋转升空类、火箭类、吐珠类、线香类、小礼花类、烟雾类、造型玩具类、爆竹类、摩擦炮类、组合烟花类、礼花弹类。体育上用的发令纸，鞭炮药引线，不按本税目征收。

（六）成品油

本税目包括汽油、柴油、石脑油、溶剂油、航空煤油、润滑油、燃料油7个子目。航空煤油暂缓征收。其中：①汽油统一按照无铅汽油税率征收消费税；②橡胶填充油、溶剂油原料属于溶剂油征收范围；③润滑油包括矿物性润滑油、植物性润滑油、动物性润滑油和化工原料合成润滑油；④润滑脂应当征收消费税，变压器油、导热类油等绝缘油类产品不征收消费税。

（七）摩托车

本税目是指发动机气缸容量（排气量）≥250毫升的摩托车。自2014年12月1日起，取消气缸容量＜250毫升的小排量摩托车消费税。

（八）小汽车

小汽车是指由动力驱动，具有四个或四个以上车轮的非轨道承载的车辆。本税目征收范围包括含驾驶员座位在内最多不超过9个座位（含）的，在设计和技术特征上拥有载运乘客和货物的各类中轻型商务客车。

电动汽车、沙滩车、雪地车、卡丁车、高尔夫车不属于消费税征收范围。车身长度≥7米并且座位10～23座（含）以下的商用客车不属于中轻型商务客车征收范围，不征收消费税。

注：自2014年12月1日起取消汽车轮胎的税目。

（九）高尔夫球及球具

本税目包括高尔夫球、高尔夫球杆及高尔夫球包（袋）等。高尔夫球杆的杆头、杆身和握把属于本税目的征收范围。

（十）高档手表

高档手表是指每只不含增值税销售价格≥10 000元的各类手表。

（十一）游艇

本税目只涉及机动艇。

（十二）木制一次性筷子

木制一次性筷子是以木材为原料，经过锯段、浸泡、旋切、刨切、烘干、筛选、打磨、倒角、包装等环节加工而成的各类一次性使用的筷子。

（十三）实木地板

实木地板是指以木材为原料，包括各类规格的实木地板、实木指接地板、实木复合地板及用于装饰墙壁、天棚的侧端面为榫、槽的实木装饰板。未经涂饰的素板也属于本税目征税范围。

（十四）电池

自2015年2月1日起对电池（铅蓄电池除外）征收消费税。对无汞原电池、金属氢化物镍蓄电池（又称“氢镍蓄电池”或“镍氢蓄电池”）、锂原电池、锂离子蓄电池、太阳能电池、燃料电池和全钒液流电池免征消费税。2015年12月31日前对铅蓄电池缓征消费税；自2016年1月1日起，对铅蓄电池按4%税率征收消费税。

（十五）涂料

自2015年2月1日起对涂料征收消费税；对施工状态下挥发性有机物（VOC）含量低于420克/升（含）的涂料免征消费税。

【例3-1 • 单选题】下列各项中，属于消费税征收范围的是（　　）。

A．电动汽车　　B．卡丁车　　C．高尔夫车　　D．小轿车

『答案』D

【例3-2 • 多选题】下列各项中，应同时征收增值税和消费税的是（　　）。

A．批发环节销售的卷烟

B．零售环节销售的金基合金首饰

C．生产环节销售的普通护肤护发品

D．进口环节取得外国政府捐赠的小汽车

『答案』AB

【例3-3 • 多选题】下列单位中属于消费税纳税人的有（　　）。

A．受托加工化妆品的企业　　B．销售金银首饰的商场

C．进口化妆品的外贸公司　　D．委托加工卷烟的企业

『答案』BCD

第四节　应纳税额的计算

消费税应纳税额的计算有三种方法：从价定率计征法、从量定额计征法以及从价定率和从量定额复合计征法。

一、从价定率计征

适用比例税率的应税消费品，其应纳税额应从价定率计征，此时的计税依据是销售额。

其计算公式为

消费税应纳税额=销售额×比例税率

销售额为纳税人销售应税消费品向购买方收取的全部价款和价外费用。

销售额，不包括应向购货方收取的增值税税款。如果纳税人应税消费品的销售额中未扣除增值税税款或者因不得开具增值税专用发票而发生价款和增值税税款合并收取的，在计算消费税时，应当换算为不含增值税税款的销售额。其换算公式为

应税销售额=含增值税的销售额÷(1+增值税税率或者征收率)

价外费用，是指价外向购买方收取的手续费、补贴、基金、集资费、返还利润、奖励费、违约金、滞纳金、延期付款利息、赔偿金、代收款项、代垫款项、包装费、包装物租金、储备费、优质费、运输装卸费以及其他各种性质的价外收费。但下列项目不包括在内。

（1）同时符合以下条件的代垫运输费用：①承运部门的运输费用发票开具给购买方的；②纳税人将该项发票转交给购买方的。

（2）同时符合以下条件代为收取的政府性基金或者行政事业性收费：①由国务院或者财政部批准设立的政府性基金，由国务院或者省级人民政府及其财政、价格主管部门批准设立的行政事业性收费；②收取时开具省级以上财政部门印制的财政票据；③所收款项全额上缴财政。

应税消费品连同包装物销售的，无论包装物是否单独计价以及在会计上如何核算，均应并入应税消费品的销售额中缴纳消费税。如果包装物不作价随同产品销售，而是收取押金，此项押金则不应并入应税消费品的销售额中征税。但对因逾期未收回的包装物不再退还的或者已收取的时间超过 12 个月的押金，应并入应税消费品的销售额，按照应税消费品的适用税率缴纳消费税。

对既作价随同应税消费品销售，又另外收取押金的包装物的押金，凡纳税人在规定的期限内没有退还的，均应并入应税消费品的销售额，按照应税消费品的适用税率缴纳消费税。

【例 3-4・判断题】包装物已作价随同应税消费品销售，又另外收取押金并在规定期限内未退还的押金，不应并入应税消费品的销售额缴纳消费税。 （ ）

『答案』×

【例 3-5・计算题】某鞭炮厂 2015 年 5 月，以不含税出厂价 187.2 元/箱对外销售某高档鞭炮 1 155 箱，将 500 箱同类鞭炮移送给本厂非独立核算门市部对外销售，当月零售同类鞭炮 412 箱，每箱零售价为 280.8 元/箱。计算该厂当月应纳消费税税额。（已知鞭炮的增值税税率为 17%、消费税税率为 15%）

『答案』

（1）对外销售鞭炮应纳消费税税额=187.2×1 155×15%=216 216×15%

=32 432.4（元）

（2）零售鞭炮应纳消费税税额=280.8÷(1+17%)×412×15%=14 832（元）

（3）应纳消费税税额=32 432.4+14 832=47 264.4（元）

【例 3-6・计算题】某化妆品公司为增值税一般纳税人。2015 年 8 月 13 日向某单位销售化妆品一批，开具普通发票，取得含增值税销售额 5.85 万元。10 月 8 日向某大型商场销售化妆品一批，开具增值税专用发票，取得不含税销售额 40 万元，增值税税额 6.8 万元。要求：计算该公司上述业务应缴纳的消费税税额。

『答案』

化妆品的应税销售额=40+5.85÷(1+17%)=45（万元）

应纳消费税税额=45×30%=13.5（万元）

二、从量定额计征

适用定额税率的消费品，其应纳税额应从量定额计征，此时的计税依据是销售数量。其计算公式为

消费税应纳税额=销售数量×定额税率

销售数量，是指应税消费品的数量，具体如下：

（1）销售应税消费品的，为应税消费品的销售数量；

（2）自产自用应税消费品的，为应税消费品的移送使用数量；

（3）委托加工应税消费品的，为纳税人收回的应税消费品数量；

（4）进口应税消费品的，为海关核定的应税消费品进口征税数量。

实行从量定额办法计算应纳税额的应税消费品，计量单位的换算标准如表 3-3 所示。

表 3-3　计量单位的换算标准

单位	黄酒	啤酒	汽油	柴油	航空煤油	石脑油	溶剂油	润滑油	燃料油
1 吨	962 升	988 升	1 388 升	1 176 升	1 246 升	1 385 升	1 282 升	1 126 升	1 015 升

【例 3-7·计算题】某石油化工厂 2015 年 1 月，销售无铅汽油 25 吨，柴油 18 吨，提供给本厂基建工程车辆、设备使用柴油 5 吨，将 9 吨含铅汽油进行提炼生产高品质汽油。计算该厂当月应纳消费税税额。(已知汽油 1 吨=1 388 升，柴油 1 吨=1 176 升；无铅汽油的税率为定额税率 1.0 元/升；柴油的税率为定额税率 0.8 元/升)

『答案』

（1）销售无铅汽油应纳消费税税额=25×1 388×1.0=34 700（元）

（2）销售柴油应纳消费税税额=(18+5)×1 176×0.8=21 638.4（元）

（3）含铅汽油提炼生产高品质汽油免征消费税。

（4）该厂当月应纳消费税税额=34 700+21 638.4=56 338.4（元）

三、复合计征

既规定了比例税率，又规定了定额税率的卷烟、白酒，其应纳税额实行从价定率和从量定额相结合的复合计征办法。其计算公式为

应纳税额=销售额×比例税率+销售数量×定额税率

目前只有卷烟、白酒实行复合计征的方法，其计税依据分别是销售应税消费品向购买方收取的全部价款、价外费用和实际销售（或海关核定、委托方收回、移送使用）数量。

【例 3-8·单选题】下列消费品中，实行从价定率与从量定额相结合征税办法的是（　　）。

A. 啤酒　　B. 白酒　　C. 酒糟　　D. 葡萄酒

『答案』B

【例 3-9·计算题】某烟草生产企业是增值税一般纳税人。2015 年 6 月销售甲类卷烟 1 000 标准条，取得销售收入（含增值税）93 600 元。计算该企业应缴纳的消费税税额。(已知卷烟

消费税定额税率为 0.003 元/支，1 标准条有 200 支；比例税率为 56%）

『答案』应纳消费税税额=93 600÷(1+17%)×56%+1 000×200×0.003
=44 800+600
=45 400（元）

四、计税依据确定的特殊规定

在计税依据的确定方面，有以下特殊规定。

（一）纳税人自产自用的应税消费品

纳税人自产自用的应税消费品，按照纳税人生产的同类消费品的销售价格计算纳税；没有同类消费品销售价格的，按照组成计税价格计算纳税。

实行从价定率办法计算纳税的组成计税价格计算公式：

组成计税价格=(成本+利润)÷(1-比例税率)

实行复合计税办法计算纳税的组成计税价格计算公式：

组成计税价格=(成本+利润+自产自用数量×定额税率)÷(1-比例税率)

成本，是指应税消费品的产品生产成本。利润，是指根据应税消费品的全国平均成本利润率计算的利润。应税消费品全国平均成本利润率由国家税务总局确定。

纳税人自产自用的应税消费品，是指依法于移送使用时纳税的应税消费品。

上述公式中的“利润”根据国家税务总局规定的全国平均成本利润确定（见表 3-4）。

表 3-4 平均成本利润率明细表

货物名称	利润率（%）	货物名称	利润率（%）
甲类卷烟	10	贵重首饰及珠宝玉石	6
乙类卷烟	5	摩托车	6
雪茄烟	5	高尔夫球及球具	10
烟丝	5	高档手表	20
粮食白酒	10	游艇	10
薯类白酒	5	木制一次性筷子	5
其他酒	5	实木地板	5
化妆品	5	乘用车	8
鞭炮、焰火	5	中轻型商用客车 6	5

【例 3-10 • 计算题】某摩托车生产企业为增值税一般纳税人，2015 年 3 月 8 日，向某大型商场销售摩托车一批，开具增值税专用发票，取得不含增值税销售额 300 万元，增值税额 51 万元；2015 年 3 月 12 日，向某单位销售摩托车一批，开具普通发票，取得含增值税销售额 58.5 万元；2015 年 3 月 17 日，将生产的摩托车 30 辆用作职工福利，摩托车的成本 9 万元，没有同类摩托车的销售价格；2015 年 3 月期间，将生产的摩托车 50 辆，以每辆出厂价 12 000 元（不含增值税）给自设非独立核算的门市部，门市部又以每辆 17 550 元（含增值税）全部售出给消费者。计算该摩托车生产企业当月应纳消费税税额。（假定摩托车的气缸容量均在 250 毫升以上，适用消费税税率 10%，摩托车的全国平均成本利润率是 6%）

『答案』

（1）3 月 8 日销售摩托车应税销售额=300（万元）

（2）3 月 12 日销售摩托车应税销售额=58.5÷(1+17%)=50（万元）

（3）3 月 17 日摩托车用作职工福利应税销售额=(9+9×6%)÷(1-10%)×30=318（万元）

（4）3 月期间门市部销售摩托车应税销售额=1.755÷(1+17%)×50=75（万元）

（5）应税销售额=300+50+318+75=743（万元）

（6）应纳消费税税额=743×10%=74.3（万元）

（二）委托加工的应税消费品

委托加工的应税消费品，按照受托方的同类消费品的销售价格计算纳税；没有同类消费品销售价格的，按照组成计税价格计算纳税。

实行从价定率办法计算纳税的组成计税价格计算公式：

组成计税价格=(材料成本+加工费)÷(1-比例税率)

实行复合计税办法计算纳税的组成计税价格计算公式：

组成计税价格=(材料成本+加工费+委托加工数量×定额税率)÷(1-比例税率)

材料成本，是指委托方所提供加工材料的实际成本。委托加工应税消费品的纳税人，必须在委托加工合同上如实注明（或者以其他方式提供）材料成本，凡未提供材料成本的，受托方主管税务机关有权核定其材料成本。加工费，是指受托方加工应税消费品向委托方所收取的全部费用（包括代垫辅助材料的实际成本）。

同类消费品的销售价格，是指纳税人或者代收代缴义务人当月销售的同类消费品的销售价格，如果当月同类消费品各期销售价格高低不同的，应按销售数量加权平均计算。但销售的应税消费品有下列情况之一的，不得列入加权平均计算：①销售价格明显偏低并无正当理由的；②无销售价格的。

如果当月无销售或者当月未完结，应按照同类消费品上月或者最近月份的销售价格计算纳税。委托方与受托方的关系归纳如表 3-5 所示。

表 3-5　委托加工的委托方与受托方的关系汇总

内容	委托方	受托方
委托加工关系成立的条件	提供原料和主要材料	收取加工费和代垫部分辅料
加工及提货时涉及税种	①买材料涉及增值税进项税额 ②支付加工费涉及增值税进项税额 ③委托加工应税消费品应缴纳消费税	①买辅料涉及增值税进项税额 ②收取加工费和代垫辅料费涉及增值税销项税额
消费税纳税环节	①提货时由受托方代收代缴（受托方为个人的除外） ②对于受托方没有代收代缴消费税（含受托方为个人）的，收回后由委托方缴纳消费税	①交货时代收代缴委托方应纳的消费税税款（受托方为个人的除外） ②没有履行代收代缴义务的，税务机关向委托方补征税款，对受托方处应代收代缴税款 50%以上 3 倍以下的罚款
代收代缴消费税后的相关处理	①以不高于受托方的计税价格直接出售的，不再缴纳消费税； ②以高于受托方的计税价格出售的，需按照规定申报缴纳消费税，在计税时准予扣除受托方已代收代缴的消费税； ③连续加工应税消费品后销售的，在出厂环节缴纳消费税，符合抵扣条件的，可按生产领用量计算已抵扣已纳消费税。	及时解缴税款，否则按征管法规定惩处

【例 3-11 · 多选题】委托加工从价或复合计征的应税消费品的消费税组成计税价格中包含（　　）。

A．加工费用　　B．委托方提供加工材料的实际成本

C．受托方代垫辅助材料的价格　　D．受托方代收代缴的消费税金

『答案』ABCD

【例 3-12 · 计算题】某鞭炮企业 2015 年 4 月受托为某单位加工一批鞭炮，委托单位提供的原材料金额为 60 万元，收取委托单位不含增值税的加工费 8 万元，鞭炮企业无同类产品市场价格。计算鞭炮企业应代收代缴的消费税。（鞭炮的适用消费税税率 15%）

『答案』

组成计税价格=(60+8)÷(1-15%)=80（万元）

应代收代缴消费税=80×15%=12（万元）

（三）进口的应税消费品

进口的应税消费品，按照组成计税价格计算纳税。

实行从价定率办法计算纳税的组成计税价格计算公式：

组成计税价格=(关税完税价格+关税)÷(1−消费税比例税率)

实行复合计税办法计算纳税的组成计税价格计算公式：

组成计税价格=(关税完税价格+关税+进口数量×消费税定额税率)÷(1−消费税比例税率)

关税完税价格，是指海关核定的关税计税价格。

【例 3-13 · 计算题】某企业为增值税一般纳税人。2015 年 6 月，该企业进口 220 辆小汽车，每辆小汽车关税完税价格为 12 万元。计算该企业进口该批小汽车应纳消费税税额。（已知小汽车关税税率为 110%，消费税税率为 5%）

『答案』

（1）关税税额=12×220×110%=2 904（万元）

（2）组成计税价格=(12×220+2 904)÷(1−5%)=5 832.79（万元）

（3）应纳消费税税额=5 832.79×5%=291.79（万元）

【例 3-14 · 计算题】某公司 2015 年 3 月进口甲类卷烟 200 标准箱，每箱关税完税价格 60 000 元，关税税率为 25%，消费税税率为 56%加 0.003 元/支。计算该公司当月应缴纳的进口增值税税额和进口消费税税额。（已知每标准箱有 250 条，每条 200 支）

『答案』

（1）每标准箱有 50000 支（200 支/条×250 条/箱）卷烟。

每箱定额税率=0.003 元/支×50 000 支/箱=150 元/箱

（2）组成计税价格=(60 000+60 000×25%+150)÷(1−56%)×200=3 415.9（万元）

（3）应纳进口增值税税额=3 415.9×17%=580.703（万元）

（4）应纳进口消费税税额=3 415.9×56%+200×150÷10 000

=1 912.904+3=1 915.904（万元）

【例 3-15 · 计算题】某企业是增值税一般纳税人，2015 年 2 月从国外进口一批烟丝，海关核定的关税完税价格为 123 000 元（关税税率为 40%，消费税税率为 30%），已取得海关开具的完税凭证。2 月份该企业把其中的一部分烟丝在国内市场销售，取得不含税销售收入 318

000 元。假定该企业没有发生其他增值税业务，计算该企业当月应缴纳的进口增值税税额和进口消费税税额、销售进口应税消费品的应纳增值税税额。

『答案』

（1）组成计税价格=(123 000+123 000×40%)÷(1-30%)=24.6（万元）

（2）进口增值税税额=24.6×17%=4.182（万元）

（3）进口消费税税额=24.6×30%=7.38（万元）

（4）国内增值税的进项税额为 4.182 万元。

（5）销售进口应税消费品的应纳增值税税额=31.8×17%-4.182=1.224（万元）

自产自用、委托加工、进口应税消费品的计税依据总结如表 3-6 所示。

表 3-6　自产自用、委托加工、进口应税消费品的计税依据汇总表

类型	第一顺序	第二顺序	
自产自用	按纳税人生产的同类消费品的售价计税	从价定率	(成本+利润)÷(1-消费税比例税率)
		复合计税	(成本+利润+自产自用数量×定额税率)÷(1-消费税比例税率)
委托加工	受托方同类应税消费品的售价	从价定率	(材料成本+加工费)÷(1-消费税比例税率)
		复合计税	(材料成本+加工费+委托加工数量×定额税率)÷(1-消费税比例税率)
进口	从价定率：(关税完税价格+关税)÷(1-消费税比例税率)		
	复合计税：(关税完税价格+关税+进口数量×消费税定额税率)÷(1-消费税比例税率)		

（四）核定销售额

纳税人应税消费品的计税价格明显偏低并无正当理由的，由主管税务机关核定其计税价格。应税消费品的计税价格的核定权限规定如下：①卷烟、白酒和小汽车的计税价格由国家税务总局核定，送财政部备案；②其他应税消费品的计税价格由省、自治区和直辖市国家税务局核定；③进口的应税消费品的计税价格由海关核定。

为履行加入《烟草控制框架公约》的承诺，自 2009 年 1 月 1 日起，我国对卷烟包装标识使用健康警语进行了严格规定，要求警语所占面积不应小于其所在面的 30%，卷烟的外包装标识由此发生变化。《国家税务总局关于卷烟消费税计税价格管理有关问题的通知》（国税函〔2009〕41 号）规定，对已核定消费税计税价格的卷烟，生产企业在包装标识上使用健康警语，应视同新规格卷烟，重新核定消费税计税价格。考虑到此次包装标识变化仅增加了健康警语，而产品标识的其他方面以及规格、内在品质、销售价格均未发生变化，暂不按上述规定对其重新核定计税价格。对于已核定消费税计税价格的卷烟，其外包装标识除按照规定使用健康警语以外发生其他变化，应按照新规格卷烟对其进行管理，并重新核定计税价格。

根据《国家税务总局关于加强白酒消费税征收管的通知》（国税函〔2009〕380 号）中的附件《白酒消费税最低计税价格核定管理办法（试行）》，对计税价格偏低的白酒核定消费税最低计税价格，具体规定如下：

（1）白酒生产企业销售给销售单位的白酒，生产企业消费税计税价格低于销售单位对外销售价格（不含增值税，下同）70%以下的，税务机关应核定消费税最低计税价格。白酒消费税最低计税价格由白酒生产企业自行申报，税务机关核定。

（2）白酒生产企业应将各种白酒的消费税计税价格和销售单位销售价格，按照规定的式

样及要求，在主管税务机关规定的时限内填报。

主管税务机关应将白酒生产企业申报的销售给销售单位的消费税计税价格低于销售单位对外销售价格70%以下、年销售额1 000万元以上的各种白酒，按照规定的式样及要求，在规定的时限内逐级上报至国家税务总局。国家税务总局选择其中部分白酒核定消费税最低计税价格。

除税务总局已核定消费税最低计税价格的白酒外，其他需要核定消费税最低计税价格的白酒，消费税最低计税价格由特别是省、自治区、直辖市和计划单列市国家税务局核定。

（3）白酒消费税最低计税价格核定标准如下：白酒生产企业销售给销售单位的白酒，生产企业消费税计税价格高于销售单位对外销售价格70%（含70%）以上的，税务机关暂不核定消费税最低计税价格。

白酒生产企业销售给销售单位白酒，生产企业消费税计税价格低于销售单位对外销售价格70%以下的，消费税最低计税价格由税务机关根据生产规模、白酒品牌、利润水平等情况在销售单位对外销售价格 50%～70%范围内自行核定。其中生产规模较大、利润水平较高的企业生产的需要核定消费税最低计税价格的白酒，税务机关核价幅度原则上应选择在销售单位对外销售价格60%～70%范围内。

（4）已核定最低计税价格的白酒，生产企业实际销售价格高于消费税最低计税价格的，按实际销售价格申报纳税；实际销售价格低于消费税最低计税价格的，按最低计税价格申报纳税；已核定最低计税价格的白酒，销售单位对外销售价格持续上涨或下降时间达到3个月以上、累计上涨或下降幅度在20%（含）以上的白酒，税务机关重新核定最低计税价格。

（5）白酒生产企业未按上述规定上报销售单位销售价格的，主管国家税务局应按照销售单位销售价格征收消费税。

【例3-16·单选题】应税消费品计税价格明显偏低又无正当理由的，税务机关有权核定计税价格，应税消费品计税价格的核定权限规定，甲类卷烟和粮食白酒的计税价格由（　　）核定。

A．国务院　　B．财政部

C．国家税务总局　　D．省、自治区和直辖市税务局

『答案』C

【例3-17·单选题】某企业2015年3月研发生产一种新型粮食白酒，第一批2 000公斤，成本为34万元，作为礼品赠送品尝，没有同类售价。已知粮食白酒的成本利润率10%，白酒的消费税税率为20%加0.5元/500克（或者500毫升），则该批白酒当月应纳消费税税额为（　　）。

A．7.6万元　　B．6.8万元　　C．9.6万元　　D．10.4万元

『答案』C

（五）其他规定

（1）纳税人通过自设非独立核算门市部销售的自产应税消费品，应当按照门市部对外销售额或者销售数量征收消费税。纳税人用于换取生产资料和消费资料，投资入股和抵偿债务等方面的应税消费品，应当以纳税人同类应税消费品的最高销售价格作为计税依据计算消费税。

小思考

消费税的从价计税价格与增值税计税价格计算完全一样吗？

【例 3-18 • 多选题】下列应税消费品中，以纳税人同类应税消费品的最高销售价格作为计税依据计算消费税的有（ ）。

A．用于抵债的自产应税消费品

B．用于对外投资入股的外购应税消费品

C．用于换取生产资料的自产应税消费品

D．用于换取消费资料的外购应税消费品

『答案』AC

【例 3-19 • 计算题】某木制品公司 2015 年 6 月销售给经销商甲实木地板 200 箱，增值税专用发票销售价为 1 500 元/箱，销售给经销商乙同类实木地板 130 箱，增值税专用发票销售价为 1 600 元/箱；当月，还将 70 箱同类实木地板发给其原材料供应商以抵偿上月的应付货款。计算该木制品公司当月应缴纳的消费税税额。(已知实木地板的消费税税率为 5%)

『答案』纳税人用于抵偿债务的应税消费品，应当以纳税人同类应税消费品的最高销售价格作为计税依据计算消费税，即

应纳消费税税额=(200×1 500+130×1 600+70×1 600)×5%=62×5%=3.1（万元）

（2）对既有自产应税消费品，同时又购进与自产应税消费品同样的应税消费品进行销售的工业企业，对其销售的外购应税消费品应当征收消费税，同时可以扣除外购应税消费品的已纳税款。

（3）从商业企业购进应税消费品连续生产应税消费品，符合抵扣条件的，准予扣除外购应税消费品已纳消费税税款。

（4）纳税人之间销售的卷烟不缴纳消费税。批发企业在计算纳税时不得扣除已含的生产环节的消费税税款。

（5）主管税务机关对纳税人提供的消费税申报抵扣凭证上注明的货物，无法辨别销货方是否申报缴纳消费税的，可向销货方主管税务机关发函调查该笔销售业务缴纳消费税情况，销货方主管税务机关应认真核实并回函。经销货方主管税务机关回函确认已缴纳消费税的，可以受理纳税人的消费税抵扣申请，按规定抵扣外购项目的已纳消费税。

（六）已纳消费税扣除的计算

为了避免重复征税，现行消费税规定，将外购应税消费品和委托加工收回的应税消费品继续生产应税消费品销售的，可以将外购应税消费品和委托加工收回应税消费品已缴纳的消费税给予扣除。

1. 外购应税消费品连续生产应税消费品

由于某些应税消费品是用外购已缴纳消费税的应税消费品连续生产出来的，在对这些连续生产出来的应税消费品计算征税时，税法规定应按当期生产领用数量计算准予扣除外购的应税消费品已纳的消费税税款。扣除范围包括：

（1）外购已税烟丝生产的卷烟；

（2）外购已税化妆品生产的化妆品；

（3）外购已税珠宝玉石生产的贵重首饰及珠宝玉石；

（4）外购已税鞭炮焰火生产的鞭炮焰火；

（5）外购已税杆头、杆身和握把为原料生产的高尔夫球杆；

（6）外购已税木制一次性筷子为原料生产的木制一次性筷子；

（7）外购已税实木地板为原料生产的实木地板；

（8）对外购已税汽油、柴油、石脑油、燃料油、润滑油用于连续生产应税成品油；

（9）外购已税摩托车连续生产应税摩托车（如用外购两轮摩托车改装三轮摩托车）。

外购应税消费品抵税规则：

（1）允许抵扣税额的税目从大类上来看，不包括酒类、小汽车、高档手表、游艇（成品油中还有细类不包括）。

（2）允许抵扣的只涉及同一税目中的购入应税消费品的连续加工，一般不能跨税目抵扣（石脑油例外）。

（3）按生产领用量抵扣，不同于增值税的购进抵扣。

（4）需自行计算抵扣。允许抵扣已纳税款的应税消费品只限于从工业企业购进的应税消费品和进口环节已缴纳消费税的应税消费品，对从境内商业企业购进应税消费品的已纳税款一律不得抵扣。

（5）在零售环节纳税的金银首饰、砖石、砖石饰品不得抵扣外购珠宝玉石的已纳税款。

（6）外购已税消费品的买价是指购货发票上注明的销售额（不包括增值税）。

上述当期准予扣除外购应税消费品已纳消费税税款的计算公式为

当期准予扣除的外购应税消费品已纳税款=当期准予扣除的外购应税消费品买价×外购应税消费品适用税率

当期准予扣除的外购应税消费品买价=期初库存的外购应税消费品的买价+当期购进的应税消费品的买价−期末库存的外购应税消费品的买价

外购已税消费品的买价是指购货发票上注明的销售额（不包括增值税税款）。由于我国近期多次调整成品油消费税税率，纳税人外购应税油品连续生产应税成品油，根据其取得的外购应税油品增值税专用发票开具时间来确定具体扣除金额，如果增值税专用发票开具时间为调整前，则按照调整前的成品油消费税税率计算扣除消费税；如果增值税专用发票开具时间为调整后，则按照调整后的成品油消费税税率计算扣除消费税。

对自己不生产应税消费品，而只是购进后再销售应税消费品的工业企业，其销售的化妆品，鞭炮焰火和珠宝玉石，凡不能构成最终消费品直接进入消费品市场，而需进一步生产加工的（如需进一步）深加工、包装、贴标，组合的化妆品、鞭炮焰火和珠宝玉石等，应当征收消费税，同时允许扣除上述外购应税消费品的已纳税款。

【例 3-20 · 计算题】某卷烟生产企业，某月初库存外购应税烟丝金额 50 万元，当月又外购应税烟丝金额 500 万元（不含增值税），月末库存烟丝金额 30 万元，其余被当月生产卷烟领用。试计算卷烟厂当月准许扣除的外购烟丝已缴纳的消费税税额。（烟丝适用的消费税税率为 30%）

『解析』

当期准许扣除的外购烟丝买价=50+500−30=520（万元）

当月准许扣除的外购烟丝已缴纳的消费.税税额=520×30%=156（万元）

2. 委托加工收回的应税消费品已纳税款的扣除

委托加工的应税消费品因为已由受托方代收代缴消费税，因此，委托方收回货物后用于连续生产应税消费品的，其已纳税款准予按照规定从连续生产的应税消费品应纳消费税税额中抵扣，可抵扣的项目有9项，与外购应税消费品的抵扣范围相同。

当期准予扣除委托加工收回的应税消费品已纳消费税税款的计算公式为

当期准予扣除的委托加工应税消费品已纳税款=期初库存的委托加工应税消费品已纳税款+当期收回的委托加工应税消费品已纳税款−期末库存的委托加工应税消费品已纳税款

需要说明的是，纳税人用委托加工收回的已税珠宝玉石生产的改在零售环节征收消费税的金银首饰，在计税时一律不得扣除委托加工收回的珠宝玉石的已纳消费税税款。

【例3-21·单选题】某企业是增值税一般纳税人，2015年4月受托加工甲类化妆品20件，受托方同类产品含增值税售价为29 250元/件；受托加工乙类化妆品5件，成本为85 000元，加工费为20 000元，受托方不销售乙类化妆品。（已知化妆品的消费税税率为30%）该企业当月应代收代缴消费税税额为（　　）万元。

A．37.5　　B．15　　C．4.5　　D．19.5

『答案』D

第五节　出口应税消费品退（免）税

纳税人出口应税消费品与已纳增值税出口货物一样，国家都给予退（免）税优惠。出口应税消费品同时涉及退（免）增值税和消费税，且退（免）消费税与出口货物退（免）税增值税在退（免）税范围的限定、退（免）税办理程序、退（免）税审核及管理上都有许多一致的地方。

一、出口应税消费品退（免）税的政策

（一）出口免税并退税

有出口经营权的外贸企业购进应税消费品直接出口，以及外贸企业受其他外贸企业委托代理出口应税消费品的适用该政策。其他企业出口或委托外贸企业代理出口的，不适用该政策。

（二）出口免税但不退税

有出口经营权的生产性企业自营出口或生产企业委托外贸企业代理出口自产的应税消费品，依其实际出口数量免征消费税，不予办理退税。

（三）出口不免税也不退税

除生产企业、外贸企业外的其他企业委托外贸企业代理出口应税消费品的一律不予退（免）税。

出口应税消费品退（免）消费税的税务处理如表 3-7 所示。

表 3-7 出口应税消费品退（免）消费税的税务处理

情形	税务处理
有出口经营权的外贸企业购进应税消费品直接出口，以及外贸企业受其他外贸企业委托代理出口应税消费品	出口免税并退税
有出口经营权的生产性企业自营出口或生产企业委托外贸企业代理出口自产的应税消费品	出口免税但不退税
除生产企业、外贸企业外的其他企业（具体是指一般商贸企业），委托外贸企业代理出口应税消费品	出口不免税也不退税

二、出口应税消费品退税额的计算

（1）适用从价定率计征消费税的应税消费品，按照外贸企业从工厂购进货物时征收消费税的价格计算应退税额，其计算公式为

应退消费税额=出口货物的工厂销售额×消费税税率

（2）适用从量定额计征消费税的应税消费品，按货物购进和报关出口的数量计算退税额，其计算公式为

应退消费税额=出口数量×单位税额

【例 3-22 · 单选题】某外贸公司 2014 年 5 月从生产企业购进化妆品一批，取得增值税专用发票注明价款 25 万，增值税 4.25 万元，支付收购化妆品的运输费用 3 万元，当月该化妆品全部出口取得销售收入 35 万。该外贸公司出口化妆品应退的消费税为（　　）万元。

A．7.5　　B．8.4　　C．9.7　　D．10.5

『答案』A

第六节　消费税的征收管理

一、纳税义务发生时间

消费税纳税义务人是指在中华人民共和国境内生产、委托加工和进口应税消费品的单位和个人。消费税纳税义务发生时间，根据《消费税暂行条例》第四条的规定，分列如下。

（1）纳税人销售应税消费品的，按不同的销售结算方式分别为：

① 采取赊销和分期收款结算方式的，为书面合同约定的收款日期的当天，书面合同没有约定收款日期或者无书面合同的，为发出应税消费品的当天；

② 采取预收货款结算方式的，为发出应税消费品的当天；

③ 采取托收承付和委托银行收款方式的，为发出应税消费品并办妥托收手续的当天；

④ 采取其他结算方式的，为收讫销售款或者取得索取销售款凭据的当天。

（2）纳税人自产自用应税消费品的，为移送使用的当天。

（3）纳税人委托加工应税消费品的，为纳税人提货的当天。

（4）纳税人进口应税消费品的，为报关进口的当天。

二、纳税期限

《消费税暂行条例》第十四条规定："消费税的纳税期限分别为 1 日、3 日、5 日、10 日、15 日、1 个月或者 1 个季度。纳税人的具体纳税期限，由主管税务机关根据纳税人应纳税额的大小分别核定；不能按照固定期限纳税的，可以按次纳税。纳税人以 1 个月或者 1 个季度为 1 个纳税期的，自期满之日起 15 日内申报纳税；以 1 日、3 日、5 日、10 日或者 15 日为 1 个纳税期的，自期满之日起 5 日内预缴税款，于次月 1 日起 15 日内申报纳税并结清上月应纳税款。"

《国家税务总局关于合理简并纳税人申报缴税次数的公告》（国家税务总局公告 2016 年第 6 号）第一条规定："增值税小规模纳税人缴纳增值税、消费税、文化事业建设费，以及随增值税、消费税附征的城市维护建设税、教育费附加等税费，原则上实行按季申报。纳税人要求不实行按季申报的，由主管税务机关根据其应纳税额大小核定纳税期限。"

三、纳税地点

消费税的纳税地点可分为以下几种情况（见表 3-8）。

（1）纳税人销售的应税消费品和自产自用的应税消费品，一般应当向纳税人核算的税务机关申报缴纳消费税。

（2）纳税人到外县（市）销售或者委托外县（市）代销自产应税消费品的，应当在应税消费品销售后回纳税人核算地或者所在地税务机关缴纳消费税。

（3）纳税人的总机构与分支机构不在同一县（市）的，应当在生产应税消费品的分支机构汇总向总机构所在地缴纳消费税。经过国家税务总局和省级国家税务局批准，纳税人分支机构应纳的消费税税款也可以由总机构向所在地的税务机关缴纳。其中，总机构与分支机构不在同一省（自治区、直辖市）内的，需要经过国家税务总局批准；总机构与分支机构在同一省（自治区、直辖市）的，不在同一县（市）的，由省级国家税务局批准。

（4）委托加工的应税消费品，一般由受托方向所在地的税务机关解缴消费税税款。但是，纳税人委托个体经营者加工的应税消费品，一律由委托方收回之后在委托方所在地纳税。

（5）进口的应税消费品，由进口人或其代理的向报关地海关申报缴纳消费税。

表 3-8　消费税纳税地点明细

情形	纳税地点
纳税人销售的应税消费品，以及自产自用的应税消费品	除国务院财政、税务主管部门另有规定外，应当向纳税人机构所在地或者居住地的主管税务机关申报纳税。
委托加工的应税消费品	除委托个人加工外，由受托方向所在地主管税务机关代收代缴消费税税款
进口的应税消费品	由进口人或者其代理人向报关地海关申报纳税
纳税人到外县（市）销售或委托外县（市）代销自产应税消费品的	于应税消费品销售后，向纳税人机构所在地或居住地主管税务机关申报纳税
纳税人的总机构与分支机构不在同一县（市）的	应当分别向各自机构所在地的主管税务机关申报纳税，经财政部、国家税务总局或者其授权的财政、税务机关批准，可以由总机构汇总向总机构所在地的主管税务机关申报纳税

注意：纳税人销售的应税消费品，如因质量等原因由购买者退回时，经所在地主管税务机关审核批准后，可退还已征收的消费税，但不能自行直接抵减应纳税款。

【例 3-23·多选题】下列各项中，符合消费税纳税地点规定的有（　　）。

A．进口应税消费品的，由进口人或其代理人向报关地海关申报纳税

B．纳税人总机构与分支机构不在同一县的，分支机构应向总机构申报纳税

C．委托加工应税消费品的，由委托方向受托方所在地主管税务机关申报纳税

D．纳税人到外县销售自产应税消费品的，应向纳税人机构所在地或居住地申报纳税

『答案』AD

【例 3-24·单选题】下列有关消费税的表述，正确的是（　　）。

A．纳税人将生产的应税消费品偿还债务的，应当照章缴纳消费税

B．随啤酒销售取得的包装物押金，无论是否返还，都应征收消费税

C．纳税人进口的应税消费品，其纳税义务的发生时间为货物到岸的当天

D．纳税人将自产的应税消费品用于连续生产应税消费品的，在使用时缴纳消费税

『答案』A

本章小结

消费税是以消费品的流转额作为征税对象的各种税收的统称，主要在生产销售、委托加工或进口环节征税，特殊的在批发或零售环节征税。

现行消费税有 15 个税目，包括烟，酒，鞭炮焰火，化妆品，成品油，贵重首饰及珠宝玉石，高尔夫球及球具，高档手表，游艇，木制一次性筷子，实木地板，摩托车，小汽车，电池，涂料等消费品。消费税的计税方法有从价定率方法、从量计税方法和复合计税方法。应纳税额的计算分为生产销售应纳税额的计算、自产自用应纳税额的计算、委托加工应纳税额的计算和进口应税消费品的计算。消费税法对纳税义务、纳税期限、纳税地点有详细的规定。

关键术语

从价计税　从量计税　复合计税　已纳消费税抵扣　组成计税价格

综合练习

一、单项选择题

1．消费税是典型的（　　）。

A．直接税　　　　B．间接税

C．直接税和间接税合并　　D．不确定

2．消费税以（　　）作为课税对象进行征收。

A．所有消费品　　B．很多消费品

C．少数特定消费品　　D．不确定

3．白酒的消费税征税税率是（　　）。

A．240 元/吨　　B．220 元/吨

C．250 元/吨　　D．20%加 0.5 元/500 克

4．雪茄烟的消费税征税税率（　　）。

A．56%加 0.003 元/支　　B．36%加 0.003 元/支

C．11%加 0.005 元/支　　D．36%

5．实行从价定率征收消费税的消费品，其计税基础和增值税一样，都是以（　　）的销售额作为计税基数的。

A．既含消费税又含增值税　　B．含消费税而不含增值税

C．不含消费税而含增值税　　D．既不含消费税又不含增值税

6．应税消费品的销售额的换算公式为（　　）。

A．应税消费品的销售额=含增值税的销售额÷(1+增值税税率或征收率)

B．应税消费品的销售额=含增值税的销售额×(1+增值税税率或征收率)

C．应税消费品的销售额=含增值税的销售额÷增值税税率或征收率

D．应税消费品的销售额=含增值税的销售额×增值税税率或征收率

7．如果包装物不作价随同应税消费品销售，而是收取押金，此项押金（　　）。

A．并入销售额计税　　B．不并入销售额计算

C．从销售额减掉　　D．不确定

8．对逾期未收回的包装物不再退还或已收取一年以上押金的，其押金（　　）。

A．并入销售额计税　　B．不并入销售额计算

C．从销售额减掉　　D．不确定

9．金银首饰连同包装物销售的，包装物（　　）。

A．并入销售额计税　　B．不并入销售额计算

C．从销售额减掉　　D．不确定

10．委托加工应税消费品，如果受托方没有同类消费品销售价格的，按组成计税价格计算应缴消费税，计算公式为（　　）。

A．应纳税额=同类消费品销售价格×自用数量×税率

B．应纳税额=组成计税价格×自用数量×税率
组成计税价格=(成本+利润)÷(1−消费税税率)

C．应纳税额=同类消费品销售价格×委托加工数量×税率

D．应纳税额=组成计税价格×委托加工数量×税率
组成计税价格=(材料成本+加工费)÷(1−消费税税率)

二、多项选择题

1．消费税实行价内税，只在应税消费品的（　　）环节缴纳。

A．生产 B．委托加工 C．进口 D．批发零售

2．现行消费税的征收范围包括（ ）。

A．烟酒 B．化妆品 C．贵重首饰 D．高尔夫球具

3．下列各种消费品的消费税税率正确的是（ ）。

A．高尔夫球具 10% B．高档手表 20% C．涂料 4% D．电池 4%

4．消费税的计税方法包括（ ）。

A．从价计税 B．从量计税 C．复合计税 D．各自计税

5．组成计税价格的计算，正确的是（ ）。

A．组成计税价格=(成本+利润)×(1-消费税税率)

B．组成计税价格=(成本+利润)÷(1-消费税税率)

C．组成计税价格=成本÷(1+成本利润率)×(1−消费税税率)

D．组成计税价格=成本×(1+成本利润率)÷(1−消费税税率)

6．对于委托加工的应税消费品，下列描述正确的是（ ）。

A．委托方提供原料和主要材料

B．受托方只收取加工费和代垫部分辅助材料加工

C．不得作为委托加工应税消费品

D．应当按照销售自制应税消费品缴纳消费税

7．实行从量定额征税的消费品，计税依据为应税消费品的销售数量。具体为：

A．销售应税消费品的，为应税消费品的销售数量

B．自产自用应税消费品的，为应税消费品的移送使用数量

C．委托加工应税消费品的，为纳税人收回的应税消费品数量

D．以上都正确

8．在现行消费税的征税范围中，只有（ ）采用复合计税方法

A．卷烟 B．粮食白酒 C．薯类白酒 D．珠宝

9．消费税计税依据的若干规定，下列描述正确的是（ ）。

A．应税消费品明显偏低又无正当理由的，税务机关有权核定其计税价格。卷烟和粮食白酒的计税价格由国家税务总局核定；其他应税消费品的计税价格由海关核定

B．自设非独立核算门市部计税的规定。纳税人通过自设非独立核算门市销售的自产应税消费品，应当按照门市部对外销售额或销售数量计算征收消费税

C．应税消费品用于其他方面的规定。纳税人自产的应税消费品用于换取生产资料和消费资料、投资入股和抵偿债务等方面，应当按纳税人同类应税消费品的最高销售价格作为计税依据

D．关于组装成套装销售的计税依据。纳税人将自产的应税消费品与外购或自产的应税消费品组成套装销售的，以套装产品的销售额为计税依据

10．在对这些连续生产的消费品销售时，税法规定，准予从应纳消费税中扣除已纳税额，其扣除范围包括（ ）。

A．用外购或委托加工收回的已税化妆品为原料生产的化妆品

B．用外购或委托加工收回的已税鞭炮、焰火为原料生产的鞭炮、焰火

C．用外购或委托加工收回的已税实木地板为原料生产的木地板

D．用外购或委托加工收回的已税润滑油为原料生产的润滑油

三、综合题

1. 卷烟厂为增值税一般纳税人，主要生产A和B两种卷烟(均为甲类卷烟，税率为45%)，本期发生如下的经济业务：

（1）向农业生产者收购烟叶，支付收购款15万元。

（2）将收购烟叶全部发往某烟厂委托加工烟丝。

（3）加工完成支付加工费和代收代缴消费税（消费税税率为30%）。取得增值税专用发票注明加工费5万元，增值税额8 500元，通过银行付款。受托方无同类产品销售产品。

（4）将委托加工完成的烟丝80%用于卷烟生产，20%直接出售，收取价款90 000元，增值税15 300元。

（5）外购已税烟丝，支付价款140 000元，增值税额23 800元，已验收入库。

（6）外购烟丝原料期初库存实际成本400 000元，期末库存实际成本30 000元，本期出库烟全部用在卷烟生产。

（7）出售A卷烟200箱，每箱出厂价15 000元，增值税2 550元。产品发出，支付代垫运费800元，应收其他杂费700元，尚未收到货款。出售B卷烟100箱，每箱价款10 000元，增值税1 700元，产品发出收到银行存款。

（8）将新产品卷烟20条馈赠，每条实际成本50元。

要求：根据卷烟厂发生的经济业务情况计算应缴纳的消费税。

2．某葡萄酒厂为增值税一般纳税人，有关包装物及其押金的经济业务如下：

（1）销售自产葡萄酒2吨，每吨售价36 000元（不含增值税），以礼品盒形式包装出售（消费税税率10%），每个礼盒加价20元（不含增值税），一并收款存入银行；

（2）销售自产葡萄酒3吨，每吨售价26 400元（不含增值税），收取包装物押金30 000元，包装物押金单独记账，收入银行存款；

（3）销售自产葡萄酒5吨，每吨12 000元（不含增值税），包装物50件，每件租金5元，另加收押金1000元，收入银行存款。

（4）销售自产葡萄酒4吨，每吨售价26 400元（不含增值税），随产品发出包装品，单独计价收取11 700元，收入银行存款。

要求：计算应缴纳的消费税。

第四章 关 税 法

学习目标

理解掌握征税对象与纳税义务人、进出口税税率、完税价格与应纳税额的计算、关税减免规定及征收管理，其中重点掌握关税完税价格的确定。该税注意把握与进口增值税和进口消费税的计算关系。

案例导入

厦门某港口货运公司进口岸吊三台，以FOB价格成交，每台货价折合人民币3 000万元，其中包括境外采购代理人支付的买方佣金每台15万元人民币，进口后每台安装调试费20万元，两者单独计价并已经海关审查属实。已知该货物运抵中国关境内输入地点起卸前的包装费、运费、保险费和其他劳务费用每台50万元人民币。岸吊适用关税税率10%。

【讨论】

（1）该公司的完税价格是多少？

（2）该公司的应交关税税额是多少？

第一节 征税对象及纳税人

一、关税的含义与特点

关税是海关依法对进出境货物、物品征收的一种流转税。

所谓“境”指关境，又称“海关境域”或“关税领域”，是《海关法》全面实施的领域。一般情况下关境等于国家，但关境与国境有时不一致。例如，如果一个国家设置了一些保税区、自贸区等，国境就大于关境；如果多个国家都是位于同一关境内比如欧盟，则就关境大于国境。

海关在征收进口货物、物品关税的同时，还代征进口增值税和消费税。

关税具有以下特点：①征收对象是进出境的货物和物品；②关税是单一环节的价外税；

③有较强的涉外性。

二、关税的征税对象

关税的征税对象是准许进出境的货物和物品。货物是指贸易性商品；物品指入境旅客随身携带的行李物品、个人邮递物品、各种运输工具上的服和人员携带进口的自用物品、馈赠物品以及其他方式进境的个人物品。

三、关税的纳税义务人

关税纳税人为进口货物收货人、出口货物发货人、进出境物品的所有人。进出口货物的收、发货人是依法取得对外贸易经营权，并进口或者出口货物的法人或者其他社会团体。进出境物品的所有人包括该物品的所有人和推定为所有人的人。一般情况下，对于携带进境的物品，推定其携带人为所有人；对分离运输的行李，推定相应的进出境旅客为所有人；对以邮递方式进境的物品，推定其收件人为所有人；以邮递或其他运输方式出境的物品，推定其寄件人或托运人为所有人。

【例 4-1 • 多选题】下列各项中，属于关税法定纳税义务人的有（　　）。

A．进口货物的收货人　　B．进口货物的代理人

C．出口货物的发货人　　D．出口货物的代理人

『答案』AC

第二节　税率的适用

一、关税税则制度

进出口税则是指一国政府根据国家关税政策和经济政策，通过一定的立法程序制定公布实施的进出口货物和物品应税的关税税率表。进出口税则以税率表为主体，通常还包括实施税则的法令、使用税则的有关说明和附录等。关税税率是整个关税制度的核心要素。

二、关税税率及运用

（一）进口关税税率

1. 税率设置

进口税则设有最惠国税率、协定税率、特惠税率、普通税率、关税配额税率共 5 种税率，一定时期内可实行暂定税率。原产地的确定直接影响到进口关税率的确定。

2. 种类与计征办法

（1）从价税是最常用的关税计税标准。它是以应征税额占货物价格或者价值的百分比为税率。其优点是税负公平明确、易于实施。

（2）从量税是以进口商品的数量、重量、体积、容量等计量单位为计税依据。其优点是税额计算简便，通关手续快捷，并能起到抑制质次价廉商品或故意低瞒价格商品的进口。

（3）复合税是对某种进口商品同时使用从价和从量计征的一种计征关税的方法。其特点是既可以发挥从量税抑制低价商品进口的特点，又可以发挥从价税税负合理、稳定的特点。

（4）选择税是对一种进口商品同时定有从价税和从量税两种税率，征税根据物价水平，选择较高的一种适用。

（5）滑准税是一种关税税率随进口商品价格由高到低而由低到高设置计征关税的方法。其特点是可保持滑准税商品的国内市场价格的相对稳定，尽可能减少国际市场价格波动的影响。

（二）出口关税税率

为鼓励国内企业出口创汇，又能控制一些商品盲目出口，因此我国对绝大部分出口货物不征收出口关税，只对一些少数产品征收。目前主要对煤炭、原油、化肥、铁合金等产品征收出口关税。我国真正征收出口关税的商品只有 20 余种，税率比较低。

（三）特别关税

特别关税包括报复性关税、反倾销税与反补贴税、保障性关税。

（四）税率的运用

（1）进出口货物，应当按照纳税义务人申报进口或者出口之日实施的税率征税。

（2）进口货物到达前，经海关核准先行申报的，应当按照装载此货物的运输工具申报进境之日实施的税率征税。

（3）进出口货物的补税和退税，适用该进出口货物原申报进口或者出口之日所实施的税率，但下列情况除外：

① 按照特定减免税办法批准给以减免税的进口货物，后因情况改变经海关批准转让或出售或移作他用需补税的，应当使用海关接受申报办理纳税手续之日实施的税率征税。

② 加工贸易进口料、件等属于保税性质的进口货物，如经批准转为内销，应按向海关申报转为内销之日实施的税率征税；如未经批准擅自转为内销的，则按海关查获日期所施行的税率征税。

③ 暂时进口货物转为正式进口需补税的，应按其申报正式进口之日实施的税率征税。

④ 分期支付租金的租赁进口货物，分期付税的，应按该项货物原进口之日实施的税率征税。

【例 4-2 · 单选题】下列各项关于关税适用税率的表述中，正确的是（　　）。

A．出口货物，按货物实际出口离境之日实施的税率征税

B．进口货物，按纳税义务人申报进口之日实施的税率征税

C．暂时进口货物转为正式进口需予补税时，按其申报暂时进口之日实施的税率征税

D．查获的走私进口货物需补税时，按海关确认的其实际走私进口日期实施的税率征税

『答案』B

第三节 完税价格与应纳税额的计算

一、原产地规定

原产地规则是指确定进出口货物原产国的标准和方法，是确定货物使用关税税率的重要依据。我国采用的原产地标准有两个：全部产地生产标准和实质性加工标准。其中：实质性加工标准是适用于确定有两个或两个以上国家参与生产的产品原产国的标准，“实质性加工”是指产品加工后，在进出口税则中四位数税号一级的税则归类已经有了改变，或者加工增值部分所占新产品总值的比例已超过30%及以上的。主要内容如下：

（1）进口货物的原产地由海关来确定，必要时海关可以通知进口申报人交验有关外国发证机关发放的原产地证书。

（2）完全在一个国家内生产或制造的进口货物，生产或制造国为该货物的原产地。

（3）经过两个及以上的国家加工制造的进口货物，以最后一个对货物进行经济上可被视为实质性加工的国家为有关货物的原产地。

（4）石油产品以购自国为原产地。

（5）机器、仪器、器材或车辆所用零件、部件、配件、备件及工具，如与主件同时进口，而且数量合理，其原产地按主件的原产地予以确定，如分别进口，则应按其各自的原产地确定。

【例 4-3·多选题】下列有关进口货物原产地的确定，符合我国关税相关规定的有（　　）。

A．从俄罗斯船只上卸下的海洋捕捞物，其原产地为俄罗斯

B．在澳大利亚开采并经新西兰转运的铁矿石，其原产地为澳大利亚

C．由台湾提供棉纱，在越南加工成衣，经澳门包装转运的西服，其原产地为越南

D．在南非开采并经香港加工的钻石，加工增值部分占该钻石总值比例为 20%，其原产地为香港

『答案』ABC

『解析』我国原产地规定基本上采用了“全部产地生产标准”、“实质性加工标准”两种国际上通用的原产地标准。

二、关税完税价格

关税完税价格是海关以进出口货物的实际成交价格为基础，经调整确定的计征关税的价格。

（一）一般进口货物完税价格

1. 以成交价格为基础的完税价格

进口货物的完税价格包括货物的货价、货物运抵我国境内输入地点起卸前的运输及其相关费用、保险费（见图 4-1）。相关计算公式为

进口货物完税价格=货价+采购费用（包括货物运抵中国关境内输入地起卸前的运输、保

险和其他劳务等费用）

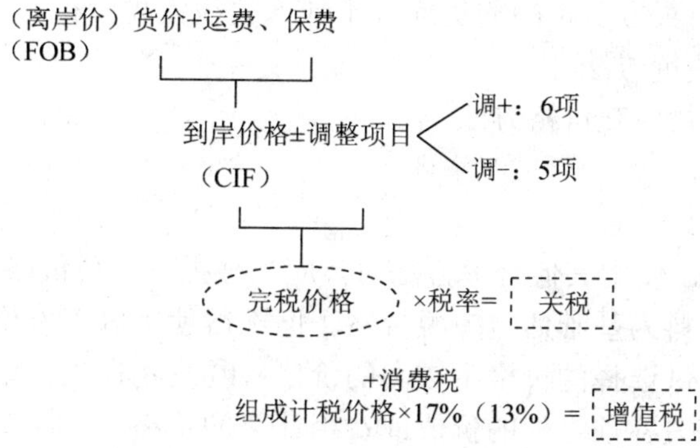

图 4-1　一般进口货物完税价格

2. 实付或应付价格调整规定

实付或应付价格调整规定如表 4-1 和图 4-2 所示。

表 4-1　完税价格的构成表

计入完税价格的项目	不计入完税价格的项目
① 买方负担的除购货佣金以外的佣金和经纪费 ② 由买方负担的与该货物视为一体的容器费用 ③ 由买方负担的包装材料和包装劳务费用 ④ 与该货物的生产和向我国境内销售有关的，在境外开发、设计等相关服务的费用 ⑤ 与该货物有关并作为……，应当由买方直接或间接支付的特许权使用费 ⑥ 卖方直接或间接从买方对该货物进口后转售、处置或使用所得中获得的收益	① 厂房、机械、设备等货物进口后的基建、安装、装配、维修和技术服务的费用 ② 货物运抵境内输入地点之后的运输费用 ③ 进口关税及其他国内税 ④ 为在境内复制进口货物而支付的费用 ⑤ 境内外技术培训及境外考察费用

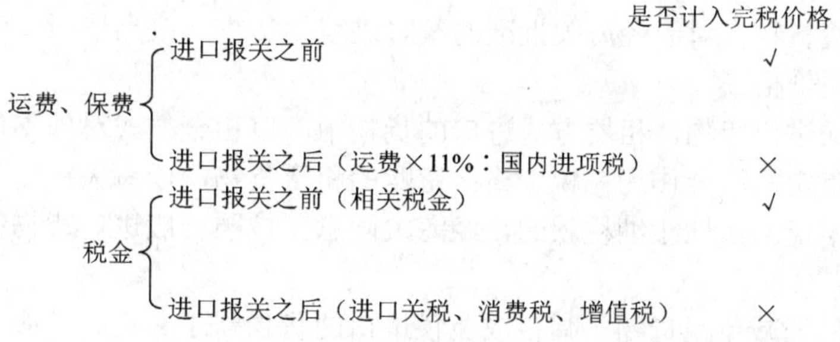

图 4-2　关税实付或应付价格的调整

【例 4-4 · 多选题】下列各项中，应当计入进口货物关税完税价格的有（　　）。

A. 由买方负担的购货佣金

B. 由买方负担的境外包装材料费用

C. 由买方负担的境外包装劳务费用

D. 由买方负担的进口货物视为一体的容器费用

『答案』BCD

『解析』选项 A，由买方负担的购货佣金不计入关税完税价格。

3．进口货物海关估价方法

（1）相同或类似货物成交价格方法。

（2）倒扣价格方法。

（3）计算价格方法。

（4）其他合理方法。使用其他合理方法时，应当根据《完税价格办法》规定的估价原则，以在境内获得的数据资料为基础估定完税价格。但不得使用以下价格：①境内生产的货物在境内的销售价格；②可供选择的价格中较高的价格；③货物在出口地市场的销售价格；④以计算价格方法规定的有关各项之外的价值或费用计算的价格；⑤出口到第三国或地区的货物的销售价格；⑥最低限价或武断虚构的价格。

（二）特殊进口货物完税价格

（1）加工贸易进口料件及其制成品：

① 进口时需征税的进料加工进口料件，为该料件申报进口时的价格。

② 内销的进料加工进口料件或其制成品，为料件原进口时的价格。

③ 内销的来料加工进口料件或其制成品，为接受申报内销时的相同或类似货物进口成交价。

④ 加工企业内销加工过程中产生的边角料或副产品，为海关确定的内销价格。

（2）运往境外修理的货物。运往境外修理的机械器具、运输工具或其他货物，出境时已向海关报明，并在海关规定期限内复运进境的，应当以海关审定的境外修理费和料件费为完税价格。

（3）运往境外加工的货物。运往境外加工的货物，出境时已向海关报明，并在海关规定期限内复运进境的，应当以海关审定的境外加工费和料件费以及该货物复运进境的运输及其相关费用、保险费估定完税价格。

（4）暂时进境货物。对于经海关批准的暂时进境的货物，应当按照一般进口货物估价办法的规定估定完税价格。

（5）租赁方式进口货物。租赁方式进口的货物中，以租金方式对外支付的租赁货物，在租赁期间以海关审定的租金作为完税价格；留购的租赁货物，以海关审定的留购价格作为完税价格；承租人申请一次性缴纳税款的，经海关同意，按照一般进口货物估价办法的规定估定完税价格。

（6）予以补税的减免税货物。减税或免税进口的货物需予补税时，应当以海关审定的该货物原进口时的价格，扣除折旧部分价值作为完税价格。其计算公式为

完税价格=海关审定的该货物原进口时的价格×[1-申请补税时实际已使用的时间（月）÷（监管年限×12）]

提示：实际已使用的时间按月计算：不足 15 天不予计算；15 天～1 个月按 1 个月计算。

【例 4-5・单选题】2011 年 6 月 1 日，某公司经批准进口一台符合国家特定免征关税的科研设备用于研发项目，设备进口时经海关审定的完税价格折合人民币 800 万元（关税税率为 10%），海关规定的监管年限为 5 年；2013 年 5 月 31 日，公司研发项目完成后，将已计提折

旧200万元的免税设备出售给国内另一家企业。该公司应补缴关税（　　）万元。

A．24　　B．32　　C．48　　D．80

『答案』C

『解析』应补缴关税=800×(1−2÷5)×10%=48（万元）

（10）以货易货贸易、寄售、捐赠、赠送等不存在成交价格的进口货物，海关与纳税人进行价格磋商。

（11）进口载有专供数据处理设备用软件的介质，具有下列情形之一的，以介质本身的价值或成本为基础审查确定完税价格。

【例4-5·多选题】下列关于特殊进口货物关税完税价格确定的表述中，符合我国关税规定的有（　　）。

A．某高校转让2年前免税进口的检测设备，以原入境到岸价作为完税价格

B．某外商在境内参展时直接出售给顾客的参展化妆品，以海关审定留购价作为完税价格

C．某医院接受香港赛马会无偿捐赠的救护车辆，以一般进口货物估价办法估定完税价格

D．某石油企业以支付租金方式从境外承租的海上钻井平台，以海关审定的租金作为完税价格

『答案』BCD

『解析』转让减税或免税进口的货物需予补税时，应当以海关审定的该货物原进口时的价格，扣除折旧部分价值作为完税价格，选项A并不符合规定。

（三）出口货物的完税价格

出口货物的完税价格由海关以该货物向境外销售的成交价格为基础审查确定，并应包括货物运至我国境内输出地点装载前的运输及其相关费用、保险费。不包括出口关税税额和支付给国外的佣金。售价中含离境口岸至境外口岸之间的运费、保险费的，该运费、保险费可以扣除。

【例4-6·单选题】下列各项中，应计入出口货物完税价格的是（　　）。

A．出口关税税额

B．单独列明的支付给境外的佣金

C．货物在我国境内输出地点装载后的运输费用

D．货物运至我国境内输出地点装载前的保险费

『答案』D

『解析』出口货物的完税价格不包括：①出口关税税额。②支付给国外的佣金，如与货物的离岸价格分列，应予扣除；未分列则不予扣除。售价中含离境口岸至境外口岸之间的运费、保险费的，该运费、保险费可以扣除。③报关后发生的运保费。

（四）进出口货物完税价格中运输及相关费用、保险费的计算

1. 以一般陆、空、海运方式进口货物

（1）运费应计算至卸货口岸（海运），目的地口岸（空运、陆运）。

（2）运费和保险费的实际支出费用计算。无法确定的应估算，其中运费按同期同行业的

运费率计算；保险费可按照“货价加运费”的3‰估算（见图4-3）。

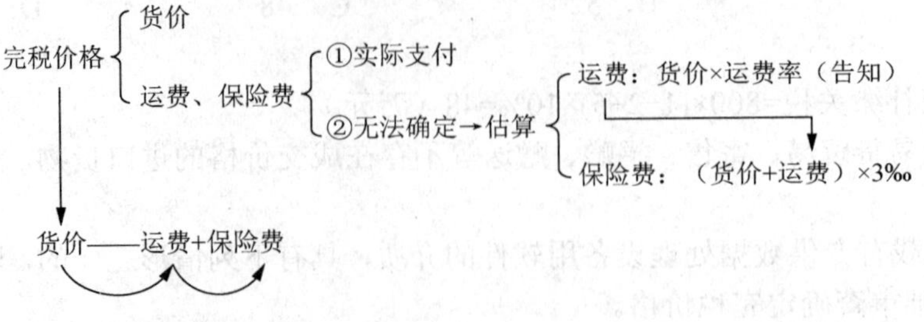

图4-3 以一般陆、空、海运方式进口货物运费和保险费的计算

【例4-7·计算题】某公司从境外进口小轿车30辆，每辆小轿车货价15万元，运抵我国海关前发生的运输费用、保险费用无法确定，经海关查实其他运输公司相同业务的运输费用占货价的比例为2%。关税税率60%，消费税税率9%。分别计算进口环节缴纳的各项税金。

『答案』小轿车在进口环节应缴纳的关税、消费税、增值税：

① 进口小轿车的货价=15×30=450（万元）

② 进口小轿车的运输费=450×2%=9（万元）

③ 进口小轿车的保险费=(450+9)×3‰=1.38（万元）

④ 进口小轿车应缴纳的关税：关税完税价格=450+9+1.38=460.38（万元）

应缴纳关税=460.38×60%=276.23（万元）

⑤ 进口环节小轿车应缴纳的消费税：

消费税组成计税价格=(460.38+276.23)÷(1-9%)=809.46（万元）

应缴纳消费税=809.46×9%=72.85（万元）

⑥ 进口环节小轿车应缴纳增值税：

应缴纳增值税=809.46×17%=137.61（万元）

相关过程如图4-4所示。

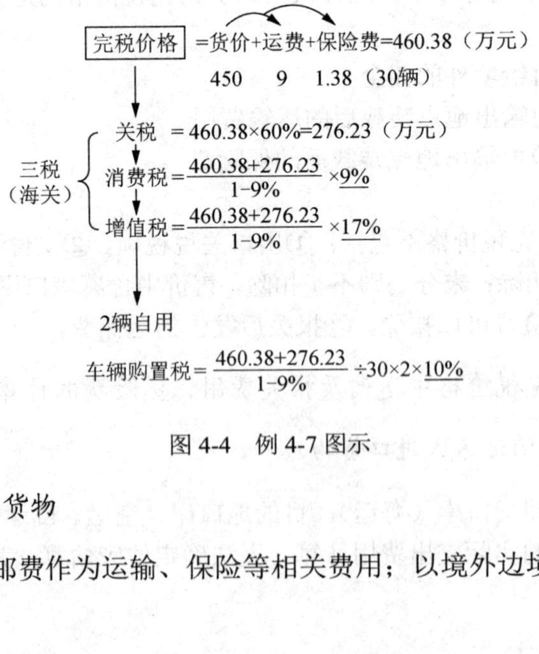

图4-4 例4-7图示

2. 以其他方式进口货物

邮运进口货物，以邮费作为运输、保险等相关费用；以境外边境口岸价格条件成交的铁

路或公路运输进口货物，按货价的1%计算运输及相关费用、保险费。

3. 出口货物

出口货物的销售价格如果包括离境口岸到境外口岸之间的运输、保险费的，该运费、保险费应当扣除。

第四节 应纳关税税额的计算

一、关税应纳税额的计算

关税以进出口货物的完税价格为计税依据，按照符合规定的适用税率相应计算应纳税额。其计算公式如下。

（1）从价税应纳税额的计算

关税税额=应税进(出)口货物数量×单位完税价格×税率

（2）从量税应纳税额的计算

关税税额=应税进(出)口货物数量×单位货物税额

（3）我国目前实行的复合税都是先计征从量税，再计征从价税。复合税应纳税额的计算

关税税额=应税进(出)口货物数量×单位货物税额+应税进(出)口货物数量×单位税价格×税率

（4）滑准税应纳税额的计算：

关税税额=应税进(出)口货物数量×单位完税价格×滑准税税率

现行税则《进（出）口商品从量税、复合税、滑准税税目税率表》后注明了滑准税税率的计算公式，该公式是一个与应税进（出）口货物完税价格相关的取整函数。

【例4-8·计算题】某公司进口机械设备2台，以境外口岸离岸价格成交，每台货价折合人民币200万元（其中包括：①向其境外采购代理人支付的买方佣金每台8万元人民币；②进口后安装调试费用每台10万元人民币。两者均单独计价并已经海关审查属实），以知该货物运抵中国关境内输入地点起卸前的包装费、运费、保险费和其他劳务费用每台30万元人民币。该机械设备的关税税率为10%。该公司应纳进口关税为多少？

『答案』

单位完税价格=200−8−10+30=212（万元）

应纳关税税额=2×212×10%=42.4（万元）

【例4-9·计算题】某公司向境外出口甲产品一批，成交价格折合人民币为441万元。另支付承运方——A远洋运输公司运费28万元，支付给承保方——B保险公司保险费6万元，该货物出口关税税率为10%。计算该公司应纳出口关税为多少？

『答案』

$$完税价格=\frac{离岸价格}{1+出口税率}=\frac{441-28-6}{1+10\%}=370（万元）$$

应纳关税税额=370×10%=37（万元）

第五节 关税减免规定

一、减免税分类

关税减免分为法定减免税、特定减免税、临时减免税三种类型。

除法定减免税外的其他减免税均由国务院决定。减征关税在我国加入世界贸易组织之前税则规定税率为基准，在我国加入世界贸易组织之后以最惠国税率或者普通税率为基准。

二、法定减免关税的货物、物品

法定减免关税的货物、物品包括以下几个方面。

（1）关税税额在人民币 50 元以下的一票货物，可免征关税。

（2）无商业价值的广告品和货样，免征关税。

（3）外国政府、国际组织无偿赠送的物资，可免征关税。

（4）进出境运输工具装载的途中必需的燃料、物料和饮食用品，可予免税。

（5）经海关核准暂时进境或者暂时出境，并在 6 个月内复运出境或者复运进境的货样、展览品、施工机械、工程车辆、工程船舶、供安装设备时使用的仪器和工具、电视或者电影摄制器械、盛装货物的容器以及剧团服装道具，在货物收发货人向海关缴纳相当于税款的保证金或者提供担保后，可予暂时免税。

（6）为境外厂商加工、装配成品和为制造外销产品而进口的原材料、辅料、零件、部件、配套件和包装物料，海关按照实际加工出口的成品数量免征进口关税；或者对进口料、件先征进口关税，再按照实际加工出口的成品数量予以退税。

（7）因故退还的中国出口货物，经海关审查属实，可予免征进口关税，但已征收的出口关税不予退还。

（8）因故退还的境外进口货物，经海关审查属实，可予免征出口关税，但已征收的进口关税不予退还。

（9）进口货物如有以下情形，经海关查明属实，可酌情减免进口关税：①在境外运输中或在起卸时，遭受损坏或者损失的；②起卸后海关放行前，因不可抗力遭受损坏或者损失的；③海关查验时已经破漏、损坏或者腐烂，经证明不是保管不慎造成的。

（10）无代价抵偿货物，可以免税。

【例 4-10 •多选题】下列进口货物中，经海关审查属实，可酌情减免进口关税的有（　　）。

A．在境外运输途中损失的货物

B．在口岸起卸时遭受损坏的货物

C．在起卸后海关放行前因不可抗力损失的货物

D．非因保管不慎原因在海关查验时已经损坏的货物

『答案』ABCD

『解析』均属于法定减免关税的货物、物品 12 种情形里的。

（11）我国缔结或者参加的国际条约规定减征、免征关税的货物、物品，按照规定予以减免关税。

（12）法律规定减征、免征的其他货物。

三、特定减免税

特定减免税也称政策性减免税。在法定减免税之外，国家按照国际通行规则和我国实际情况，制定发布的有关进出口货物减免关税的政策，称为特定或政策性减免税。特定减免税货物一般有地区、企业和用途的限制，海关需要进行后续管理，也需要进行减免税统计。包括科教用品；残疾人专用品；扶贫、慈善性捐赠物资；加工贸易产品；边境贸易进口物资；保税区进出口货物；出口加工区进出口货物；进口设备；特定行业或用途的减免税政策。

四、临时减免税

临时减免税是指以上法定和特定减免税以外的其他减免税，即由国务院根据《海关法》对某个单位、某类商品、某个项目或某批进出口货物的特殊情况给予特别照顾，一案一批，专文下达的减免税。一般有单位、品种、期限、金额或数量等限制，不能比照执行。

第六节 征 收 管 理

关税的征收管理，与国内其他税种有所不同，具体内容如表 4-2 所示。

表 4-2 关税的征收管理

征收管理项目	内 容
关税的缴纳	① 申报时间：进口货物自运输工具申报进境之日起 14 日内；出口货物在运抵海关监管区后装货的 24 小时以前 ② 纳税期限：关税的纳税义务人或其代理人，应在海关填发税款缴纳证的之日起 15 日内向指定银行缴纳 ③ 不能按期缴纳税款，经海关总署批准，可延期缴纳，但最长不得超过 6 个月
关税的强制执行	① 征收关税滞纳金： 关税滞纳金金额=滞纳关税额×滞纳金征收比率（万分之五）×滞纳天数 ② 强制征收：如纳税义务人自海关填发缴款书之日起 3 个月仍未缴纳税款，经海关关长批准，海关可以采取强制扣缴、变价抵缴等强制措施
关税的退还	如遇下列情况之一，可自缴纳税款之日起 1 年内，书面声明理由，连同原纳税收据向海关申请退税，并加计同期银行活期存款利率计算的利息： ① 因海关误征，多纳税款的 ② 海关核准免验进口的货物，在完税后，发现有短卸情况，经海关审查认可的 ③ 已征出口关税的货物，因故未装运出口，申报退关，经海关查验属实的。对已征出口关税的出口货物和已征进口关税的进口货物，因货物品种或规格原因原状复运进境或出境的，经海关查验属实的，也应退还已征关税
关税的补征和追征	① 关税补征，是因非纳税人违反海关规定造成的少征或漏征关税，关税补征期为缴纳税款或货物放行之日起 1 年内 ② 关税追征，是因纳税人违反海关规定造成少征或漏征关税，关税追征期为进出口货物完税之日或货物放行之日起 3 年内，并加收万分之五的滞纳金
关税的纳税争议	在纳税义务人同海关发生纳税争议时，可以向海关申请复议，但同时应当在规定期限内按海关核定的税额缴纳关税，逾期则构成滞纳，海关有权按规定采取强制执行措施。

【例 4-11・单选题】某公司进口一批货物，海关于 2013 年 3 月 1 日填发税款缴款书，但公司迟至 3 月 27 日才缴纳 500 万元的关税。海关应征收关税滞纳金（　　）万元。

A．2.75　　B.3　　C．6.5　　D．6

『答案』B

『解析』滞纳天数为 16～27 日，共 12 天。滞纳金=500×0.5‰×12=3（万元）。

本章小结

关税是海关依法对进出口货物、物品征收的一种流转税。进口货物的收货人、出口货物的发货人、进出境物品的所有人是关税的纳税义务人，关税的征税对象是准许进出境的货物和物品。关税与增值税、消费税有着密切的联系，三者存在同时征收的现象。关税税率分为进口税率与出口税率，其适用的税率有从价计税、从量计税和复合计税等。关税完税价格的确定是计算关税税额的关键，完税价格分为进口货物完税价格和出口货物完税价格，分别由各自的规定和估定方法。关税由海关负责征收管理。

关键术语

关税　关税完税价格　进口关税完税价格

综合练习

一、单项选择题

1．税的纳税义务人不可能是（　　）。

A．进口货物的收货人　　B．进口货物的发货人

C．进境物品的所有人　　D．出口货物的发货人

2．不计入进口货物关税完税价格的项目有（　　）。

A．向自己的采购代理人支付的劳务费用

B．向代表买卖双方利益的经纪人支付的劳务费用

C．由买方负担的与该货物视为一体的容器费用

D．由买方负担的包装材料和包装劳务费用

3．以下计入进口货物关税完税价格的项目有（　　）。

A．货物运抵境内输入地点之后的运输费用

B 进口关税

C．国内保险费

D．卖方间接从买方对该货物进口后使用所得中获得的收益

4. 境外边境口岸价格条件成交的铁路或公路运输进口货物，海关应当按照货价的（ ）计算运输及相关费用、保险费。

A．0.3%　　B．3%　　C．0.1%　　D．1%

5．出口货物的完税价格应该包括（ ）。

A 离境口岸至境外口岸之间的运输、保险费

B．支付给境外的佣金

C．工厂至离境口岸之间的运输、保险费

D．出口关税

6. 关税纳税义务人因不可抗力或者在国家税收政策调整的情形下，不能按期缴纳税款的，经海关总署批准，可以延期缴纳税款，但最多不得超过（ ）个月。

A．3　　B．6　　C．9　　D．12

7．纳税人应当白海关填发税款缴款书之日起 15 日内向指定银行缴纳税款。纳税人未按期缴纳税款的，从滞纳税款之日起，按日加收滞纳税款（ ）的滞纳金。

A．1%　　B．0.2%　　C．0.3‰　　D．0.5‰

8．出口货物关税完税价格正确的计算公式为（ ）。

A．完税价格=离岸价格/(1-出口关税税率)

B．完税价格=离岸价格/(1-出口关税税率)

C．完税价格=到岸价格/(1+出口关税税率)

D．完税价格=到岸价格/(1-出口关税税率)

9．独立核算，经主管税务机关认定为增值税一般纳税人，且具实际生产能力的企业或企业集团，适用的出口货物免退税方法为（ ）。

A．“免，退”税方法　　B．“免、抵，退”税方法

C．“先征后退”税方法　　D．免税方法

10．出口企业应在货物报关出口之日起（ ）天内，到退税部门办理出口货物退（免）税手续。

A．30　　B．45　　C．60　　D．90

11．对于天然牛黄、麝香、铜及铜基合金、铂金等货物，运用的出口退免税政策是（ ）。

A．既免税，又退税　　B．免税，但不退税

C．既不免税，又不退税　　D．先征后退

12．外贸企业自营出口或代理出口应税消费品，采取（ ）的办法。

A．先征后退　　B．退税　　C．先抵后退　　D．免税

二、多项选择题

1．关税按征税标准分类，可以分为（ ）。

A．从量税　　B．从价税　　C．复合税　　D．滑准税

2．关税是由海关对进出境的（ ）征收的一种税。

A．货物　　B．物品　　C．无形资产　　D．劳务

3．进出境物品的纳税人可能是（　　）

A．携带进境物品的携带人　　B．邮递进境物品的收件人

C．邮递出境物品的收件人　　D．邮递出境物品的托运人

4．进口关税税率设有（　　）。

A．普通税率　　B．特惠税率　　C．协定税率　　D．最惠国税率

5．海关可以使用下列方法估定完税价格（　　）。

A．相同货物成交价格方法　　B．类似货物成交价格方法

C．倒扣价格方法　　D．计算价格方法

6．出口货物的成交价格不能确定时，完税价格由海关使用下列方法估定（　　）。

A．同时或大约同时向同一国家或地区出口的相同货物的成交价格

B．同时或大约同时向同一国家或地区出口的类似货物的成交价格

C．根据境内生产相同或类似货物的成本、利润和一般费用，境内发生的运输及其相关费用、保险费计算所得的价格

D．按照合理方法估定的价格

7．运往境外修理的机器，海关以审定的正常（　　）估定完税价格。

A．修理费　　B．料件费

C．复运进境的运输费　　D．复运进境的保险费

8．运往境外加工货物，按手续复运进境的，应当以海关审定的（　　）估定完税价格。

A．加工费　　B．料件费

C．复运进境的运输费　　D．复运进境的保险费

9．出口货物免退增值税的方法包括（　　）。

A．“免、退”税方法　　B．“免、抵、退”税方法

C．“先征后退”税方法　　D．免税方法

10．出口货物免退消费税的方法有（　　）。

A．免、抵、退税　　B．免税

C．免、退税　　D．先征后退

11．出口货物免、退税应当具备以下（　　）条件。

A．出口的货物是增值税或消费税的应税商品

B．货物必须报关并已离境

C．已作货物出口销售的会计处理

D．申报退税的货物必须是出口或代理出口的货物，并附送有关凭证

三、业务实训题

某外贸公司（有进出口经营权），当年1月发生以下进出口经营业务：

（1）把一批材料运往境外加工，材料120万元，海关核定境外加工费10万元，境外材料费12万元，运抵境内口岸前的运输费2万元，保险费0.8万元。规定的关税税率25%；

（2）出口一批货物，离岸价108万元，运至出境口岸的运费20万元，保险费3万元，外方支付包装材料费5万元。出关后，发现25件有严重质量缺陷，出口方同意补换，并另行发货，离岸价日万元，运至出境口岸运费0.6万元，保险费0.2万元；但25件未退还。规定的

关税税率 15%。

（3）进口设备一套，境外成交价 300 万美元，汇率为 USD100=CNY850，支付境外经纪人佣金 22 万美元，运至入境口岸运费 35 万美元，保险费无法确定。支付包装材料费 0.8 万美元，该设备进口在开具关税税款缴纳凭证之日起 25 日才缴纳税款。规定的关税税率为 20%。

要求：计算相关的关税。

第五章

企业所得税法

学习目标

了解企业所得税的概念、纳税人、纳税对象、税率；掌握企业所得税的收入确定、扣除项目、税收优惠、纳税所得额确定和应纳所得税额的计算。该税种涉税范围较广，综合性强，注重掌握该税与商品和劳务税、财产行为税等其他税种综合运用。

案例导入

广东顺德一家大型家电生产企业全年实现销售收入总额9000万元，扣除的成本、费用、税金和损失总额8930万元，会计利润总额70万元，已缴纳企业所得税14.6万元。为降低税收风险，在企业所得税汇算清缴前，企业经过自查发现以下问题：

（1）已在成本费用中列支的实发工资总额为1000万元，并按实际发生数额列支了福利费210万元，职工教育经费40万元。

（2）在计算应纳税所得额时未扣除国债利息收入5万元。

（3）企业全年发生业务招待费用65万元，已据实扣除。

（4）“营业外支出”账户中列支违法经营罚款3万元，已据实扣除。

【讨论】

（1）福利费、职工教育经费、业务招待费等有限额的开支是否超过法定标准？为什么？

（2）在计算应纳税所得额时，国债利息收入是否应从收入总额中扣除？为什么？

（3）违法经营罚款是否可以税前扣除？为什么？

第一节　纳税义务人、征税对象与税率

企业所得税是对我国境内的企业和其他取得收入的组织的生产经营所得和其他所得征收的税种。它是国家参与企业利润分配的重要手段。我国现行企业所得税法的基本规范，是2007年3月召开的第十届全国人民代表大会第五次会议通过的《中华人民共和国企业所得税法》（以下简称《企业所得税法》），自2008年1月1日起实施。

一、纳税义务人

在中华人民共和国境内的企业和其他取得收入的组织为企业所得税纳税人。个人独资企业和合伙企业不是企业所得税的纳税人，所以它属于法人所得税制（见表 5-1）。

表 5-1 企业所得税的纳税义务人

组织形式	法人资格	税务处理
个体工商户 个人独资企业 合伙企业	不具有法人资格	① 不纳企业所得税 ② 投资者按“个体工商户的生产、经营所得”缴纳个人所得税
公司制企业	具有法人资格	① 企业缴纳企业所得税 ② 个人投资者分得的股息、红利按照“利息、股息、红利所得”缴纳个人所得税

根据承担纳税责任不同，将缴纳企业所得税的企业划分为居民企业和非居民企业。

（一）居民企业

依法在中国境内成立，或者依照外国法律成立但实际管理机构在中国境内的企业。

（二）非居民企业

依照外国法律成立且实际管理机构不在中国境内，但在中国境内设立机构、场所的，或者在中国境内未设立机构、场所，但有来源于中国境内所得的企业。所谓机构场所，是指在中国境内从事生产经营活动的机构、场所，包括管理机构、营业机构、办事机构、开采自然资源的场所、提供劳务场所等。

【例 5-1 · 多选题】依据企业所得税法的规定，判定居民企业的标准有（　　）。

A．登记注册地标准　　B．所得来源地标准

C．经营行为实际发生地标准　　D．实际管理机构所在地标准

『答案』AD

【例 5-2 · 多选题】下列各项中，不属于企业所得税纳税人的企业有（　　）。

A．依外国法律成立但实际管理机构在中国境内的企业

B．在中国境内成立的合伙企业

C．在中国境内成立的个人独资企业

D．在中国境内未设立机构、场所，但有来源于中国境内所得的企业

『答案』BC

二、征税对象

企业所得税征收对象从内容上包括企业的生产经营所得、其他所得和清算所得，从空间范围上包括来源于中国境内、境外的所得。

（1）居民企业的征税对象：来源于中国境内、境外的所得

（2）非居民企业的征税对象：来源于中国境内的所得以及发生在中国境外但与其在中国境内所设机构、场所有实际联系的所得。

（3）所得来源的确定（见表 5-2）。

表 5-2　企业所得税所得来源的确定

所得类型		所得来源的确定
销售货物所得		按照交易活动发生地确定
提供劳务所得		按照劳务发生地确定
转让财产所得	不动产	按照不动产所在地确定
	动产	按照转让动产的企业或者机构、场所所在地确定
	权益性投资资产	按照被投资企业所在地确定
股息、红利等权益性投资所得		按照分配所得的企业所在地确定
利息、租金、特许权使用费所得		按照负担、支付所得的企业或者机构、场所所在地，个人的住所地确定
其他所得		由国务院财政、税务主管部门确定

【例 5-3 · 单选题】依据《企业所得税法》的规定，下列各项中按负担所得的所在地确定所得来源地的是（　　）。

A．销售货物所得　　B．权益性投资所得

C．动产转让所得　　D．特许权使用费所得

『答案』D

【例 5-4 · 多选题】下列有关来源于中国境内、境外所得的确定原则的表述，正确的有（　　）。

A．销售货物所得按照交易活动发生地确定

B．提供劳务所得按照劳务报酬支付地确定

C．权益性投资资产转让所得按照被投资企业所在地确定

D．股息所得按负担、支付所得的企业所在地确定

『答案』AC

三、税率

我国企业所得税采用比例税率如表 5-3 所示。

表 5-3　企业所得税税率表

种类	税率	适用范围
基本税率	25%	① 居民企业 ② 在中国境内设有机构、场所且取得的所得与机构、场所有联系的非居民企业
优惠税率	20%	符合条件的小型微利企业
	15%	国家重点扶持的高新技术企业
预提所得税税率	20% （实际适用税率：10%）	适用于在中国境内未设立机构、场所的，或者虽设立机构、场所但取得的所得与其所设机构、场所没有实际联系的非居民企业

第二节　应纳税所得额的计算

应纳税所得额是企业所得税的计税依据，其计算办法有两种方法，具体如表 5-4 所示。

表 5-4　企业所得税应纳税所得额计算方法比较

方法	公式
直接法	应纳税所得额=收入总额-不征税收入-免税收入-各项扣除-以前年度亏损
间接法	应纳税所得额=会计利润+纳税调整增加额-纳税调整减少额

一、收入总额

企业的收入总额包括以货币形式和非货币形式从各种来源取得的收入；纳税人以非货币形式取得的收入，应当按照公允价值确定收入额。

（一）一般收入的确认

（1）销售货物收入，是指企业销售商品、产品、原材料、周转材料等其他存货取得的收入。

（2）劳务收入，是指企业从事建筑安装、修理修配、交通运输、仓储租赁、金融保险、邮电通信、咨询经纪、文化体育、科学研究、技术服务、教育培训、餐饮住宿、中介代理、卫生保健、社区服务、旅游、娱乐、加工以及其他劳务服务活动取得的收入。

（3）转让财产收入，是指企业转让固定资产、生物资产、无形资产、股权、债权等财产取得的收入。

企业转让股权收入，应于转让协议生效且完成股权变更手续时，确认收入的实现。

转让股权收入扣除为取得该股权所发生的成本后，为股权转让所得。企业在计算股权转让所得时，不得扣除被投资企业未分配利润等股东留存收益中按该项股权所可能分配的金额。

【例 5-5·计算题】A 公司于 2009 年 8 月以 2000 万元货币资金投资成立了全资子公司 B 公司。后企业因 A 公司经营策略调整，拟于 2015 年 3 月终止对 B 公司的投资。

1. 终止投资时，B 公司资产负债表

终止投资时，B 公司资产负债表如表 5-5 所示。

表 5-5　B 公司资产负债表信息　　单位：万元

资产期末数		负债及所有者权益期末数	
流动资产	6 000	流动负债	1 000
其中：货币资金	6 000	其中：短期借款	1 000
长期投资	0	长期负债	0
固定资产	0	所有者权益	5 000
其他资产	0	其中：实收资本	2 000
		盈余公积	5 00
		未分配利润	2 500
资产总计	6 000	负债及所有者权益总计	6 000

2. A公司终止投资有两种初步方案

（1）股权转让方案：以5000万元价格转让B公司的股权。

（2）先分配后转让股权方案：先将未分配利润2500万元以分配股息、红利的方式收回，然后以2500万元价格转让B公司的股权。

假定上述两种方案都可行，其他情况都一致，A公司没有可税前弥补的亏损。A公司两种终止投资方案企业所得税应如何处理？

『答案』

方案一，股权转让方案：

应纳企业所得税=(5 000−2 000)×25%=750（万元）

税后净利润=5 000−2 000−750=2250（万元）

方案二，先分配后转让股权方案：

应纳企业所得税=(2 500−2 000)×25%=125（万元）

税后净利润=2 500+2 500−2 000−125=2 875（万元）

（4）股息、红利等权益性投资收益，是指企业因权益性投资从被投资方取得的收入。股息、红利等权益性投资收益，除国务院财政、税务主管部门另有规定外，按照被投资方作出利润分配决定的日期确认收入的实现。

被投资企业将股权（票）溢价所形成的资本公积转为股本的，不作为投资方企业的股息、红利收入，投资方企业也不得增加该项长期投资的计税基础。

（5）利息收入，是指企业将资金提供他人使用但不构成权益性投资，或者因他人占用本企业资金取得的收入，包括存款利息、贷款利息、债券利息、欠款利息等收入。利息收入，按照合同约定的债务人应付利息的日期确认收入的实现。

（6）租金收入，是指企业提供固定资产、包装物或者其他有形资产的使用权取得的收入。租金收入，按照合同约定的承租人应付租金的日期确认收入的实现。

（7）特许权使用费收入，是指企业提供专利权、非专利技术、商标权、著作权以及其他特许权的使用权取得的收入。特许权使用费收入，按照合同约定的特许权使用人应付特许权使用费的日期确认收入的实现。

（8）接受捐赠收入，是指企业接受的来自其他企业、组织或者个人无偿给予的货币性资产、非货币性资产。接受捐赠收入，按照实际收到捐赠资产的日期确认收入的实现。

企业以买一赠一等方式组合销售本企业商品的，不属于捐赠，应将总的销售金额按各项商品的公允价值的比例来分摊确认各项的销售收入。

① 受赠非货币资产计入应纳税所得额的内容包括：受赠资产价值和由捐赠企业代为支付的增值税，不包括由受赠企业另外支付或应付的相关税费。

② 企业接受捐赠的存货、固定资产、无形资产和投资等，在经营中使用或将来销售处置时，可按税法规定结转存货销售成本、投资转让成本或扣除固定资产折旧、无形资产摊销额。

【例5-6·单选题】某企业2015年1月接受捐赠原材料一批，收到的增值税专用发票上注明价款10万元，增值税1.7万元，企业另支付运输费用0.8万元，该项受赠资产应交企业所得税为（　　）万元。

A．3.32　　B．2.93　　C．4.03　　D．4.29

『答案』B

（9）其他收入，包括企业资产溢余收入、逾期未退包装物押金收入、确实无法偿付的应付款项、已作坏账损失处理后又收回的应收款项、债务重组收入、补贴收入、违约金收入、汇兑收益等。

二、不征税收入和免税收入

企业应税收入的计算公式为

应税收入=收入总额-不征税收入-免税收入

（一）不征税收入

1. 财政拨款

各级政府对纳入预算管理的事业单位、社会团体等组织拨付的财政资金

2. 依法收取并纳入财政管理的行政事业性收费、政府性基金

（1）企业收取的各种基金、收费，应计入企业当年收入总额

（2）对企业依法收取并上缴财政的政府性基金和行政事业性收费，准予作为不征税收入，于上缴财政的当年在计算应纳税所得额时从收入总额中减除；未上缴财政的部分，不得从收入总额中减除

3. 国务院规定的其他不征税收入

企业取得的由国务院财政、税务主管部门规定专项用途并经国务院批准的财政性资金。

财政性资金不包括企业按规定取得的出口退税款。

财政性资金的税务处理如表 5-6 所示。

表 5-6 财政性资金的税务处理

国家投资和资金使用后需要归还本金的	不计入企业当年收入总额		
其他财政性资金	计入收入总额	专项用途财政性资金	不征税收入
		其他财政性资金	应该征税

注意：① 企业的不征税收入用于支出所形成的费用，不得在计算应纳税所得额时扣除；企业的不征税收入用于支出所形成的资产，其计算的折旧、摊销不得在计算应纳税所得额时扣除。

② 企业将符合规定条件的财政性资金作不征税收入处理后，在 5 年（60 个月）内未发生支出且未缴回财政部门或其他拨付资金的政府部门的部分，应计入取得该资金第六年的应税收入总额；计入应税收入总额的财政性资金发生的支出允许在计算应纳税所得额时扣除。

（二）免税收入

（1）国债利息收入。企业从国务院财政部门取得的国债利息收入，应以国债发行时约定应付利息的日期，确认利息收入的实现（见表 5-7）。

表 5-7　国债利息收入的税务处理明细

情形	税务处理
企业从发行者直接投资购买的国债持有至到期	从发行者取得的国债利息收入，全额免征企业所得税
企业到期前转让国债，或者从非发行者投资购买的国债	其持有期间尚未兑付的国债利息收入，免企业所得税 国债利息收入=国债金额×(适用年利率÷365)×持有天数 其中：国债金额按照国债发行面值或发行价格确定
	转让国债收益（损失）=企业转让或到期兑付国债取得的价款−购买国债成本−持有期间尚未兑付的国债利息收入−交易过程中相关税费 其中：企业转让国债取得的收益（损失）应计算纳税

（2）符合条件的居民企业之间的股息、红利等权益性投资收益。

（3）在中国境内设立机构、场所的非居民企业从居民企业取得与该机构、场所有实际联系的股息、红利等权益性投资收益。上述免税投资收益不包括连续持有居民企业公开发行并上市流通的股票不足 12 个月取得的投资收益。

（4）非营利组织的下列收入为免税收入，不包括非营利组织从事营利性活动取得的收入：

① 接受其他单位或者个人捐赠的收入；

② 除《企业所得税法》第七条规定的财政拨款以外的其他政府补助收入，但不包括因政府购买服务取得的收入；

③ 按照省级以上民政、财政部门规定收取的会费；

④ 不征税收入和免税收入孳生的银行存款利息收入；

⑤ 财政部、国家税务总局规定的其他收入。

小思考

不征税收入和免税收入一样吗？为什么？

【例 5-7・多选题】某纳入预算管理的事业单位在进行企业所得税纳税申报时，下列项目中，准予从收入总额中扣除的不征税收入有（　　）。

A．财政拨款

B．依法收取并纳入财政管理的行政事业性收费

C．国债利息收入

D．依法收取并纳入财政管理的政府性基金

『答案』ABD

三、扣除原则与范围

（一）税前扣除项目的原则

企业申报的扣除项目和金额要真实、合法。一般扣除要遵循以下原则：权责发生制原则、配比原则、相关性原则、确定性原则、合理性原则。

（二）扣除项目的范围

扣除项目主要包括成本、费用、税金、损失和其他支出，可以在应纳税所得额时扣除。

（1）成本是指销售商品、提供劳务、转让固定资产、无形资产的成本。

（2）费用是指销售费用、管理费用和财务费用的期间费用。

（3）税金是指除企业所得税和允许抵扣的增值税以外的企业缴纳的各项税金及附加（见表 5-8）。

表 5-8 企业所得税的税金扣除范围

是否扣除	扣除方式	税金
允许扣除	作为税金扣除	五税一费：消费税、城建税、资源税、土地增值税、出口关税及教育费附加
	管理费用中扣除	房产税、车船税、土地使用税、印花税等
	计入相关资产成本	契税、车辆购置税、进口关税、耕地占用税
不得扣除		增值税（价外税）
		企业所得税

（4）损失是指企业在生产经营过程中发生的固定资产和存货的盘亏、毁损、报废损失，转让财产损失，呆账损失，坏账损失，自然灾害等不可抗力因素造成的损失以及其他损失。

税前可以扣除的损失为净损失，即企业的损失减除责任人赔偿和保险赔款后的余额。

企业已经作为损失处理的资产，在以后纳税年度又全部收回或者部分收回时，应当计入当期收入。

注意：企业发生的资产损失，应按规定的程序和要求向主管税务机关申报后方能在税前扣除。未经申报的损失，不得在税前扣除。

（5）扣除的其他支出，是指除成本、费用、税金、损失外，企业在生产经营活动中发生的与生产经营活动有关的、合理的支出。

【例 5-8 • 多选题】下列税金在计算企业应纳税所得额时，不得从收入总额中扣除的是（　　）。

A．土地增值税

B．增值税

C．消费税

D．企业为职工承担的个人所得税

『答案』BD

四、扣除项目及其标准

（一）工资、薪金支出

（1）企业发生的合理的工资、薪金支出准予据实扣除。“合理工资薪金”，是指企业按照股东大会、董事会、薪酬委员会或相关管理机构制订的工资薪金制度规定实际发放给员工的工资薪金。税务机关进行合理性确认时，按照五条原则进行把握：①企业制定了较为规范的员工工资薪金制度；②企业所制定的工资薪金制度符合行业及地区水平；③企业在一定时期所发放的工资薪金是相对固定的，工资薪金的调整是有序进行的；④企业对实际发放的工资薪金，已依法履行了代扣代缴个人所得税义务；⑤有关工资薪金的安排，不以减少或逃避税款为目的。

（2）属于国有性质的企业，其工资薪金不得超过政府有关部门给予的限定数额，超过部分，不得计入企业工资薪金总额，也不得在计算企业应纳税所得额时扣除。

（3）关于我国居民企业实行股权激励计划有关企业所得税的处理（包括授予限制性股票、股票期权以及其他法律法规规定的方式），如表 5-9 所示。

表 5-9 股权激励的企业所得税处理情况

对股权激励计划实行后立即可以行权的	可根据实际行权时该股票的公允价格与激励对象实际行权支付价格的差额和数量，计算确定作为当年企业工资薪金支出，依税法规定进行税前扣除
需待一定服务年限或者达到规定业绩条件方可行权的	等待期内会计上计算确认的相关成本费用，不得在对应年度计算缴纳企业所得税时扣除
	在股权激励计划可行权后，企业方可根据该股票实际行权时的公允价格与当年激励对象实际行权支付价格的差额及数量，计算确定作为当年企业工资薪金支出，依照税法规定进行税前扣除

（二）职工福利费、职工工会经费和职工教育经费

（1）企业发生的职工福利费支出，不超过工资薪金总额 14%的部分，准予扣除。

①工资薪金指的是在计算应纳税所得额时，税前准予扣除的工资薪金，而非账簿记载金额，不包括企业的职工福利费、职工教育经费、工会经费以及五险一金。

②职工福利费的范围包括：尚未实行分离办社会职能的企业，其内设福利部门所发生的设备、设施和人员费用，包括职工食堂、职工浴室、理发室、医务所、托儿所、疗养院等集体福利部门的设备、设施即维修保养费用和福利部门工作人员的工资薪金、社会保险费、住房公积金、劳务费等；为职工卫生保健、生活、住房、交通等所发放的各项补贴和非货币性福利，包括企业向职工发放的因公外地就医费用、未实行医疗统筹企业职工医疗费用、职工供养直系亲属医疗补贴、供暖费补贴、职工防暑降温费、职工困难补贴、救济费、职工食堂经费补贴、职工交通补贴等；按照其他规定发生的其他职工福利费，包括丧葬补助费、抚恤费、安家费、探亲假路费等。企业发生的职工福利费，应该单独设置账册，进行准确核算。没有单独设置账册准确核算的，税务机关应责令企业在规定的期限内进行改正。逾期仍未改正的，税务机关可对企业发生的职工福利费进行合理的核定。

③企业发生的职工福利费，应该单独设置账册，进行准确核算。

（2）企业拨缴的职工工会经费支出，不超过工资薪金总额 2%的部分，准予扣除。税前扣除的原始凭证：《工会经费收入专用收据》或税务机关出具的合法有效的工会经费代收凭据。

（3）除另有规定外，企业发生的职工教育经费支出，不超过工资薪金总额 2.5%的部分准予扣除，超过部分准予结转以后纳税年度扣除。

【例 5-9 • 计算题】“应付职工薪酬”账户各明细栏目反映，支付给职工的工资总额合计 200 万元（人均月工资 2 500 元）；发生职工福利费合计 40 万元；发生职工教育经费 8 万元：拨缴工会经费 2.4 万元已取得《工会经费收入专用收据》，同时又另行列支工会活动费 4 万元。该企业上述的扣除项目如何？如何纳税调增？

『答案』

（1）工资总额 200 万元，可以税前扣除。

（2）福利费：扣除限额为 28 万元，实际发生 40 万元，纳税调增 12 万元。

（3）职工教育经费：扣除限额 5 万元，实际发生 8 万元，纳税调增 3 万元。

（4）工会经费：扣除限额为 4 万元，但是实际取得收据的是 2.4 万元，所以税前扣除为 2.4 万元，无须进行纳税调整。另行列支工会活动费 4 万元，需要纳税调增。

（三）社会保险费

企业社会保险费的税务处理如表 5-10 所示。

表 5-10　社会保险费的税务处理

类型		企业所得税	个人所得税
企业为职工购买的保险	基本保险	允许扣除	免征
	补充保险	限额扣除：分别在不超过职工工资总额 5%标准内的部分	征税，但有优惠
	商业保险	① 可以扣除：依照国家有关规定为特殊工种职工支付的人身安全保险费和国务院财政、税务主管部门规定可以扣除的商业保险费 ② 不得扣除：其他商业保险费	征个人所得税
财产保险		准予扣除	

【例 5-10 •简答题】某公司于 2012 年 12 月份为全体 30 名职工家庭财产支付商业保险费，每人 1 000 元，合计 30 000 元。税前是否允许扣除？为什么？

『答案』企业为职工个人支付的商业保险，税前不得扣除，所以应纳税调增 30 000 元，并代扣代缴个人取得商业保险的所得的个人所得税。

（四）利息费用

1. 据实扣除

非金融企业向金融企业借款的利息支出、金融企业的各项存款利息支出和同业拆借利息支出、企业经批准发行债券的利息支出。

2. 限额扣除

非金融企业向非金融企业借款的利息支出：不超过按照金融企业同期同类贷款利率计算的数额的部分可据实扣除，超过部分不许扣除。企业在按照合同要求首次支付利息并进行税前扣除时，应提供金融企业的同期同类贷款利率情况说明。

3. 关联企业利息费用的扣除

（1）接受关联方债权性投资与其权益性投资比例：金融企业为 5∶1；其他企业为 2∶1。超过的部分不得在计算应纳税所得额时扣除。

（2）相关交易活动符合独立交易原则的，或者该企业的实际税负不高于境内关联方的。两个条件符合一个即可。

（3）企业自关联方取得的不符合规定的利息收入应按照有关规定缴纳企业所得税。

4. 企业向自然人借款的利息支出

（1）企业向股东或其他与企业有关联关系的自然人借款的利息支出，符合规定条件的，准予扣除。

（2）企业向除上述规定以外的内部职工或其他人员借款的利息支出，其借款情况同时符合以下条件的，其利息支出在不超过按照金融企业同期同类贷款利率计算的数额的部分，准予扣除：

① 企业与个人之间的借贷是真实、合法、有效的，并且不具有非法集资目的或其他违反法律、法规的行为；

② 企业与个人之间签订了借款合同。

【例 5-11・单选题】某公司向银行借入生产用资金 500 万元，银行贷款利率为 6%，借款期限 6 个月，支付借款利息 15 万元；向其他企业借入生产用资金 300 万元，借款期限 10 个月，支付借款利息 24 万元。该公司计算应纳税所得额时允许扣除的利息（　　）万元。

A．9　　B．15　　C．30　　D．39

『答案』C

（五）借款费用

企业借款费用的税务处理如表 5-11 所示。

表 5-11　借款费用的税务处理

资本化	企业为购置、建造固定资产、无形资产和经过 12 个月以上的建造才能达到预定可销售状态的存货发生借款的，在有关资产购置、建造期间发生的合理的借款费用，应予以资本化，作为资本性支出计入有关资产的成本
费用化	有关资产交付使用后发生的借款利息，可在发生当期扣除
	企业在生产经营活动中发生的合理的不需要资本化的借款费用，准予扣除
其他	通过发行债券、取得贷款、吸收保户储金等方式融资而发生的合理的费用支出，符合资本化条件的，应计入相关资产成本；不符合资本化条件的，应作为财务费用，准予在企业所得税前据实扣除

【例 5-12・简答题】某企业 2012 年 1 月 1 日向银行贷款 1 000 万元，年利率为 12%，其中 800 万元用于 A 车间基建工程，该车间于 2012 年 9 月交付使用；200 万元用于采购材料物资从事生产经营，企业在 2012 年度按权责发生制原则计提了贷款利息支出 120 万元，全部计入“财务费用”账户借方。该项业务应如何进行处理？

『答案』利息支出未按税法规定在资本性支出与收益性支出之间合理分配，虚增期间费用：

（1）应该资本化的利息支出=800×12%×9÷12=72（万元）

（2）计入财务费用的利息支出=120−72=48（万元）

（3）财务费用中列支了 120（万元），应调增应纳税所得额 72 万元。

（六）业务招待费

（1）按孰小原则扣除：按业务招待费当年实际发生额的 60%与当年销售（营业）收入的 5‰中较小的一方扣除。

（2）“销售（营业）收入”：包括主营业务收入、其他业务收入和视同销售收入，但不包括营业外收入。

（3）计算业务招待费、广告费和业务宣传费税前扣除限额的依据“销售（营业）收入”是相同的。

（4）对从事股权投资业务的企业（包括集团公司总部、创业投资企业等），其从被投资企业所分配的股息、红利以及股权转让收入，可以按规定的比例计算业务招待费扣除限额。

（5）企业在筹建期间，发生的与筹办活动有关的业务招待费支出，可按实际发生额的60%计入企业筹办费，并按有关规定在税前扣除。

【例 5-13 • 简答题】某企业 2015 年的销售收入为 5 000 万元，实际支出的业务招待费为 40 万元。应纳税所得额时允许扣除的业务招待费是多少？

『答案』业务招待费发生额的 60%为 24 万元，计算过程如下：

税前扣除限额=5000×5‰=25 万元

因此，税前允许扣除 24 万元，纳税调增 16 万元。

【例 5-14 • 多选题】下列各项中，能作为业务招待费税前扣除限额计提依据的是（　　）。

A．转让无形资产使用权的收入　　B．视同销售收入

C．转让无形资产所有权的收入　　D．出售固定资产的收入

『答案』AB

（七）广告费和业务宣传费

（1）除另有规定外，不超过当年销售（营业）收入 15%的部分，准予扣除；超过部分，准予在以后纳税年度结转扣除。

（2）计算扣除限额的基数：销售（营业）收入，与业务招待费计算税前扣除限额的依据是相同的。

（3）企业在筹建期间发生的广告费和业务宣传费，可按实际发生额计入企业筹办费，并按有关规定在税前扣除。

（4）企业申报扣除的广告费支出应与赞助支出严格区分。

（5）属于会计与税法的暂时性差异，可能出现纳税调增，也可能出现纳税调减。与职工教育经费相同。例如，广告费和业务宣传费的纳税调整实例如表 5-12 所示。

表 5-12　广告费和业务宣传费的纳税调整实例　　单位：万元

年份	销售（营业）收入	实际发生的广告费和业务宣传费	扣除限额	税前扣除额	纳税调整	结转以后年度扣除的余额
2013 年	100	20	15	15	+5	5
2014 年	200	28	30	30	−2	3
2015 年	300	35	45	38	−3	0
合计		83		83		

（八）公益性捐赠支出

（1）公益性捐赠的界定：企业通过公益性社会团体或县级（含县级）以上人民政府及其部门，用于《中华人民共和国公益事业捐赠法》规定的公益事业的捐赠。

（2）税前扣除标准：不超过年度利润总额 12%的部分，准予扣除。超标准的公益性捐赠，不得结转以后年度。年度利润总额，是指企业依照国家统一会计制度的规定计算的年度会计利润。

（3）纳税人向受赠人的直接捐赠，不得扣除，应作纳税调整。

（4）公益性捐赠包括货币捐赠和非货币捐赠；非货币性捐赠应当以公允价值计算。

（5）与流转税关系：企业将自产货物用于捐赠，应分解为按公允价值视同销售和捐赠两项业务进行所得税处理。

【例 5-15·简答题】“捐赠支出”20 万元，其中 10 万元系通过公益性社会团体向红十字事业的捐赠；5 万元系通过民政部门捐赠给“减灾委员会”；5 万元系直接向某贫困小学发生的捐赠。说明相关纳税调整。

『答案』通过公益性社会团体向红十字事业的捐赠 10 万元、通过民政部门向“减灾委员会”捐赠的 5 万元在利润总额 12%以内可以在税前扣除；对直接捐赠给贫困学校的 5 万元属于直接向受赠人的捐赠，全额调增应纳税所得额。

【例 5-16·简答题】在“营业外支出——公益救济性捐赠”科目中发现，该银行 2012 年 7 月 30 日和 8 月 20 日，分两次向“某区某会议领导小组办公室”付款合计 100 万元。经过对该行负责人询问得知，这是由于 2012 年在该区举办武术节，区委向辖区内的企业进行了捐赠摊派，该行把这两笔支出计入了公益救济性捐赠支出，并在税前进行了扣除。说明相关纳税调整。

『答案』向“某区某会议领导小组办公室”捐赠付款，不属于公益性捐赠，不得在税前扣除，应调增应纳税所得额 100 万元。

（九）环境保护专项资金

企业依法提取的用于环境保护、生态恢复等方面的专项资金准予扣除；上述专项资金提取后改变用途的，不得扣除。

（十）劳动保护费

企业发生的合理的劳动保护支出，准予扣除。

自 2011 年 7 月 1 日起，企业根据其工作性质和特点，由企业统一制作并要求员工工作时统一着装所发生的工作服饰费用，可以作为企业合理的支出给予税前扣除。

（十一）租赁费用

企业租赁费用根据不同的方式进行纳税处理，如表 5-13 所示。

表 5-13 不同租赁方式的税务处理

方式	税务处理
经营租赁	以经营租赁方式租入固定资产发生的租赁费支出：按照租赁期限均匀扣除出租方提折旧，承租方扣除租赁费支出
融资租赁	以融资租赁方式租入固定资产发生的租赁费支出：按规定构成融资租入固定资产价值的部分应当提取折旧费用，分期扣除；租赁费支出不得扣除承租方提折旧，不得扣除租赁费支出

（十二）有关资产的费用

（1）企业转让各类固定资产发生的费用，允许扣除。

（2）企业按规定计算的固定资产的折旧费、无形资产和递延资产的摊销费，准予扣除。

（十三）资产损失

（1）企业当期发生的固定资产和流动资产盘亏、毁损净损失，由其提供清查盘存资料经申报后，准予扣除。

（2）企业因存货盘亏、毁损、报废等原因不得从销项税金中抵扣的进项税金，应视同企业财产损失，准予与存货损失一起在所得税前按规定扣除。

（十四）总机构分摊的费用

非居民企业在中国境内设立的机构、场所，就其中国境外总机构发生的与该机构、场所生产经营有关的费用，能够提供总机构出具的费用汇集范围、定额、分配依据和方法等证明文件，并合理分摊的，准予扣除。

（十五）其他项目

（1）如会员费、合理的会议费、差旅费、违约金、诉讼费用等，准予扣除。

（2）对企业依据财务会计制度规定，并实际在财务会计处理上已确认的支出，凡没有超过税法规定税前扣除范围和标准的，可按企业实际会计处理确认的支出，在企业所得税税前扣除，计算其应纳税所得额。

以上各项中有扣除标准项目归纳如表 5-14 所示。

表 5-14　企业所得税扣除项目规定汇总表

项目	扣除标准	超标准处理
职工福利费	不超过工薪总额 14%的部分准予	不得扣除
工会经费	不超过工薪总额 2%的部分准予	不得扣除
职工教育经费	不超过工薪总额 2．5%的部分准予扣除	当年不得扣除；但超过部分准予结转以后纳税年度扣除
补充养老、补充医疗	分别不超过工薪总额的 5%	不得扣除
利息费用	不超过金融企业同期同类贷款利率计算的利息 关联企业利息费用符合条件可以扣除	不得扣除
业务招待费	按照发生额的 60%扣除，但最高不得超过当年销售（营业）收入的 5‰	不得扣除
广告费和业务宣传费	不超过当年销售（营业）收入 15%以内的部分	当年不得扣除；但准予结转以后纳税年度扣除。
公益性捐赠支出	不超过年度利润总额 12%的部分准予扣除	不得扣除

【例 5-17 • 单选题】依据企业所得税相关规定，下列保险费用不能在税前扣除的是（　　）。

A．企业为职工支付的家庭财产保险

B．企业参加运输保险支付的保险费

C．企业为投资者支付的合理的补充养老保险费

D．企业依照国家有关规定为特殊工种职工支付的人身安全保险费

『答案』A

【例 5-18·单选题】依据企业所得税法的规定，财务会计制度与税收法规的规定不同而产生的差异，在计算企业所得税应纳税所得额时应按照税收法规的规定进行调整。下列各项中，属于暂时性差异的是（　　）。

A．业务招待费用产生的差异　　B．职工福利费用产生的差异

C．职工工会费用产生的差异　　D．职工教育费用产生的差异

『答案』D

四、不得扣除的项目

企业在计算应纳税所得额时，下列支出不得扣除：

（1）向投资者支付的股息、红利等权益性投资收益款项；

（2）企业所得税税款；

（3）税收滞纳金；

（4）罚金、罚款和被没收财物的损失（注：罚息、违约金、赔偿金等允许扣除）；

（5）超过规定标准的捐赠支出；

（6）赞助支出，与生产经营活动无关的各种非广告性质支出；

（7）未经核定的准备金支出；

（8）企业之间支付的管理费、企业内营业机构之间支付的租金和特许权使用费，以及非银行企业内营业机构之间支付的利息，不得扣除；

（9）与取得收入无关的其他支出。

【例 5-19·多选题】下列各项中，在计算企业所得税应纳税所得额时不得扣除的有（　　）。

A．企业之间支付的管理费

B．企业内营业机构之间支付的租金

C．企业向投资者支付的股息

D．银行企业内营业机构之间支付的利息

『答案』ABC

五、亏损弥补

亏损是指企业按照《企业所得税法》规定计算的没有弥补以前年度亏损之前的出现负数的应纳税所得额。它不同于企业年度会计利润。

（1）弥补期：最长不得超过 5 年。无论盈亏，均要计算。

（2）企业在汇总计算缴纳企业所得税时，其境外营业机构的亏损不得抵减境内营业机构的盈利。

【例 5-20·简答题】某企业从 2009～2015 年的会计利润与未弥补亏损前的应纳税所得额如表 5-15 和表 5-16 所示，试计算该企业 2011 年应纳企业所得税。

表 5-15　2009～2015 年某企业利润　　单位：万元

年份	会计利润总额	应纳税所得额
2009 年	−220	−150
2010 年	−70	−20

续表

年份	会计利润总额	应纳税所得额
2011 年	-15	20
2012 年	50	70
2013 年	30	-40
2014 年	5	10
2015 年	60	95

『解析』

（1）按税法上确定的应纳税所得额确定企业的盈利或亏损。

（2）2009 年的亏损，只能用 2010～2014 年的所得弥补，即使 2010 年、2013 年亏损，也要计算在 5 年时间之内。

表 5-16　2009～2015 年某企业弥补亏损后的应纳税所得额　　单位：万元

年份	应纳税所得额	弥补亏损	弥补亏损后应纳税所得额
2009 年	-150		-150
2010 年	-20		-20
2011 年	20	弥补 2009 年亏损 20 万元	0
2012 年	70	弥补 2009 年亏损 70 万元	0
2013 年	-40		-40
2014 年	10	弥补 2009 年亏损 10 万元；2009 年尚未弥补的 50 万元亏损不能用 2015 年所得弥补	0
2015 年	95	弥补 2010 年亏损 20 万元； 弥补 2013 年亏损 40 万元	35 应纳税额：8.75

企业筹办期间不计算为亏损年度，企业自开始生产经营的年度，为开始计算企业损益的年度。企业从事生产经营之前进行筹办活动期间发生筹办费用支出，不得计算为当期的亏损，企业可以在开始经营之日的当年一次性扣除，也可以按照长期待摊费用的处理规定处理（不低于 5 年摊销），但一经选定，不得改变。

税务机关对企业以前年度纳税情况进行检查时调增的应纳税所得额，凡企业以前年度发生亏损且该亏损属于企业所得税法规定允许弥补的，应允许调增的应纳税所得额弥补该亏损。弥补该亏损后仍有余额的，按规定计算缴纳企业所得税。对检查调增的应纳税所得额应依有关规定进行处理或处罚。

对企业发现以前年度实际发生的、按规定应在税前扣除而未扣除或少扣除的支出，企业做出专项申报及说明后，准予追补至该项目发生年度计算扣除，但追补确认期限不得超过 5 年。

企业由于上述原因多缴的企业所得税税款，可以在追补确认年度企业所得税应纳税款中抵扣，不足抵扣的，可以向以后年度递延抵扣或申请退税。

第三节　资产的税务处理

企业的资产均以历史成本为计税基础。企业持有各项资产期间资产增值或减值，除按规定可以确认损益外，不得调整该资产的计税基础。

一、固定资产的税务处理

（一）固定资产计税基础：以“历史成本”或“公允价值+相关税费”为计税基础

（1）外购的固定资产，以购买价款和支付的相关税费以及直接归属于使该资产达到预定用途发生的其他支出为计税基础。

（2）自行建造的固定资产，以竣工结算前发生的支出为计税基础。

（3）融资租入的固定资产，以租赁合同约定的付款总额和承租人在签订租赁合同过程中发生的相关费用为计税基础，租赁合同未约定付款总额的，以该资产的公允价值和承租人在签订租赁合同过程中发生的相关费用为计税基础。

（4）盘盈的固定资产，以同类固定资产的重置完全价值为计税基础。

（5）通过捐赠、投资、非货币性资产交换、债务重组等方式取得的固定资产，以该资产的公允价值和支付的相关税费为计税基础。

（6）改建的固定资产，除法定的支出外，以改建过程中发生的改建支出增加计税基础。

企业固定资产投入使用后，由于工程款项尚未结清而未取得全额发票的，可暂按合同规定的金额计入固定资产计税基础计提折旧，待发票取得后进行调整。但该项调整应在固定资产投入使用后12个月内进行。

（二）固定资产折旧的范围

企业按规定计算的固定资产折旧，准予税前扣除。下列固定资产不得计算折旧扣除：

（1）房屋、建筑物以外未投入使用的固定资产；

（2）以经营租赁方式租入的固定资产；

（3）以融资租赁方式租出的固定资产；

（4）已足额提取折旧仍继续使用的固定资产；

（5）与经营活动无关的固定资产；

（6）单独估价作为固定资产入账的土地；

（7）其他不得计算折旧扣除的固定资产。

【例5-21·单选题】依据企业所得税的相关规定，下列表述中，正确的是（　　）。

A．企业未使用的房屋和建筑物，不得计提折旧

B．企业以经营租赁方式租入的固定资产，应当计提折旧

C．企业盘盈的固定资产，以该固定资产的原值为计税基础

D．企业自行建造的固定资产，以竣工结算前发生的支出为计税基础

『答案』D

（三）固定资产折旧的计提方法

（1）企业应当自固定资产投入使用月份的次月起计算折旧；停止使用的固定资产，应当自停止使用月份的次月起停止计算折旧。

（2）企业应当根据固定资产的性质和使用情况，合理确定固定资产的预计净残值。固定

资产的预计净残值一经确定，不得变更。

（3）固定资产按照直线法计算的折旧，准予扣除。

（四）固定资产折旧的计提年限

企业固定资产折旧的计提年限如表 5-17 所示。

表 5-17 固定资产最低折旧年限

固定资产类型	最低折旧年限
房屋、建筑物	20 年
飞机、火车、轮船、机器、机械和其他生产设备	10 年
与生产经营活动有关的器具、工具、家具等	5 年
飞机、火车、轮船以外的运输工具	4 年
电子设备	3 年

（五）固定资产改扩建的税务处理

企业固定资产改扩建的税务处理如表 5-18 所示。

表 5-18 固定资产改扩建的税务处理表

<table>
<tr><th colspan="3">情形</th><th colspan="2">税务处理</th></tr>
<tr><td colspan="3">产权不属于企业所有</td><td>长期待摊费用</td><td>剩余租赁期内分期摊销</td></tr>
<tr><td rowspan="3">产权属于企业所有</td><td colspan="2">已经提足折旧</td><td>长期待摊费用</td><td>按预计尚可使用年限分期摊销</td></tr>
<tr><td rowspan="2">未提足折旧</td><td>推倒重置的</td><td>原值减除提取折旧后的净值，并入重置后的固定资产计税成本</td><td>在该固定资产投入使用后的次月起，按税法规定的折旧年限，一并计提折旧</td></tr>
<tr><td>提升功能、增加面积的</td><td>改扩建支出并入该固定资产计税基础</td><td>从改扩建完工投入使用后的次月起，重新按税法规定的该固定资产折旧年限计提折旧，如该改扩建后的固定资产尚可使用的年限低于税法规定的最低年限的，可按尚可使用的年限计提折旧</td></tr>
</table>

二、生物资产的税务处理

生物资产是指有生命的动物和植物。生物资产分为消耗性生物资产、生产性生物资产和公益性生物资产。消耗性生物资产，是指为出售而持有的或在将来收获为农产品的生物资产，包括生长中的农作物、蔬菜、用材林以及存栏待售的牲畜等。生产性生物资产，是指为产出农产品、提供劳务或出租等目的而持有的生物资产，包括经济林、薪炭林、产畜和役畜等。公益性生物资产，是指以防护、环境保护为主要目的的生物资产，包括防风固沙林、水土保持林和水源涵养林等。其中只有生产性生物资产可计提折旧。

【例 5-22 • 单选题】下列各项中，依据《企业所得税法》相关规定可计提折旧的生物资产是（　　）。

A．经济林　　B．防风固沙林

C．用材林　　D．存栏待售牲畜

『答案』A

（一）生产性生物资产计税基础的确定

（1）外购的生产性生物资产，以购买价款和支付的相关税费为计税基础。

（2）通过捐赠、投资、非货币性资产交换、债务重组等方式取得的生产性生物资产，以该资产的公允价值和支付的相关税费为计税基础。

（二）生物资产的折旧方法和折旧年限

生产性生物资产按照直线法计算的折旧，准予扣除。企业应当自生产性生物资产投入使用月份的次月起计算折旧；停止使用的生产性生物资产，应当自停止使用月份的次月起停止计算折旧。企业应当根据生产性生物资产的性质和使用情况，合理确定生产性生物资产的预计净残值。生产性生物资产的预计净残值一经确定不得变更。

生产性生物资产计算折旧的最低年限如表 5-19 所示。

表 5-19 生产性生物资产最低折旧年限表

类型	最短折旧年限
林木类生产性生物资产	10 年
畜类生产性生物资产	3 年

三、无形资产的税务处理

无形资产，是指企业为生产产品、提供劳务、出租或者经营管理而持有的、没有实物形态的非货币性长期资产，包括专利权、商标权、著作权、土地使用权、非专利技术、商誉等。

（一）无形资产的计税基础

（1）外购的无形资产，以购买价款和支付的相关税费以及直接归属于使该资产达到预定用途发生的其他支出为计税基础。

（2）自行开发的无形资产，以开发过程中该资产符合资本化条件后至达到预定用途前发生的支出为计税基础。

（3）通过捐赠、投资、非货币性资产交换、债务重组等方式取得的无形资产，以该资产的公允价值和支付的相关税费为计税基础。

（二）无形资产摊销的范围

下列无形资产不得计算摊销费用扣除：

（1）自行开发的支出已在计算应纳税所得额时扣除的无形资产；

（2）自创商誉；

（3）与经营活动无关的无形资产；

（4）其他不得计算摊销费用扣除的无形资产。

（三）无形资产的摊销方法及年限

（1）无形资产的摊销采取直线法计算。

（2）无形资产的摊销不得低于 10 年。作为投资或者受让的无形资产，在有关法律或协议、合同中规定使用年限的，可依其规定使用年限分期计算摊销。

（3）外购商誉，在企业整体转让或者清算时准予扣除。

四、长期待摊费用的税务处理

在计算应纳税所得额时，企业发生的下列支出作为长期待摊费用，按照规定摊销的，准予扣除，具体如表 5-20 和表 5-21 所示。

表 5-20　房屋、建筑物支出的税务处理

类别			税务处理
房屋、建筑物支出	日常维修支出		列入当期费用
	改建支出	已提足折旧的固定资产的改建支出	长期待摊费用，按照固定资产预计尚可使用年限分期摊销
		租入的固定资产的改建支出	长期待摊费用，按照合同约定的剩余租赁期限分期摊销
		其他	增加固定资产计税基础，适当延长折旧年限

表 5-21　其他固定资产支出的税务处理

类别			税务处理
其他固定资产	日常修理费用		列入当期费用
	大修理支出	同时符合下列条件的支出： （1）修理支出达到取得固定资产时的计税基础 50%以上； （2）修理后固定资产的使用年限延长 2 年以上。	长期待摊费用，按照固定资产尚可使用资产使用年限分期摊销。
其他应当作为长期待摊费用的支出			自支出发生月份的次月起，分期摊销，摊销年限不得低于 3 年。

【例 5-23·多选题】依据企业所得税的有关规定，企业发生的下列支出中，应作为长期待摊费用的有（　　）。

A．房屋的日常修理支出

B．租入固定资产的改建支出

C．固定资产的大修理支出

D．已提足折旧的固定资产的改建支出

『答案』BCD

五、存货的税务处理

存货，是指企业持有以备出售的产品或者商品、处在生产过程中的在产品、在生产或者提供劳务过程中耗用的材料和物料等。存货按照以下方法确定成本：

（1）通过支付现金方式取得的存货，以购买价款和支付的相关税费为成本；

（2）通过支付现金以外的方式取得的存货，以该存货的公允价值和支付的相关税费为成本；

（3）生产性生物资产收获的农产品，以产出或者采收过程中发生的材料费、人工费和分摊的间接费用等必要支出为成本。

企业使用或者销售的存货的成本计算方法，可以在先进先出法、加权平均法、个别计价法中选用一种（存货的成本计算方法无后进先出法）。计价方法一经选用，不得随意变更。

六、投资资产的税务处理

投资资产是指企业对外进行权益性投资和债权性投资而形成的资产。

（一）投资资产的成本

按以下方法确定投资成本：

（1）通过支付现金方式取得的投资资产，以购买价款为成本；

（2）通过支付现金以外的方式取得的投资资产，以该资产的公允价值和支付的相关税费为成本。

（二）投资资产成本的扣除方法

企业对外投资期间，投资资产的成本在计算应纳税所得额时不得扣除，企业在转让或者处置投资资产时，投资资产的成本准予扣除。

（三）投资企业撤回或减少投资的税务处理

自 2011 年 7 月 1 日起，投资企业从被投资企业撤回或减少投资，其取得的资产的税务处理如表 5-22 所示。

表 5-22 撤回或减少投资的税务处理

类型	税务处理	
相当于初始出资的部分	投资收回	不征企业所得税
相当于被投资企业累计未分配利润和累计盈余公积按减少实收资本比例计算的部分	股息所得	符合条件的居民企业的股息、红利等权益性投资收益，免税
其余部分	投资资产转让所得	征企业所得税

被投资企业发生的经营亏损，由被投资企业按规定结转弥补；投资企业不得调整减低其投资成本，也不得将其确认为投资损失。

七、税法规定与会计规定差异的处理

（1）企业不能提供完整、准确的收入及成本、费用凭证，不能正确计算应纳税所得额的，由税务机关核定其应纳税所得额。

（2）企业依法清算时，以其清算终了后的清算所得为应纳税所得额，按规定缴纳企业所得税。其计算公式为

清算所得=全部资产可变现价值或交易价格-资产净值-清算费用、相关税费+债务清偿损益

【例 5-24 · 计算题】A 公司 2015 年 8 月终止经营，其资产负债表如表 5-23 所示。

表 5-23 A 公司资产负债表　　　　单位：万元

资产期末数		负债及所有者权益期末数	
流动资产	6 000	流动负债	4 200

续表

资产期末数		负债及所有者权益期末数	
其中：货币资金	6 000	其中：短期借款	4 200
长期投资	1 000	长期负债	1 000
固定资产	3 000	所有者权益	5 000
其他资产	200		
资产总计	10 200	负债及所有者权益总计	10 200

终止经营时，长期投资的转让收入为 1 200 万元，固定资产的转让收入为 3 550 万元，其他资产转让收入为 280 万元，清算过程中支付相关税费 120 万元，支付从业人员经济补偿金及清算费用合计 100 万元，偿还短期和长期负债 5 200 万元后，收回货币资金 5 610 万元。计算其清算时需要缴纳的企业所得税。

『答案』

清算所得=全部资产可变现价值或交易价格-资产的计税基础-清算费用、相关税费+债务清偿损益

=(6 000+1 200+3 550+280)(全部资产可变现价值)−10 200(资产计税基础)−100(清算费用)−120(相关税费)

=610（万元）

应纳企业所得税=610×25%=152.5（万元）

（3）税法规定与会计规定不一致时，应依照税法规定予以调整。

（4）自 2011 年 7 月 1 日起，企业当年度实际发生的相关成本、费用，由于各种原因未能及时取得该成本、费用的有效凭证，企业在预缴季度所得税时，可暂按账面发生金额进行核算；但在汇算清缴时，应补充提供该成本、费用的有效凭证。

第四节 资产损失税前扣除的所得税处理

一、资产损失的定义

准予在企业所得税税前扣除的资产损失，是指企业在实际处置、转让资产过程中发生的合理损失（实际资产损失），以及企业虽未实际处置、转让上述资产，但符合规定条件计算确认的损失（法定资产损失）。企业发生上述资产损失，应在按税法规定实际确认或者实际发生的当年申报扣除，不得提前或延后扣除。

二、资产损失税前扣除管理

（一）管理基本原则

资产损失税前扣除的相关规定如表 5-24 所示。

表 5-24　资产损失税前扣除的相关规定

项目	一般规定	特殊规定	
实际资产损失	应当在其实际发生且会计上已作损失处理的年度申报扣除	以前年度发生的资产损失未能在当年税前扣除的，应向税务机关说明并进行专项申报扣除	准予追补至该项损失发生年度扣除，其追补确认期限一般不得超过五年
法定资产损失	应当在企业向主管税务机关提供证据资料证明该项资产已符合法定资产损失确认条件，且会计上已作损失处理的年度申报扣除		应在申报年度扣除

企业因以前年度实际资产损失未在税前扣除而多缴的企业所得税税款，可在追补确认年度企业所得税应纳税款中予以抵扣，不足抵扣的，向以后年度递延抵扣。

企业实际资产损失发生年度扣除追补确认的损失后出现亏损的，应先调整资产损失发生年度的亏损额，再按弥补亏损的原则计算以后年度多缴的企业所得税税款，并按上述规定进行税务处理。

（二）申报管理

企业资产损失采用自行申报扣除，按其申报内容和要求的不同，可分为两种申报形式。

1. 清单申报

企业可按会计核算科目进行归类、汇总，然后再将汇总清单报送税务机关，有关会计核算资料和纳税资料留存备查。

2. 专项申报

企业应逐项（或逐笔）报送申请报告，同时附送会计核算资料及其他相关的纳税资料。

其中，清单申报具体包括：①企业在正常经营管理活动中，按照公允价格销售、转让、变卖非货币资产的损失；②企业各项存货发生的正常损耗；③企业固定资产达到或超过使用年限而正常报废清理的损失；④企业生产性生物资产达到或超过使用年限而正常死亡发生的资产损失；⑤企业按照市场公平交易原则，通过各种交易场所、市场等买卖债券、股票、期货、基金以及金融衍生产品等发生的损失。

3. 跨地区经营汇总纳税企业实行双向申报管理制度

（1）总机构及其分支机构发生的资产损失，除应按专项申报和清单申报的有关规定，各自向当地主管税务机关申报外，各分支机构同时还应上报总机构。

（2）总机构对各分支机构上报的资产损失，除税务机关另有规定外，应以清单申报的形式向当地主管税务机关进行申报。

（3）总机构将跨地区分支机构所属资产捆绑打包转让所发生的资产损失，由总机构向当地主管税务机关进行专项申报。

（三）资产损失确认证据

企业资产损失相关的证据包括具有法律效力的外部证据和特定事项的企业内部证据。

1. 外部证据

（1）司法机关的判决或者裁定。
（2）公安机关的立案结案证明、回复。
（3）工商部门出具的注销、吊销及停业证明。
（4）企业的破产清算公告或清偿文件。
（5）行政机关的公文。
（6）专业技术部门的鉴定报告。
（7）具有法定资质的中介机构的经济鉴定证明。
（8）仲裁机构的仲裁文书。
（9）保险公司对投保资产出具的出险调查单、理赔计算单等保险单据。
（10）符合法律规定的其他证据。

2. 内部证据

（1）有关会计核算资料和原始凭证。
（2）资产盘点表。
（3）相关经济行为的业务合同。
（4）企业内部技术鉴定部门的鉴定文件或资料。
（5）企业内部核批文件及有关情况说明。
（6）对责任人由于经营管理责任造成损失的责任认定及赔偿情况说明。
（7）法定代表人、企业负责人和企业财务负责人对特定事项真实性承担法律责任的声明。

【例 5-25 • 多选题】下列资产损失，属于清单申报在企业所得税前扣除的有（　　）。

A．企业的债权性投资到期不能收回发生的损失

B．企业在正常经营活动中销售存货发生的损失

C．企业固定资产达到使用年限正常报废清理的损失

D．企业按照规定通过证券交易场所买卖股票发生的损失

『答案』BCD

【例 5-26 • 多选题】2015 年 3 月，某企业将闲置资金 100 万元存入法定具有吸收存款职能的某机构，后因客观原因该机构依法破产，导致企业尚有 30 万元无法收回。该企业将 30 万元确认为存款损失时应提供的证据有（　　）。

A．企业存款的原始凭据

B．该机构清算的法律文件

C．该机构破产的法律文件

D．清算后剩余资产分配的文件

『答案』ABCD

【例 5-27 • 简答题】某服装制造公司系增值税一般纳税人，2015 年 12 月 10 日该企业仓库被盗，损失一批原材料，价款 100 万元，被盗事件发生后公司及时向公安机关报案，但案件尚未侦破。被盗事件发生后，仓库保管员赔偿 5 000 元，保险公司赔偿 80 万元。简要分析该企业在税务处理方面应当注意的事项。

『答案解析』

（1）增值税方面：该项损失属于因管理不善造成的非正常损失，原材料的进项税额不得抵扣，该企业需要转出进项税额 17 万元。

（2）企业所得税方面：该项资产损失属于专项申报的范围，企业应当在其实际发生且会计上已作损失处理的年度单独就该事项报送申请报告，同时附送会计核算资料及其他相关的纳税资料。该项存货被盗损失的金额，为其计税成本扣除保险理赔以及责任人赔偿后的余额，即 36.5 万元（117-0.5-80），应依据以下证据材料确认：①存货计税成本的确定依据；②向公安机关的报案记录；③责任人和保险公司赔偿情况说明等。

第五节　企业重组的所得税处理

一、企业重组的定义

企业重组，是指企业在日常经营活动以外发生的法律结构或经济结构重大改变的交易，包括企业法律形式改变、债务重组、股权收购、资产收购、合并、分立等。

二、企业重组的一般性税务处理方法

1. 一般性税务处理的要点

（1）按公允价值确认资产的转让所得或损失。

（2）按公允价值确认资产或负债的计税基础。

2. 企业法律形式改变的

由法人转变为非法人组织，或将登记注册地转移至中华人民共和国境外（包括港澳台地区），适用一般性税务处理方法。

三、企业重组的特殊性税务处理方法

（一）适用特殊性税务处理的条件

（1）具有合理的商业目的，且不以减少、免除或者推迟缴纳税款为主要目的。

（2）被收购、合并或分立部分的资产或股权比例符合规定的比例。

（3）企业重组后的连续 12 个月内不改变重组资产原来的实质性经营活动。

（4）重组交易对价中涉及股权支付金额符合规定比例。

（5）企业重组中取得股权支付的原主要股东，在重组后连续 12 个月内，不得转让所取得的股权。

（二）特殊性税务处理的规定

（1）可以选择采用特殊性税务处理的情形如表 5-25 所示。

表 5-25 特殊性税务处理的规定范围

情形	具体规定
债务重组	债务重组确认的应纳税所得额占该企业当年应纳税所得额 50%以上，可以在 5 个纳税年度的期间内，均匀计入各年度的应纳税所得额
	债转股
股权收购	收购企业购买的股权不低于被收购企业全部股权的 75%，且收购企业在该股权收购发生时的股权支付金额不低于其交易支付总额的 85%
资产收购	受让企业收购的资产不低于转让企业全部资产的 75%，且受让企业在该资产收购发生时的股权支付金额不低于其交易支付总额的 85%
合并	企业股东在该企业合并发生时取得的股权支付金额不低于其交易支付总额的 85%，以及同一控制下且不需要支付对价的企业合并
分立	被分立企业所有股东按原持股比例取得分立企业的股权，分立企业和被分立企业均不改变原来的实质经营活动，且被分立企业股东在该企业分立发生时取得的股权支付金额不低于其交易支付总额的 85%

（2）特殊性税务处理的方式如表 5-26、图 5-1 和表 5-27 所示。

表 5-26 特殊性税务处理方式（一）

类型	具体规定
股权支付部分	暂不确认有关资产的转让所得或损失，按原计税基础确认新资产或负债的计税基础
非股权支付部分	按公允价值确认资产的转让所得或损失；按公允价值确认资产或负债的计税基础
非股权支付对应的资产转让所得或损失=(被转让资产的公允价值−被转让资产的计税基础)×(非股权支付金额÷被转让资产的公允价值)	

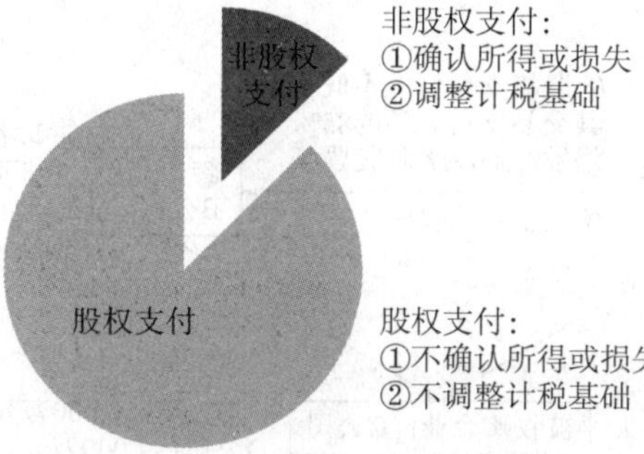

图 5-1 企业合并、分立过程中亏损的处理

表 5-27 特殊性税务处理方式（二）

类型	税务处理	
企业合并	一般性	被合并企业的亏损不得在合并企业结转弥补
	特殊性	可由合并企业弥补的被合并企业亏损的限额=被合并企业净资产公允价值×截至合并业务发生当年年末国家发行的最长期限的国债利率
企业分立	一般性	企业分立相关企业的亏损不得相互结转弥补
	特殊性	被分立企业未超过法定弥补期限的亏损额可按分立资产占全部资产的比例进行分配，由分立企业继续弥补

【例 5-28 • 简答题】A 企业合并 B 企业，B 企业尚未弥补的亏损 100 万元，B 企业净资产

公允价值 500 万元，截至合并业务发生当年年末国家发行的最长期限的国债利率为 4%。则可由合并后的企业弥补的亏损为 20 万元。试分析合并后的企业应弥补的亏损额。

『答案』如果 B 企业尚未弥补的亏损 15 万元，则可以由合并后的企业弥补的亏损为 15 万元。

【例 5-29・计算题】甲公司共有股权 1 000 万股，为了将来有更好的发展，将 80%的股权让乙公司收购，然后成为乙公司的子公司。假定收购日甲公司每股资产的计税基础为 7 元，每股资产的公允价值为 9 元。在收购对价中乙公司以股权形式支付 6 480 万元，以银行存款支付 720 万元。计算甲公司取得非股权支付额对应的资产转让所得。

『答案解析』

甲公司取得非股权支付额对应的资产转让所得

=(7 200−5 600)（资产转让所得）×(720÷7 200)（非股权支付额所占比例）

=1 600×10%

=160（万元）

【例 5-30・计算题】2015 年 9 月，A 上市公司发布重大重组预案公告称，A 公司将通过定向增发,向该公司的实际控制人 B 公司发行 3 000 万股 A 股股票,收购其持有的 C 公司 60%的股权，增发价 8 元/股。收购完成后，C 公司将成为 A 公司的控股子公司。

C 公司成立时的注册资本为 8 000 万元，其中 B 公司的出资金额为 6 000 万元，出资比例为 75%，D 公司的出资金额为 2 000 万元，出资比例为 25%。B 公司承诺，本次认购的股票自发行结束之日起 36 个月内不上市交易或转让。

试分析此次股权收购的企业所得税问题。

『答案』

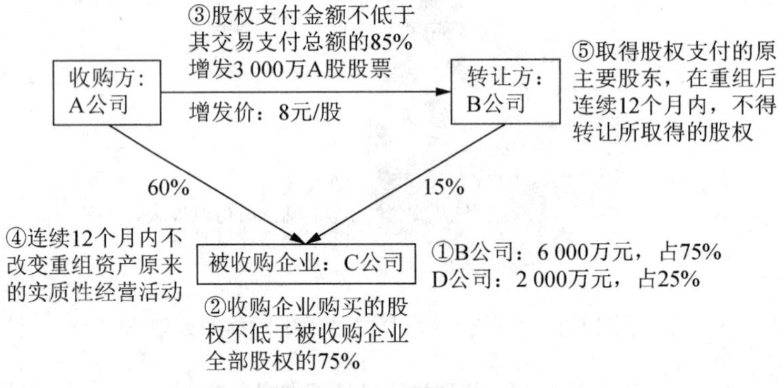

图 5-2　例 5-30 分析

（1）收购 C 公司 60%股份。该项交易属于股权收购。在此次交易中尽管所支付的对价均为上市公司的股权，但由于 A 公司只收购了 C 公司的 60%股权，没有达到 75%的要求，因此应适用一般性税务处理（见图 5-2）。

① 转让方 B 公司应确认股权转让所得或损失：

股权转让所得=取得对价的公允价值−原计税基础

=8×3 000−8 000×60%=19 200（万元）

B 公司股权转让应纳企业所得税=19 200×25%=4 800（万元）

② 收购方 A 公司取得 C 公司股权的计税基础应以公允价值为基础确定，即 2.4 亿元（8×3000）。

③ 被收购企业 C 公司的相关所得税事项保持不变，需要做变更税务登记。

（2）如果收购 C 公司 75%股份，可以选择特殊性税务处理。

① 转让方 B 公司暂不确认股权转让所得，可在当期避免巨额所得税支出

② 收购方 A 公司取得 C 公司股权的计税基础应以被收购股权的原有计税基础确定，即 6000 万元（8000×75%）。

③ 被收购企业 C 公司的相关所得税事项保持不变，变更税务登记。

【例 5-31 • 计算题】甲公司与乙公司达成股权收购协议，甲公司以本公司公允价值为 8 元/股的 5 400 万股和 4 800 万元银行存款收购乙公司的全资子公司丙 80%的股份，从而使丙公司成为甲公司的控股子公司。丙公司共有股权 10 000 万股，假定收购日丙公司每股资产的计税基础为 5 元，每股资产的公允价值为 6 元，交易各方承诺股权收购完成后不改变原有经营活动。试分析此次股权收购的企业所得税问题。

『答案』相关分析如图 5-3 所示。

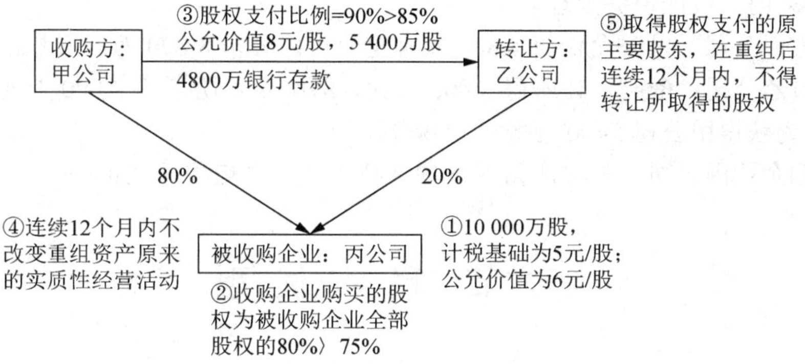

图 5-3　例 5-31 分析

特殊性税务处理——股权支付部分如图 5-4 所示。

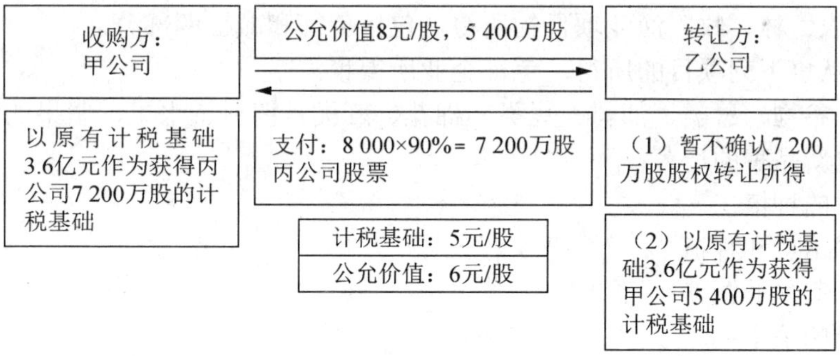

图 5-4　股权支付部分

特殊性税务处理——非股权支付部分如图 5-5 所示。

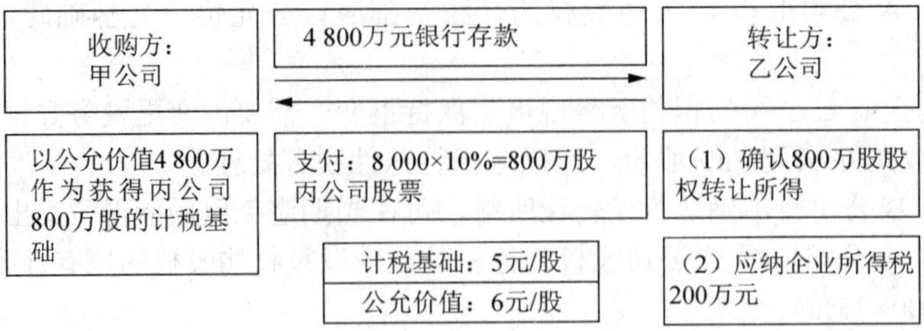

图 5-5　非股权支付部分

（1）特殊性税务处理结果如下。

① 收购方甲公司：取得丙公司 8 000 万股股权的计税基础合计 4.08 亿元（3.6+0.48）。

② 转让方乙公司以 3.6 亿元作为获得甲公司 5400 万股的计税基础；非股权支付部分的资产转让所得 800 万元，缴纳企业所得税 200 万元。

③ 被收购企业丙公司：相关所得税事项保持不变；变更税务登记。

（2）如果采用一般性税务处理如下。

① 收购方甲公司：以公允价值 4.8 亿元确定取得丙公司 8 000 万股股权的计税基础。

② 转让方乙公司：资产转让所得 8 000 万元，缴纳企业所得税 2 000 万元；以 4.32 亿元的公允价值作为获得甲公司 5400 万股的计税基础。

③ 被收购企业丙公司：相关所得税事项保持不变；变更税务登记。

第六节　税 收 优 惠

一、免征与减征优惠

（一）从事农、林、牧、渔业项目的所得

企业从事农、林、牧、渔业项目的所得，包括免征和减征两部分。

（1）企业从事下列项目的所得，免征企业所得税：

① 蔬菜、谷物、薯类、油料、豆类、棉花、麻类、糖料、水果、坚果的种植；

② 农作物新品种的选育；

③ 中药材的种植；

④ 林木的培育和种植；

⑤ 牲畜、家禽的饲养；

⑥ 林产品的采集；

⑦ 灌溉、农产品初加工、兽医、农技推广、农机作业和维修等农、林、牧、渔服务业项目；

⑧ 远洋捕捞。

（2）企业从事下列项目的所得，减半征收企业所得税：

① 花卉、茶以及其他饮料作物和香料作物的种植；

② 海水养殖、内陆养殖。

（二）从事国家重点扶持的公共基础设施项目投资经营的所得

（1）企业从事国家重点扶持的公共基础设施项目的投资经营的所得，自项目取得第一笔生产经营收入所属纳税年度起，三免三减半。

（2）企业承包经营、承包建设和内部自建自用上述项目，不得享受上述企业所得税优惠。

（三）从事符合条件的环境保护、节能节水项目的所得

环境保护、节能节水项目的所得，自项目取得第一笔生产经营收入所属纳税年度起，三免三减半。

在减免税期限内转让的，受让方自受让之日起，可在剩余期限内享受规定的减免税优惠；减免税期限届满后转让的，受让方不得就该项目重复享受减免税待遇。

（四）符合条件的技术转让所得

（1）一个纳税年度内，居民企业转让技术所有权所得不超过 500 万元的部分，免征企业所得税；超过 500 万元的部分，减半征收企业所得税。注意：根据技术转让所得，而非收入，确定企业所得税的优惠政策。其计算公式为

技术转让所得=技术转让收入-技术转让成本-相关税费

【例 5-32·计算题】某企业技术转让收入 1 000 万元，与技术转让相关的成本、费用 300 万元，计算应纳所得税。

『答案』

技术转让所得=1 000-300=700（万元）

纳税调减=500+(700-500)÷2=600

应纳所得税=(700-600)×25%=25（万元）

（2）技术转让的范围：包括居民企业转让专利技术、计算机软件著作权、集成电路布图设计权、植物新品种、生物医药新品种，以及财政部和国家税务总局确定的其他技术。

（3）技术转让应签订技术转让合同。其中，境内的技术转让须经省级以上（含省级）科技部门认定登记，跨境的技术转让须经省级以上（含省级）商务部门认定登记，涉及财政经费支持产生技术的转让，需省级以上（含省级）科技部门审批。

（4）居民企业取得禁止出口和限制出口技术转让所得，不享受技术转让减免企业所得税优惠政策。

（5）居民企业从直接或间接持有股权之和达到 100%的关联方取得的技术转让所得，不享受技术转让减免企业所得税优惠政策。

二、高新技术企业优惠

（1）国家需要重点扶持的高新技术企业减按 15%的所得税税率征收企业所得税。

（2）高新技术企业境外所得适用税率及税收抵免规定：自 2010 年 1 月 1 日起，以境内、境外全部生产经营活动有关的研究开发费用总额、总收入、销售收入总额、高新技术产品（服务）收入等指标申请并经认定的高新技术企业，对其来源于境外所得可以按照 15%的优惠税

率缴纳企业所得税，在计算境外抵免限额时，可按照15%的优惠税率计算境内外应纳税总额。

（3）高新技术企业资格复审期间企业所得税预缴规定：高新技术企业应在资格期满前三个月内提出复审申请，在通过复审之前，在其高新技术企业资格有效期内，其当年企业所得税暂按15%的税率预缴。

三、小型微利企业优惠

小型微利企业减按20%的所得税税率征收企业所得税（见表5-28）。

表5-28　小型微利企业划分标准

类型	标准
工业企业	年度应纳税所得额≤30万元，从业人数≤100人，资产总额≤3 000万元
其他企业	年度应纳税所得额≤30万元，从业人数≤80人，资产总额≤1 000万元

注：①年度应纳税所得额：以弥补亏损后的数字为准；②仅就来源于我国所得负有我国纳税义务的非居民企业，不适用小型微利企业的规定。

四、加计扣除优惠

1. 研究开发费加计扣除

（1）企业为开发新技术、新产品、新工艺发生的研究开发费用，未形成无形资产计入当期损益的，在按照规定据实扣除的基础上，按照研究开发费用的50%加计扣除；形成无形资产的，按照无形资产成本的150%摊销。

（2）对企业共同合作开发的项目，符合规定条件的，由合作各方就自身承担的研发费用分别按照规定计算加计扣除。

（3）对企业委托给外单位进行开发的研发费用，凡符合上述条件的，由委托方按规定计算加计扣除；受托方不得再进行加计扣除。

2. 安置特定人员所支付的工资加计扣除

（1）企业安置残疾人员所支付的工资，在按照支付给残疾职工工资据实扣除的基础上，按照支付给残疾职工工资的100%加计扣除。

（2）企业安置国家鼓励安置的其他就业人员所支付的工资的加计扣除办法，由国务院另行规定。

五、创投企业优惠

创业投资企业，采取股权投资方式投资于未上市的中小高新技术企业2年以上的，可以按其投资额的70%在股权持有满2年的当年抵扣该创业投资企业的应纳税所得额；当年不足抵扣的，可以在以后纳税年度结转抵扣。

六、加速折旧优惠

企业的固定资产由于技术进步等原因而确需加速折旧的，可以缩短折旧年限或者采取加速折旧的方法。

（1）由于技术进步，产品更新换代较快的固定资产。

（2）常年处于强震动、高腐蚀状态的固定资产。

采取缩短折旧年限方法的，最低折旧年限不得低于规定折旧年限的60%；采取加速折旧方法的，可以采取双倍余额递减法或年数总和法。

【例5-32·多选题】依据企业所得税的相关规定，下列资产中，可采用加速折旧方法的有（ ）。

A．常年处于强震动状态的固定资产

B．常年处于高腐蚀状态的固定资产

C．单独估价作为固定资产入账的土地

D．由于技术进步原因产品更新换代较快的固定资产

『答案』ABD

七、减计收入优惠

综合利用资源，生产国家非限制和禁止并符合国家和行业相关标准的产品取得的收入，减按90%计入收入总额。

八、税额抵免优惠

企业购置并实际使用符合规定的环境保护、节能节水、安全生产等专用设备的，该专用设备投资额的10%可以从企业当年的应纳税额中抵免；当年不足抵免的，可以在以后5个纳税年度结转抵免。

企业购置上述设备在5年内转让、出租的，应停止享受企业所得税优惠，并补缴已经抵免的企业所得税税款。专用设备投资额的确定如表5-29所示。

表5-29 专用设备投资额税额抵扣计算情况

情形	专用设备投资额的确定
增值税进项税额允许抵扣	不包括增值税进项税额
增值税进项税额不允许抵扣	价税合计金额

九、非居民企业优惠

非居民企业减按10%的税率缴纳预提所得税。非居民企业取得的下列所得免征企业所得税：

（1）外国政府向中国政府提供贷款取得的利息所得；

（2）国际金融组织向中国政府和居民企业提供优惠贷款取得的利息所得；

（3）经国务院批准的其他所得。

十、特殊行业的优惠

（一）关于鼓励软件产业和集成电路发展的优惠政策

关于鼓励软件产业和集成电路发展的优惠政策如表5-30所示。

表 5-30 软件产业和集成电路优惠政策

情形	税收优惠政策
集成电路线宽小于 0.8 微米（含）的集成电路生产企业	经认定后，在 2017 年 12 月 31 日前自获利年度起计算优惠期，二免三减半
集成电路线宽小于 0.25 微米或投资额超过 80 亿元的集成电路生产企业	经认定后，减按 15%的税率征收企业所得税，其中经营期在 15 年以上的，在 2017 年 12 月 31 日前自获利年度起计算优惠期，五免五减半。
我国境内新办的集成电路设计企业和符合条件的软件企业	经认定后，在 2017 年 12 月 31 日前自获利年度起计算优惠期，二免三减半
国家规划布局内的重点软件企业和集成电路设计企业	如当年未享受免税优惠的，可减按 10%的税率征收企业所得税
符合条件的软件企业按照规定取得的即征即退增值税款	由企业专项用于软件产品研发和扩大再生产并单独进行核算，可以作为不征税收入，在计算应纳税所得额时从收入总额中减除
集成电路设计企业和符合条件软件企业的职工培训费用	应单独进行核算并按实际发生额在计算应纳税所得额时扣除
企业外购的软件	凡符合固定资产或无形资产确认条件的，可以按照固定资产或无形资产进行核算，其折旧或摊销年限可以适当缩短，最短可为 2 年（含）
集成电路生产企业的生产设备	其折旧年限可以适当缩短，最短可为 3 年（含）

（二）关于鼓励证券投资基金发展的优惠政策

（1）对证券投资基金从证券市场中取得的收入，包括买卖股票、债券的差价收入，股权的股息红利等，暂不征收企业所得税。

（2）对投资者从证券投资基金分配中取得的收入，暂不征收企业所得税。

（3）对证券投资基金管理人运用基金买卖股票、债券的差价收入，暂不征收企业所得税。

（三）节能服务公司的税收优惠

从 2011 年 1 月 1 日起，对符合条件的节能服务公司实施合同能源管理项目，符合企业所得税税法有关规定的，自项目取得第一笔生产经营收入所属纳税年度起三免三减半。

十一、其他优惠

（1）对设在西部地区国家鼓励类产业企业，在 2011 年 1 月 1 日至 2020 年 12 月 31 日期间，减按 15%的税率征收企业所得税。

（2）对企业持有 2011～2013 年发行的中国铁路建设债券取得的利息收入，减半征收企业所得税。

第七节 应纳税额的计算

一、居民企业应纳税额的计算

居民企业应纳税额的计算公式为

居民企业应纳税额=应纳税所得额×适用税率-减免税额-抵免税额

居民企业应纳税额的计算分为直接法和间接法，其如表 5-31 所示。

表 5-31 居民企业应纳税所得额的计算方法

方式	公式
直接法	应纳税所得额=收入总额-不征税收入-免税收入-各项扣除-弥补亏损
间接法	应纳税所得额=会计利润+纳税调整增加额-纳税调整减少额

【例 5-34·计算题】某工业企业为居民企业，2015 年发生经营业务如下：全年取得产品销售收入为 5 600 万元，发生产品销售成本 4 000 万元；其他业务收入 800 万元，其他业务成本 694 万元；取得购买国债的利息收入 40 万元；缴纳非增值税销售税金及附加 300 万元；发生的管理费用 760 万元，其中新技术的研究开发费用为 60 万元、业务招待费 70 万元；发生财务费用 200 万元；取得直接投资其他居民企业的权益性收益 34 万元（已在投资方所在地按 15%的税率缴纳了所得税）；取得营业外收入 100 万元，发生营业外支出 250 万元（其中含公益性捐赠 38 万元）。

要求：计算该企业 2015 年应纳的企业所得税。

『答案』

（1）利润总额=5 600-4 000+800-694+40-300-760-200+34+100-250
=370（万元）

（2）国债利息收入免征企业所得税，应调减应纳税所得额 40 万元。

（3）研究开发费用纳税调减=60×50%=30 万元

（4）实际发生业务招待费的 60%=70×60%=42（万元）

销售（营业）收入的 5‰=（5 600+800）×5‰=32（万元）

税前扣除 32 万元，应纳税调增=70-32=38（万元）

（5）取得直接投资其他居民企业的权益性收益属于免税收入，应纳税调减 34 万元。

（6）捐赠扣除标准=370×12%=44.4（万元）

实际捐赠额 38 万元小于扣除标准 44.4 万元，可按实际捐赠数额扣除，不做纳税调整。

（7）应纳税所得额=370-40-30+38-34=304（万元）

（8）该企业 2015 年应缴纳企业所得税=304×25%=76（万元）

二、境外所得抵免税额的计算

（一）抵免税额的范围

企业取得的下列所得已在境外缴纳或负担的所得税税额，可以从其当期应纳税额中抵免，抵免限额为该项所得依法计算的应纳税额；超过抵免限额的部分，可以在以后 5 个年度内，用每年度抵免限额抵免当年应抵税额后的余额进行抵补：

（1）居民企业来源于中国境外的应税所得；

（2）非居民企业在中国境内设立机构、场所，取得发生在中国境外但与该机构、场所有实际联系的应税所得；

（3）居民企业从其直接或间接控制的外国企业分得的来源于中国境外的股息、红利等权益性投资收益，外国企业在境外实际缴纳的所得税税额中属于该项所得负担的部分。直接控制，是指居民企业直接持有外国企业20%以上股份。间接控制，是指居民企业以间接持股方式持有外国企业20%以上股份，具体认定办法由国务院财政、税务主管部门另行制定。

（二）计算抵免税额的顺序

（1）确定境内应纳税所得额和分国（地区）别的境外应纳税所得额。

（2）分国别（地区）确定已在境外缴纳的所得税税额。企业来源于中国境外的所得依照境外税收法律以及相关规定应当缴纳并已经实际缴纳的企业所得税性质的税款。

（3）分国别（地区）确定境外所得税的抵免限额。

（4）将抵免限额与境外已纳税额比较，按较小一方抵免。

归纳起来就是：境外所得已纳所得税额“多不退，少要补”；抵免限额采用“分国不分项”的计算原则，即企业来源于中国境外的所得，依我国税法规定计算的应纳税额，抵免限额应当分国（地区）不分项计算。

境外所得税税款扣除限额公式为

抵免限额=中国境内、境外所得依法计算的应纳税总额×来源于某国（地区）的应纳税所得额÷中国境内、境外应纳税所得总额

抵免限额是来源于境外的所得按我国税法计算的应纳税额，所以以上公式可以简化成为

抵免限额=来源于某国（税前）的应纳税所得额×我国法定税率

其中，我国的法定税率有以下两种情况：①一般企业：税率只能适用 25%。②自 2010年1月1日起，以境内、境外全部生产经营活动有关的指标申请并经认定的高新技术企业，对其来源于境外所得可以按 15%的优惠税率缴纳企业所得税，在计算境外抵免限额时，可按照 15%的优惠税率计算境内外应纳税总额。

【例 5-35・计算题】某企业 2015 年度境内应纳税所得额为 100 万元，适用 25%的企业所得税税率。另外，该企业分别在 A、B 两国设有分支机构（我国与 A、B 两国已经缔结避免双重征税协定），在 A 国分支机构的应纳税所得额为 50 万元，A 国企业所得税税率为 20%；在 B 国的分支机构的应纳税所得额为 30 万元，B 国企业所得税税率为 30%。假设该企业在 A、B 两国所得按我国税法计算的应纳税所得额和按 A、B 两国税法计算的应纳税所得额一致，两个分支机构在 A、B 两国分别缴纳了 10 万元和 9 万元的企业所得税。

要求：计算该企业汇总时在我国应缴纳的企业所得税税额。

『答案』

（1）该企业按我国税法计算的境内、境外所得的应纳税额：

应纳税额=(100+50+30)×25%=45（万元）

（2）A、B 两国的抵免限额：

① A 国抵免限额=50×25%=12.5（万元）

在 A 国缴纳所得税 10 万元，低于抵免限额，按实际已纳税额抵免。

② B 国抵免限额=30×25%=7.5（万元）

在 B 国缴纳所得税 9 万元，高于抵免限额，按抵免限额抵免。超过抵免限额部分 1.5 万

元当年不能抵免，可在以后 5 个年度内，用每年度抵免限额抵免当年应抵税额后的余额进行抵补

（3）汇总时在我国应缴纳的所得税=45−10−7.5=27.5（万元）

三、居民企业核定征收应纳税额的计算

（一）核定征收企业所得税的范围（主要包括无账可查、难以查账或计税依据不可信等情况）

（1）依法可以不设置账簿的。

（2）依法应当设置但未设置账簿的。

（3）擅自销毁账簿或者拒不提供纳税资料的。

（4）虽设置账簿，但账目混乱或者成本资料、收入凭证、费用凭证残缺不全，难以查账的。

（5）发生纳税义务，未按照规定的期限办理纳税申报，经税务机关责令限期申报，逾期仍不申报的。

（6）申报的计税依据明显偏低，又无正当理由的。

对股权投资的规定为：自 2012 年 1 月 1 日起，专门从事股权（股票）投资业务的企业，不得核定征收企业所得税。

对依法按核定应税所得率方式核定征收企业所得税的企业，取得的转让股权（股票）收入等转让财产收入，应全额计入应税收入额。

（二）核定征收的办法

居民企业核定征收应纳税额的计算方法如表 5-32 所示。

表 5-32　企业所得税核定征收的计算办法

核定税额		
核定应税所得率	按应税收入核定	应税收入=收入总额-不征税收入-免税收入 应纳税所得额=应税收入×应税所得率
	按成本费用支出额核定	应纳税所得额=成本费用支出额÷（1-应税所得率）×应税所得率
	应纳所得税额=应纳税所得额×适用税率（只能是 25%，暂不适用小型微利企业优惠税率）	

【例 5-36 • 单选题】某批发兼零售的居民企业，2015 年度自行申报营业收入总额 350 万元，成本费用总额 370 万元，当年亏损 20 万元，经税务机关审核，该企业申报的收入总额无法核实，成本费用核算正确。假定对该企业采取核定征收企业所得税，应税所得率为 8%，该居民企业 2015 年度应缴纳企业所得税（　　）万元。

A．7.00　　B．7.40

C．7.61　　D．8.04

『答案』D

四、非居民企业应纳税额的计算

对于在中国境内未设立机构、场所的，或者虽设立机构、场所但取得的所得与其所设机构、场所没有实际联系的非居民企业的所得，按照如表 5-33 所示方法计算应纳税所得额。

表 5-33 非居民企业应纳税额的计算

股息、红利等权益性投资收益和利息、租金、特许权使用费所得	以收入全额为应纳税所得额
转让财产所得	以收入全额减除财产净值后的余额为应纳税所得额
其他所得	参照前两项规定的方法计算应纳税所得额

【例 5-37 · 多选题】在中国境内未设立机构、场所的非居民企业从中国境内取得的下列所得，应按收入全额计算征收企业所得税的有（ ）。

A．股息
B．转让财产所得
C．租金
D．特许权使用费

『答案』ACD

五、房地产开发企业所得税预缴税款的处理

（一）按预计利润额预缴税款的规定

房地产开发企业：在未完工前采取预售方式销售取得的预售收入，按照规定的预计利润率分季（或月）计算出预计利润额，计入利润总额预缴，开发产品完工、结算计税成本后按照实际利润再行调整。其计算公式为

预计利润额=预售收入×预计利润率

（二）预计利润率的标准

房地产开发企业的预计利润如表 5-34 所示。

表 5-34 房地产开发企业预计利润率的标准

类型		预计利润率
非经济适用房开发项目	位于省、自治区、直辖市和计划单列市人民政府所在地城区和郊区的	不得低于 20%
	位于地级市、地区、盟、州城区及郊区的	不得低于 15%
	位于其他地区的	不得低于 10%
经济适用房开发项目		不得低于 3%

【例 5-38 · 计算题】某房地产开发公司 2015 年开发商品房一幢，到 12 月 31 日止销售了该幢商品房面积的 70%，取得预售收入 3200 万元，假定该房地产公司开发的商品房坐落在某地级市城市，企业所得税的预计利润率为 15%。试计算该房地产开发公司 2012 年开发该商品房应预缴的企业所得税。

『答案』

（1）预计利润额=3200×15%=480（万元）

（2）2015 年应预缴企业所得税=480×25%=120（万元）

第八节　源泉扣缴

一、扣缴义务人

对非居民企业在中国境内未设立机构、场所的，或者虽设立机构、场所但取得的所得与其所设机构、场所没有实际联系的，其应缴纳的所得税，实行源泉扣缴，以支付人为扣缴义务人。税款由扣缴义务人在每次支付或者到期应支付时，从支付或者到期应支付的款项中扣缴。

对非居民企业在中国境内取得工程作业和劳务所得应缴纳的所得税，税务机关可以指定工程价款或者劳务费的支付人为扣缴义务人

二、扣缴方法

扣缴义务人每次代扣的税款，应当自代扣之日起 7 日内缴入国库。

第九节　特别纳税调整

一、调整范围

一般纳税调整：会计与税法的差异。

特别纳税调整：税务机关出于实施反避税目的而对纳税人特定纳税事项所作的税务调整。

（一）关联方

关联方是指与企业有下列关联关系之一的企业、其他组织或者个人，具体指以下几类：

（1）在资金、经营、购销等方面存在直接或者间接的控制关系。

（2）直接或者间接地同为第三者控制。

（3）在利益上具有相关联的其他关系。

（二）关联企业之间关联业务的税务处理

1. 成本分摊

（1）企业与其关联方共同开发、受让无形资产，或者共同提供、接受劳务发生的成本，在计算应纳税所得额时应当按照独立交易原则进行分摊。

（2）企业与其关联方分摊成本时，应当按照成本与预期收益相配比的原则进行分摊，并在税务机关规定的期限内，按照税务机关的要求报送有关资料。

（3）企业与其关联方分摊成本时违反上述规定的，其自行分摊的成本不得在计算应纳税所得额时扣除。

2. 预约定价安排

企业就其未来年度关联交易的定价原则和计算方法，向税务机关提出申请，与税务机关按照独立交易原则协商、确认后达成的协议。

3. 关联申报

企业向税务机关报送年度企业所得税纳税申报表时，应当就其与关联方之间的业务往来，附送年度关联业务往来报告表。

税务机关在进行关联业务调查时，企业及其关联方，以及与关联业务调查有关的其他企业，应按规定提供相关资料。

4. 受控外国企业避税

由居民企业，或者由居民企业和中国居民控制的设立在实际税负低于 12.5%的税率水平的国家（地区）的企业，并非由于合理的经营需要而对利润不作分配或者减少分配的，上述利润中应归属于该居民企业的部分，应当计入该居民企业的当期收入。

控制的含义包括以下几种：

（1）居民企业或中国居民直接或者间接单一持有外国企业 10%以上有表决权股份，且由其共同持有该外国企业 50%以上股份；

（2）居民企业，或居民企业和中国居民持股比例没有达到第（1）项规定的标准，但在股份、资金、经营、购销等方面对该外国企业构成实质控制。

5. 资本弱化

企业从其关联方接受的债权性投资与权益性投资的比例超过规定标准而发生的利息支出，不得在计算应纳税所得额时扣除。

企业间接从关联方获得的债权性投资，包括：

（1）关联方通过无关联第三方提供的债权性投资；

（2）无关联第三方提供的、由关联方担保且负有连带责任的债权性投资；

（3）其他间接从关联方获得的具有负债实质的债权性投资。

6. 母子公司间提供服务支付费用

（1）应遵循独立交易原则，作为企业正常的劳务费用进行税务处理，否则税务机关有权予以调整。

（2）母公司以管理费形式向子公司提取费用，子公司因此支付给母公司的管理费，不得在税前扣除。

二、调整方法

税法规定对关联企业不符合独立原则而减少企业或者其关联方应纳税收入或者所得额的，调整方法如下。

（1）可比非受控价格法，是按照没有关联关系的交易各方进行相同或者类似业务往来的价格进行定价的方法。

（2）再销售价格法，是指按照从关联方购进商品再销售给没有关联关系的交易方的价格，减除相同或者类似业务的销售毛利进行定价的方法。

（3）成本加成法，是指成本加合理费用和利润进行定价的方法。

（4）交易净利润法，是指按照没有关联关系的交易各方进行相同或者类似业务往来取得的净利润水平确定利润的方法。

（5）利润分割法，是指将企业与其关联方的合并利润或者亏损在各方之间采用合理标准进行分配的方法。

（6）其他符合独立交易原则的方法。

三、核定征收

企业不提供与其关联方之间业务往来资料，或者提供虚假、不完整资料，未能真实反映其关联业务往来情况的，税务机关有权依法核定其应纳税所得额。核定方法有以下几种。

（1）参照同类或者类似企业的利润率水平核定。

（2）按照企业成本加合理的费用和利润的方法核定。

（3）按照关联企业集团整体利润的合理比例核定。

（4）按照其他合理方法核定。

四、加收利息

企业实施其他不具有合理商业目的的安排而减少其应纳税收入或所得额的，税务机关有权按照合理方法调整。

税务机关应当对补征的税款，自税款所属纳税年度的次年 6 月 1 日起至补缴税款之日止的期间，按日加收利息。加收的利息不得在计算应纳税所得额时扣除。

利息，应当按照税款所属纳税年度中国人民银行公布的与补税期间同期的人民币贷款基准利率加 5 个百分点计算。

企业依法在报送年度企业所得税纳税申报表时，附送了年度关联业务往来报告表的，可以只按规定的人民币贷款基准利率计算利息。

企业与其关联方之间的业务往来，不符合独立交易原则，或者企业实施其他不具有合理商业目的的安排的，税务机关有权在该业务发生的纳税年度起 10 年内，进行纳税调整。

第十节　征 收 管 理

一、纳税地点

（1）除另有规定外，居民企业以企业登记注册地为纳税地点；但登记注册地在境外的，以实际管理机构所在地为纳税地点。

（2）居民企业在中国境内设立不具有法人资格的营业机构的，应当汇总计算并缴纳企业所得税。

（3）除国务院另有规定外，企业之间不得合并缴纳企业所得税。

二、纳税期限

企业所得税按年计征，分月或者分季预缴，年终汇算清缴，多退少补。

自年度终了之日起5个月内，汇算清缴。

企业在年度中间终止经营活动的，应当自实际经营中止之日起60日内，向税务机关办理当期企业所得税汇算清缴。

三、纳税申报

企业所得税年度纳税申报是指企业所得税纳税人依照税收法律法规规定或主管税务机关依法确定的申报期限，向主管税务机关办理企业所得税年度纳税申报的业务。

实行查账征收方式和核定征收方式的企业所得税纳税人进行企业所得税年度申报可采用网上申报方式。

月份或者季度终了之日起15日内，企业应向税务机关报送预缴企业所得税纳税申报表，预缴税款。

企业在报送企业所得税纳税申报表时，应当按照规定附送财务会计报告和其他有关资料。

四、跨地区经营汇总纳税企业所得税征收管理

（一）基本原则和适用范围

1. 基本原则

统一计算、分级管理、就地预缴、汇总清算、财政调库

2. 适用范围

跨省市总分机构企业是指跨省（自治区、直辖市和计划单列市）设立不具有法人资格分支机构的居民企业。

总机构和具有主体生产经营职能的二级分支机构就地预缴企业所得税。

三级及三级以下分支机构，其营业收入、职工薪酬和资产总额等统一并入二级分支机构计算。

不具有主体生产经营职能且在当地不缴纳营业税、增值税的产品售后服务、内部研发、仓储等企业内部辅助性的二级分支机构以及上年度符合条件的小型微利企业及其分支机构，不实行本办法。

（二）税款预缴

由总机构统一计算企业应纳税所得额和应纳所得税额，并分别由总机构、分支机构按月或按季就地预缴。

（1）分支机构分摊预缴税款的，如表5-35所示。

表 5-35　分支机构分摊预缴税款计算规定表

时限	总机构在每月或每季终了之日起 10 日内，按比例将统一计算的企业当期应纳税额的 50%在各分支机构之间进行分摊
总分机构预缴比例	总机构：50%；分支机构：50% 所有分支机构应分摊的预缴总额=统一计算的企业当期应纳所得税额×50%
分支机构分摊比例	该分支机构分摊比例=（该分支机构营业收入/各分支机构营业收入之和）×0.35+（该分支机构职工薪酬/各分支机构职工薪酬之和）×0.35+（该分支机构资产总额/各分支机构资产总额之和）×0.30 当年新设立的分支机构第 2 年起参与分摊；当年撤销的分支机构自办理注销税务登记之日起不参与分摊
分支机构分摊预缴额	各分支机构分摊预缴额=所有分支机构应分摊的预缴总额×该分支机构分摊比例

（2）总机构就地预缴税款

总机构应将统一计算的企业当期应纳税额的 25%，就地办理缴库。

（3）总机构预缴中央国库税款

总机构应将统一计算的企业当期应纳税额的剩余 25%，就地全额缴入中央国库。

（三）汇总清算

（1）补缴的税款按照预缴的分配比例，50%由各分支机构就地办理缴库；25%由总机构就地办理缴库；其余 25%部分就地全额缴入中央国库。

（2）多缴的税款按照预缴的分配比例，50%由各分支机构就地办理退库；25%由总机构就地办理退库；其余 25%部分就地从中央国库退库。

（四）其他

跨省市总分机构企业缴纳的所得税查补税款、滞纳金、罚款收入，按中央与地方 60∶40 分成比例就地缴库。

本 章 小 结

企业所得税是对我国内资企业和经营单位的生产经营所得和其他所得征收的一种税。企业税收收入的确定和企业财务收入的确定有所不同，税法规定了企业的免税收入、不纳税收入、收入的特殊规则；按照税法的规定，企业的成本分为可以扣除的项目、限额扣除的项目和不得扣除的项目。计算企业应纳税所得额要严格按照税法的条例。

关 键 术 语

企业所得税　纳税人　征税对象　应纳税所得额　应纳税额　税收优惠

综合练习

一、思考题

1．企业所得税纳税人如何划分的？

2．企业所得税的纳税对象是什么？

3．企业所得税税前扣除项目的范围包括什么？

4．应纳税所得额和会计利润有什么区别和联系？

5．资产损失清单申报包括哪些情况？

6．企业重组适用特殊性税务处理的条件及处理规定是什么？

7．境外所得抵免税额应遵循什么原则？

二、计算题

1．某大型商场为增值税一般纳税人，企业所得税实行查账征收方式，适用税率为25%。假定每销售100元的商品，平均商品成本为60元。2015年年末商场决定开展促销活动，拟定“满100送20”，即每销售100元的商品，送出20元的商品。具体有如下几种方案：

方案1，顾客购买满100元，商场给予八折商业折扣的优惠。

方案2，顾客购买满100元，商场赠送折扣券20元（只能下次购物使用）。

方案3，顾客购买满100元，可获得20元的礼品。

请问：三种方案应交增值税、应交企业所得税和税后净利润一样吗？如何有差别，具体是多少？

2．某投资公司于2015年3月用银行存款900万元投资于一家玩具公司，占其总股本的80%，玩具公司当年获得税后利润600万元。该投资公司当年内部经营所得为-100万元，它有以下两种方案处理这笔利润（假设这两家公司的所得税率均为25%。）

方案1，2016年3月，玩具公司股东会决定将税后利润30%用于分配，投资公司可分得利润144万元。2016年8月投资公司将其拥有玩具公司的80%的股权全部转让给另外一家公司，转让价为1 000万元，转让过程支付的税费0.5万元；

方案2：玩具公司保持盈余不分配。2016年8月投资公司将其拥有玩具公司的80%的股权全部转让给另外一家公司，转让价为1 144万元，转让过程支付的税费0.6万元。

请问：投资公司应选择哪个方案比较好？为什么？

第六章

个人所得税法

学习目标

了解个人所得税纳税人的含义；描述出居民纳税人和非居民纳税人的判断标准；熟悉个人所得税的税目种类与含义；掌握计算个人所得税的应纳税额、捐赠的扣除和境外所得的税额扣除；了解个人所得税的税收优惠；注意个人所得税与企业所得税之间的联系和区别。

案例导入

华达公司是一家2011年成立的一人有限责任公司，法定代表人孙莉，注册资金人民币500万元，主要经营棉纱生产、销售。征收方式系查账征收，为增值税一般纳税人。2012～2015年均盈利。2016年，税务稽查在对其公司检查期间发现，2013～2014年，孙莉将她自有的一处房产向银行办理抵押贷款，与工行签订贷款合同，银行将贷款资金直接划至长兴公司，用于支付华达公司向长兴公司的货物采购款项。操作上，由华达公司向孙莉账户支付所需还款的本金和利息，而后，由孙莉将这笔款项从个人账户付给银行。这期间华达公司累计支付给孙莉个人账户本金1 500多万元，利息60多万元。稽查员发现张某未就取得的该部分利息收入申报缴纳个人所得税。

孙莉认为，公司是一人有限责任公司，自己就是老板，这笔借款是因为公司欠款产生，并且以自己名下房产抵押，自己并没有提高利息获利，对税务局要求她对60多万元利息缴纳个人所得税表示不理解。

【讨论】

1. 孙莉个人和一人有限责任公司之间存在怎样的法律关系？
2. 孙莉是否应对60万元的利息缴纳个人所得税？
3. 谈谈对个人所得税的认识。
4. 孙某的一人有限责任公司是否需要缴纳企业所得税？这家公司还需要缴纳哪些税种？

第一节　个人所得税法概述

个人所得税法是指国家制定的用以调整个人所得税征收与缴纳之间权利与义务关系的法

律规范。个人所得税是对个人（即自然人）的劳务和非劳务所得征收的一种税。1980 年 9 月 10 日第五届全国人民代表大会第三次会议审议通过了《中华人民共和国个人所得税法》（以下简称《个人所得税法》）。《个人所得税法》自实施以来，先后进行了五次修订，2011 年 6 月 30 日第十一届全国人民代表大会常务委员会第二十一次会议对《个人所得税法》进行了第六次修订。

个人所得税具有以下特点。

一、分类征收

世界各国的个人所得税制大体可分为三种类型：分类所得税制、综合所得税制和混合所得税制。我国现行个人所得税采用的是分类所得税制，即将个人取得的各种所得划分为 11 类，分别适用不同的费用减除规定、不同的税率和不同的计税方法。实行分类课征制度，可以广泛采用源泉扣缴法，加强源泉控管，简化纳税手续，方便征纳双方。同时还可以对不同所得实行不同的征税方法，便于体现国家的政策。

二、累进税率与比例税率并用

分类所得税制一般采用比例税率，综合所得税制通常采用累进税率。比例税率计算简便，便于实行源泉扣缴。累进税率可以合理调节收入分配，体现公平。我国现行个人所得税将这两种形式的税率运用于个人所得税制，其中对工资、薪金所得，个体工商户的生产经营所得，对企事业单位的承包、承租经营所得采用累进税率，实行量能负担；对特许权使用费所得、稿酬所得等采用比例税率，实行等比负担。

三、费用扣除额较宽

各国的个人所得税均有费用扣除的规定，只是扣除的方法及额度不尽相同。我国本着费用扣除从宽、从简的原则，采用费用定额扣除和定率扣除两种方法。例如，根据目前的所得税法，对工资、薪金所得每月扣除费用 3 500 元，对劳务报酬每次收入超过 4 000 元的，减除费用 20%。

四、计算简便

由于我国个人所得税的费用扣除采取总额扣除法，免去了对个人实际生活费用支出逐项计算的麻烦。而且，各种所得项目实行分类计算，各有明确的费用扣除规定，费用扣除项目及方法易于掌握，计算比较简单，符合税制简便原则。

采取源泉扣缴和自行申报两种征纳方法。我国《个人所得税法》规定，对纳税人的应纳税额分别采取由支付单位源泉扣缴和纳税人自行申报两种方法。对凡是可以在应税所得的支付环节扣缴个人所得税的，均由扣缴义务人履行代扣代缴义务。对于没有扣缴义务人，以及个人在两处以上取得工资、薪金所得的，由纳税人自行申报纳税。此外，对其他不便于扣缴税款的亦规定由纳税人自行申报纳税。自 2007 年 4 月 1 日起，年所得 12 万元以上的个人自行申报纳税。

第二节　纳税义务人与征税范围

个人所得税是以自然人取得的各类应税所得为征税对象而征收的一种所得税。

一、纳税人

个人所得税的纳税人包括中国公民、个体工商业户、个人独资企业、合伙企业投资者、在中国有所得的外籍人员（包括无国籍人员，下同）和港澳台同胞。按照住所和居住时间两个标准，分为居民纳税人和非居民纳税人。居民纳税人和非居民纳税人的划分如表 6-1 所示。

表 6-1　居民纳税人和非居民纳税人的划分标准

纳税人	判定标准	纳税义务
居民纳税人	① 在中国境内有住所的个人；或者 ② 在中国境内无住所，而在境内居住满 1 年的个人	就来源于中国境内和境外的全部所得纳税
非居民纳税人	① 在中国境内无住所又不居住的个人 ② 在中国境内无住所而在境内居住不满 1 年的个人	仅就来源于中国境内的所得纳税

在表 6-1 中，“居住满 1 年”是指在一个纳税年度（即公历 1 月 1 日起至 12 月 31 日止）内，在中国境内居住满 365 日。临时离境不扣减其在华居住的天数。一个纳税年度内，一次不超过 30 日或多次累计不超过 90 日的离境。

注意事项：

（1）对在中国境内无住所的个人，以该个人实际在华逗留天数计算。上述个人入境、离境、往返或多次往返境内外的当日，均按 1 天计算其在华实际逗留天数。

（2）对在中国境内、境外机构同时担任职务或仅在境外机构任职的境内无住所个人，对其入境、离境、往返或多次往返境内外的当日，均按半天计算为在华实际工作天数。

（3）个人独资企业、合伙企业投资者为个人所得税的纳税人。

二、征税范围

个人所得税的征税对象是个人取得的各项应税所得。我国现行个人所得税法中列举征收的个人所得共有 11 项，即 11 个应税项目，具有包括工资、薪金所得；个体工商户的生产、经营所得；对企事业单位的承包经营、承租经营所得；劳务报酬所得；稿酬所得；特许权使用费所得；利息、股息、红利所得；财产租赁所得；财产转让所得；偶然所得；经国务院财政部门确定征税的其他所得。

（一）工资、薪金所得

个人因任职或者受雇而取得的所得。

（1）工资薪金所得为非独立个人劳动所得，劳务报酬所得为独立个人劳动所得。

（2）不予征税项目：

① 独生子女补贴；

② 执行公务员工资制度未纳入基本工资总额的补贴、津贴差额和家属成员的副食品补贴；

③ 托儿补助费；

④ 差旅费津贴、误餐补助。误餐补助：个人因公在城区、郊区工作，不能在工作单位或返回就餐，根据实际误餐顿数，按规定标准领取的误餐补助费。单位以误餐补助名义发给职工的补助、津贴不能包括在内。

（3）个人取得公务交通、通讯补贴收入，扣除一定标准的公务费用后，按工资薪金所得计征个人所得税。

（4）公司职工取得的用于购买企业国有股权的劳动分红，按“工资、薪金所得”项目计征个人所得税。

（5）出租汽车经营单位对出租车驾驶员采取单车承包或承租方式运营，出租车驾驶员从事客货营运取得的收入，按工资、薪金所得项目征税。

(6) 退休人员再任职取得的收入，在减除按个人所得税法规定的费用扣除标准后，按“工资、薪金所得”项目缴纳个人所得税。

(7) 个人兼职取得的收入应按照“劳务报酬所得”应税项目缴纳个人所得税。

【例 6-1 • 多选题】下列各项中，应当按照工资、薪金所得项目征收个人所得税的有（　　）。

A．劳动分红　　　　B．独生子女补贴

C．差旅费津贴　　　　D．超过规定标准的误餐费

『答案』AD

（二）个体工商户的生产、经营所得

（1）个人独资企业和合伙企业投资者的生产经营所得，比照该税目征税。

（2）个人因从事彩票代销业务而取得的所得、从事个体出租车运营的出租车驾驶员取得的收入，按“个体工商户的生产、经营所得”缴纳个人所得税。出租车司机所得分情况纳税，如表 6-2 所示。

表 6-2　出租车司机所得的纳税情况

情形	适用税目
出租车属于个人所有	比照“个体工商户的生产、经营所得”项目征税
出租车属于出租汽车经营单位所有	工资薪金所得

（3）个体工商户和从事生产、经营的个人，取得与生产、经营活动无关的其他各项应税所得，应分别按照其他应税项目的有关规定，计征个人所得税。如对外投资取得的股息所得，应按“利息、股息、红利”税目的规定单独计征个人所得税。

（4）个人独资企业、合伙企业的个人投资者，以企业资金为本人、家庭成员及其相关人员支付与企业生产经营无关的消费性支出及购买汽车、住房等财产性支出，并入投资者个人的生产经营所得，依照“个体工商户的生产经营所得”项目计征个人所得税。

（三）对企事业单位的承包经营、承租经营所得

企业、事业单位的承包经营、承租经营所得，是指个人承包经营或承租经营以及转包、

转租取得的所得，还包括个人按月或者按次取得的工资、薪金性质的所得。个人对企事业单位的承包经营、承租经营形式较多，分配方式也不尽相同（见表 6-3）。

表 6-3　企事业单位的承包经营、承租经营所得税务处理情况表

情形	适用税目
对经营成果拥有所有权	对企事业单位的承包经营、承租经营所得
对经营成果不拥有所有权	工资薪金所得

（四）劳务报酬所得

劳务报酬所得，是指个人独立从事非雇佣的各种劳务所取得的所得，包括设计、装潢、安装、制图、化验、测试、医疗、法律、会计、咨询、讲学、新闻、广播、翻译、审稿、书画、雕刻、影视、录音、录像、演出、表演、广告、展览、技术服务、介绍服务、经纪服务、代办服务及其他劳务。

自 2004 年 1 月 20 日起，对商品营销活动中，企业和单位对其营销业绩突出的雇员以培训班、研讨会、工作考察名义组织旅游活动，通过免收差旅费、旅游费对个人实行奖励，应根据发生费用的全额并入营销人员当期的工资薪金所得，按照“工资、薪金所得”项目征收个人所得税，并由提供上述费用的企业和单位代扣代缴。

（五）稿酬所得

稿酬所得，是指个人因其作品以图书、报刊形式出版、发表而取得的所得。这里所说的作品，包括文学作品、书画作品、摄影作品以及其他作品。考虑稿酬所得的特殊性，应当将他与劳务报酬所得相区别，并给予适当的优惠政策。

（六）特许权使用费所得

特许权使用费所得，是指个人提供专利权、商标权、著作权、非专利技术以及其他特许权的使用权取得的所得。提供著作权的使用权取得的所得，不包括稿酬所得。作者将自己的文字作品手稿原价或复印件公开拍卖取得的所得，应属于提供著作权的使用权所得，按“特许权使用费所得”项目征收个人所得税，不能按“稿酬所得计税”。

（七）利息、股息、红利所得

（1）个人取得的国债利息收入和国家发行的金融债券利息收入，免税。

（2）以企业资金为本人、家庭成员及其相关人员支付与企业生产经营无关的消费性支出及购买汽车、住房等财产性支出；纳税年度内个人投资者从其投资企业借款，在该纳税年度终了后既不归还又未用于企业生产经营的税务处理如表 6-4 所示。

表 6-4　个人从公司借款、取得财产性收入等的税务处理

企业类型	税务处理
公司制企业的投资者、家庭成员等	利息、股息、红利所得
非公司制企业（个人独资、合伙企业）的投资者、家庭成员等	个体工商户的生产经营所得
本单位职工	工资薪金所得

（八）财产租赁所得

财产租赁所得，是指个人出租建筑物、土地使用权、机器设备、车船以及其他财产取得的所得。个人取得的财产转租收入，属于“财产租赁所得”的征税范围。若产权所有人死亡，在未办理产权继承手续期间，该财产因出租而有租金收入的，领取租金的个人负有纳税义务。

（九）财产转让所得

财产转让所得，是指个人转让有价证券、股票、建筑物、土地使用权、机器设备、车船以及其他财产取得的所得。

目前，国家对股票转让所得暂不征收个人所得税。对个人出售自有住房取得的所得按照“财产转让所得”征收个人所得税，但对个人转让自用 5 年以上并且是家庭唯一生活用房的所得，免征个人所得税。

（十）偶然所得

偶然所得，是指个人得奖、中奖、中彩以及其他偶然性质的所得。其中，得奖是指参加各种有奖竞赛活动，取得名次获得的奖金；中奖、中彩是指参加各种有奖活动，如有奖销售、有奖储蓄，或者购买彩票，经过规定程序，抽中、摇中号码而取得的奖金。偶然所得应缴纳的个人所得税税款，一律由发奖单位或机构代扣代缴。另《个人所得税法》规定：个人购买福利彩票、赈灾彩票、体育彩票一次征奖收入在 1 万元以下（含 1 万元）的，暂免征个人所得税；一次征奖收入超过 1 万元的，全额征收个人所得税。

（十一）其他所得

除上述列举的各项个人应税所得外，其他确有必要征税的个人所得，由国务院财政部门确定。个人取得的所得，难以界定应纳税所得项目的，由主管税务机关确定。

注意：个人为单位或他人提供担保获得报酬，应按“其他所得”项目缴纳个人所得税。

【例 6-2·多选题】下列个人收入，属于纳税人应按“劳务报酬”所得缴纳个人所得税的有（　　）。

A．张某办理内退手续后，在其他单位重新就业取得的收入

B．王某由任职单位派遣到外商投资企业担任总经理取得的收入

C．陈某为供货方介绍业务，从供货方取得的佣金

D．演员江某外地演出取得由当地主办方支付的演出费

『答案』CD

三、所得来源地的确定

下列所得不论支付地点是否在中国境内，均为来源于中国境内的所得：

（1）因任职、受雇、履约等而在中国境内提供劳务取得的所得；

（2）将财产出租给承租人在中国境内使用而取得的所得；

（3）转让中国境内的建筑物、土地使用权等财产或者在中国境内转让其他财产取得的所得；

（4）许可各种特许权在中国境内使用而取得的所得；
（5）从中国境内的公司、企业以及其他经济组织或者个人取得的利息、股息、红利所得。

第三节　税率与应纳税所得额的确定

一、税率

不同的税目采用的税率有些不同，有累计税率和比例税率两种（见表 6-5）。

表 6-5　个人所得税税率比较表

应税项目	税率	注意事项
① 工资、薪金所得	7 级超额累进税率	按全月应纳税所得额确定适用税率
② 个体工商户生产、经营所得 ③ 对企事业单位承包经营、承租经营所得	5 级超额累进税率	① 按全年应纳税所得额确定适用税率 ② 对企事业单位承包经营、承租经营所得：对经营成果拥有所有权，执行 5 级超额累进税率；对经营成果不拥有所有权：按“工资薪金所得”征税
④ 稿酬所得	比例税率，税率为 20%	按应纳税额减征 30%，其实际税率为 14%
⑤ 劳务报酬所得（掌握）	名义上为 20%比例税率，但实际为 3 级超额累进税率	按应纳税所得额确定适用税率
⑥ 特许权使用费所得 ⑦ 利息、股息、红利所得 ⑧ 财产转让所得 ⑨ 财产租赁所得 ⑩ 偶然所得 ⑪ 其他所得	20%比例税率	① 自 2008 年 10 月 9 日（含）起，暂免征收储蓄存款利息所得的个人所得税。 ② 对个人出租住房取得的所得暂减按 10%的税率征收个人所得税。

【例 6-3 • 多选题】下列各项中，适用 5%～35%的五级超额累进税率征收个人所得税的有（　　）。

A．个体工商户的生产经营所得
B．合伙企业的生产经营所得
C．个人独资企业的生产经营所得
D．对企事业单位的承包经营、承租经营所得

『答案』ABCD

二、应纳税所得额的规定

个人所得税应纳税所得额的征税方法如表 6-6 所示。

表 6-6　个人所得税应纳税所得额的征税方法

税目	征税方法
工资薪金所得	按月
个体工商户，对企事业单位承租经营、承包经营所得	按年
其他	按次

（一）每次收入的确定

（1）劳务报酬所得：

① 只有一次性收入的，以取得该项收入为一次；

② 属于同一事项连续取得收入的，以 1 个月内取得的收入为一次；不能以每天取得的收入为一次。

（2）稿酬所得（见表 6-7）。

表 6-7 稿酬所得次数规定情况

以每次出版、发表取得的收入为一次	
① 同一作品再版取得的所得	应视为另一次稿酬所得计征个税
② 同一作品先在报刊上连载，然后再出版，或者先出版，再在报刊上连载的	应视为两次稿酬所得征税，即连载作为一次，出版作为另一次
③ 同一作品在报刊上连载取得收入的	以连载完成后取得的所有收入合并为一次，计征个税
④ 同一作品在出版和发表时，以预付稿酬或分次支付稿酬等形式取得稿酬收入	应合并计算为一次
⑤ 同一作品出版、发表后，因添加印数而追加稿酬的	应与以前出版、发表时取得的稿酬合并计算为一次计征个税

（3）特许权使用费所得，以某项使用权的一次转让所取得的收入为一次

如果该次转让取得的收入是分笔支付的，则应将各笔收入相加为一次的收入，计征个税。

（4）利息、股息、红利所得，以支付利息、股息、红利时取得的收入为一次。

（5）财产租赁所得，以一个月内取得的收入为一次。

（6）财产转让所得，以财产所有权或使用权的一次转让所取得的收入为一次。

（7）偶然所得，以每次收入为一次。

（8）其他所得，以每次收入为一次。

（二）费用减除标准

个人所得税应纳税所得额的费用减除公式为

应纳税所得额=收入−税法规定的费用减除标准

我国现行个人所得税根据所得的不同情况分别实行定额、定率和会计核算三种扣除办法。

（1）工资、薪金所得：根据个税新规定，自 2011 年 9 月 1 日起，费用扣除额为 3 500 元/月。另外，针对以下人员在费用扣除额为 3 500 元/月基础上附加减除费用 1 300 元，即费用扣除额为 4 800 元/月：

① 在中国境内工作取得工资、薪金所得的外籍人员、华侨、港澳台同胞；

② 在中国境内有住所而在中国境外任职或者受雇取得工资、薪金所得的个人。

（2）个体工商户的生产、经营所得：

① 应纳税所得额=每一纳税年度的收入总额−成本、费用以及损失。

② 个人独资企业的投资者：以全部生产经营所得为应纳税所得额。

③ 合伙企业投资者的应纳税所得额=合伙企业的全部生产经营所得×合伙协议约定的分配比例；没有分配比例的，则平均计算。

④ 上述生产经营所得包括企业分配给投资者个人的所得和企业当年留存的所得：只要个体工商户（含合伙企业、个人独资企业）的生产经营所得已实现，无论是否分配，都需要缴纳个人所得税。

（3）对企事业单位的承包经营、承租经营所得：

应纳税所得额=每一纳税年度的收入总额−必要费用（3 500 元/月）

收入总额=分得的经营利润+工资、薪金性质的所得

（4）劳务报酬所得、稿酬所得、特许权使用费所得、财产租赁所得如表 6-8 所示。

表 6-8　劳务报酬、稿酬、特许权使用费和财产租赁收入的费用扣除

费用	扣除额
每次收入≤4 000 元	定额扣除 800 元
每次收入＞4 000 元	定率扣除 20%

（5）财产转让所得：

应纳税所得额=转让财产的收入额−财产原值−合理费用（卖出财产时按规定支付的有关费用）

（6）利息、股息、红利所得，偶然所得，其他所得：无费用扣除，以每次收入额为应纳税所得额。

【例 6-4・多选题】下列各项中，以取得的收入为应纳税所得额直接计征个人所得税的有（　　）。

A．稿酬所得　　B．偶然所得

C．股息所得　　D．特许权使用费所得

『答案』BC

【例 6-・·计算题】张某承揽一项房屋装潢工程，工程 3 个月完工。房主第一个月支付给张某 10 000 元，第二个月支付 15 000 元，第三个月支付 30 000 元。计算张某应纳个人所得税。

『答案』

适用税目：劳务报酬所得。

次数的规定：只有一次性收入的，以取得该项收入为一次。

应纳税所得额=(10 000+15 000+30 000)×(1−20%)=44 000（元）

应纳税所得额超过 20 000 元，适用加成征收办法。

应纳税额=44 000×30%−2 000=11 200（元）

（三）应纳税所得额的其他规定

（1）个人将其所得用于公益救济性捐赠，捐赠额未超过纳税人申报的应纳税所得额 30% 的部分，可从其应纳税所得额中扣除。

个人通过非营利的社会团体和国家机关向农村义务教育（含农村义务教育与高中在一起的学校）的捐赠，准予在缴纳个人所得税前的所得额中全额扣除。

（2）个人的所得（不含偶然所得和其他所得）用于资助非关联的科研机构和高等学校研究开发新产品、新技术、新工艺所发生的研究开发经费，经主管税务机关确定，可以全额在下月或下次或当年计征个人所得税时，从应纳税所得额中扣除，不足抵扣的，不得结转抵扣。

（3）个人取得的应纳税所得，包括现金、实物和有价证券。

【例 6-6 • 单选题】2015 年 8 月，李某出版小说一本取得稿酬 80 000 元，从中拿出 20 000 元通过国家机关捐赠给受灾地区。李某 8 月份应缴纳个人所得税（　　）元。

A. 6 160　　B. 6 272　　C. 8 400　　D. 8 960

『答案』B

第四节 应纳税额的计算

个人所得税计算的思路如下：①明确税收优惠，有无免税所得。②明确适用的应税项目。③根据所得额确定应纳税所得额，一定要注意扣除的问题。④如为累进税率，根据应纳税所得额确定适用税率和速算扣除数。⑤计算应纳税额：超额累进税率下，应纳税额=应纳税所得额×适用税率-速算扣除数；比例税率下，应纳税额=应纳税所得额×适用税率。⑥如有税收优惠，注意减免税额。

一、工资、薪金所得应纳税额的计算

税率：7 级超额累进税率。

纳税期限：月。

相关公式：

应纳税所得额=每月收入-3 500 元（或 4 800 元）

应纳税额=应纳税所得额×适用税率-速算扣除数

其适用的税率如表 6-9 所示。

表 6-9 个人所得税税率表（工资、薪金所得适用）

级数	全月应纳税所得额	税率（%）	速算扣除数
1	不超过 1 500 元的	3	0
2	超过 1 500 元至 4 500 元的部分	10	105
3	超过 4 500 元至 9 000 元的部分	20	555
4	超过 90 00 元至 35 000 元的部分	25	1 005
5	超过 35 000 元至 55 000 元的部分	30	2 755
6	超过 55 000 元至 80 000 元的部分	35	5 505
7	超过 80 000 元的部分	45	13 505

【例 6-7 • 单选题】在天津一外商投资企业中工作的美国专家 2016 年 4 月份取得由该企业发放的工资收入 10 000 元人民币。其应纳的个人所得额为（　　）元。

A. 1 465　　B. 1 305　　C. 1 040　　D. 485

『答案』D

二、个体工商户的生产、经营所得应纳税额的计算

税率：5 级超额累进税率。

纳税期限：年。

（3）相关公式：

应纳税所得额=全年收入总额-成本、费用及损失

应纳税额=应纳税所得额×适用税率-速算扣除数

注意：个体工商户扣除项目的规定与企业所得税扣除项目的标准基本相同，不同之处：个体工商户业主的工资在税前不允许扣除，业主费用扣除标准统一为 3 500 元/月，全年 42 000 元/年（2011 年 9 月 1 日起）。其适用的税率如表 6-10 所示。

表 6-10 个人所得税税率表（个体工商户的生产、经营所得和对企事业单位的承包经营、承租经营所得适用）

级数	全年应纳税所得额	税率（%）	速算扣除数（元）
1	不超过 15 000 元的	5	0
2	超过 15 000 元至 30 000 元的部分	10	750
3	超过 30 000 元至 60 000 元的部分	20	3 750
4	超过 60 000 元至 100 000 元的部分	30	9 750
5	超过 100 000 元的部分	35	14 750

对个人独资企业和合伙企业生产经营所得，个人所得税有两种计算办法：查账征税、核定征税。

（一）查账征税

扣除项目的规定与企业所得税扣除项目的标准基本相同。

（1）投资者本人的费用扣除标准统一确定为 42 000 元/年（自 2011 年 9 月 1 日开始）。投资者的工资不得在税前扣除。

（2）向其从业人员实际支付的合理的工资、薪金支出，允许在税前据实扣除。

（3）投资者及其家庭发生的生活费用不允许在税前扣除。与企业经营费用混在一起，难以划分的，全部视为投资者个人及其家庭发生的生活费用，不允许在税前扣除。

（4）企业生产经营和投资者及其家庭生活共用的固定资产，难以划分的，由主管税务机关根据企业的生产经营类型、规模等具体情况，核定准予在税前扣除的折旧费用的数额或比例。

（5）个体工商户和从事生产、经营的个人取得与生产、经营活动无关的各项应税所得，应分别适用各应税项目的规定计征个税。

（6）投资者兴办两个或两个以上企业，并且企业性质全部是独资的，年度终了后，汇算清缴时，应纳税款的计算按以下方法进行：

① 应纳税所得额=∑各个企业的经营所得，以此确定适用税率、速算扣除数；

② 应纳税额=应纳税所得额×税率-速算扣除数；

③ 本企业应纳税额=应纳税额×本企业的经营所得÷∑各企业的经营所得；本企业应补缴的税额=本企业应纳税额-本企业预缴的税额。

【例 6-8 · 单选题】下列关于个人独资企业计算个人所得税时有关扣除项目的表述，正确的是（　　）。

A. 企业发生的工会经费、职工福利费扣除比例分别是 14%、2.5%

B．投资者及职工工资不得在税前扣除

C．企业年度内发生的业务招待费超出当年销售收入 5‰的部分，可在以后纳税年度内扣除

D．企业计提的各种准备金不得在税前扣除

『答案』D

【例 6-9·计算题】居住在市区的中国居民李某，为一中外合资企业的职员，2016 年 1~12 月份，与 4 个朋友合伙经营一个酒吧，年底酒吧将 30 万元生产经营所得在合伙人中进行平均分配。

要求：计算李某分得的生产经营所得应缴纳的个人所得税。

『答案』

李某应纳税所得额=300 000÷5=60 000（元）

生产经营所得应缴纳的个人所得税=60 000×20%−3 750=8 250（元）

（二）核定征收

核定征收定额征收、核定应税所得率、其他合理的征收方式。

（1）核定应税所得率：

应纳税所得额=收入总额×应税所得率

=成本费用支出额÷(1−应税所得率)×应税所得率

应纳税额=应纳税所得额×适用税率−速算扣除数

（2）实行核定征税的投资者，不能享受个人所得税的优惠政策。

（3）实行查账征税方式的个人独资企业和合伙企业改为核定征税方式后，在查账征税方式下认定的年度经营亏损未弥补完的部分，不得再继续弥补。

三、对企事业单位承包经营、承租经营所得应纳税额的计算

（1）税率：5 级超额累进税率。

（2）纳税期限：年。

（3）相关公式：

应纳税所得额=纳税年度收入总额−必要费用

其中：纳税年度收入总额=分得的经营利润+工资、薪金性质的所得。

注意：纳税年度收入总额中包括承包人个人工资，但不包括上缴的承包费。

必要费用为 3 500 元/月；42 000 元/年。

四、劳务报酬所得应纳税额的计算

（一）应纳税所得额

劳务报酬所得应纳税所得额采取定额或定率扣除。

（二）税率

按应纳税所得额确定适用税率如表 6-11 所示。

表 6-11　劳务报酬所得适用的税率

级数	每次应纳税所得额	税率（%）	速算扣除数（元）
1	不超过 20 000 元的部分	20	0
2	20 000～50 000 元的部分	30	2 000
3	超过 50 000 元的部分	40	7 000

【例 6-10・单选题】歌星刘某一次取得表演收入 60 000 元，其应纳个人所得税税额是（　　）元。

A．9 600　　B．12 000　　C．12 400　　D．14 400

『答案』C

（三）为纳税人代付税款的计算方法

（1）不含税劳务报酬收入适用税率如表 6-12 所示。

表 6-12　不含税劳务报酬收入适用税率

级数	不含税劳务报酬收入额	税率（%）	速算扣除数（元）	换算系数（%）
1	超过 800～3360 元的部分	20%	0	无
2	超过 3 360～21 000 元部分	20%	0	84
3	超过 21 000～49 500 元部分	30%	2 000	76
4	超过 49 500 元部分	40%	7 000	68

（2）不含税劳务报酬分界点的计算，如表 6-13 所示。

表 6-13　不含税劳务报酬分界点

含税收入（元）	应纳税所得额（元）	应纳税额（元）	不含税劳务报酬收入（元）
4 000	3 200	640	3 360
25 000	20 000	4 000	21 000
62 500	50 000	13 000	49 500

（3）换算系数。

【例 6-11・计算题】某人不含税劳务报酬收入 65 000 元，计算其应纳个人所得税额。

『答案』设含税收入为 X，则

$$X-[(1-20\%)\times 40\%X-7\,000]=65\,000\text{（元）}$$

$$68\%X+7\,000=65\,000\text{（元）}$$

$$X=(65\,000-7\,000)/68\%=85\,294.12\text{（元）}$$

应纳个人所得税额=85 294.12−65 000=20 294.12（元）

（4）将不含税收入换算为含税收入（见表 6-14）。

表 6-14　将不含税收入换算为含税收入

不含税收入	税率（%）	速算扣除数（元）	含税收入
不超过 3 360 元	20	0	（不含税收入−160）/80%
3 360～21 000 元	20	0	不含税收入/84%

续表

不含税收入	税率（%）	速算扣除数（元）	含税收入
21 000～49 500 元	30	2 000	（不含税收入-2 000）/76%
超过 49 500 元	40	7 000	（不含税收入-7 000）/68%

【例 6-12·计算题】高级工程师赵某为泰华公司进行一项工程设计，按照合同规定，公司应支付赵先生的劳务报酬 48 000 元，与其报酬相关的个人所得税由公司代付。不考虑其他税收的情况下，计算公司应代付的个人所得税税额。

『答案』

（1）含税收入额=(48 000−2 000)/76%=60 526.32（元）

（2）应纳税所得额=60 526.32×80%=48 421.05（元）

（3）应代付个人所得税=48 421.05×30%−2 000=12 526.32（元）

或

应代付个人所得税=含税收入额-不含税收入额=60 526.32−48 000=12 526.32（元）

五、稿酬所得应纳税额的计算

（1）定额或定率扣除。

（2）税率 20%，税额减征 30%。

（3）关于合作出书问题。应该先分钱，后扣费用，再缴税。

【例 6-13·单选题】作家李先生从 2015 年 3 月 1 日起在某报刊连载一小说，每期取得报社支付的收入 300 元，共连载 110 期（其中 3 月份 30 期）。9 月份将连载的小说结集出版，取得稿酬 48 600 元。下列各项关于李先生取得上述收入缴纳个人所得税的表述，正确的是（　　）。

A．小说连载每期取得的收入应由报社按劳务报酬所得代扣代缴个人所得税 60 元

B．小说连载取得收入应合并为一次，由报社按稿酬所得代扣代缴个人所得税 3 696 元

C．3 月份取得的小说连载收入应由报社按稿酬所得于当月代扣缴个人所得税 1 800 元

D．出版小说取得的稿酬缴纳个人所得税时允许抵扣其中报刊连载时已缴纳的个人所得税

『答案』B

六、特许权使用费所得应纳税额的计算

特许权使用费所得应纳税额的计算如表 6-15 所示。

表 6-15　特许权使用费所得应纳税额的计算

情形	应纳税额
每次收入不足 4 000 元的	应纳税额=(每次收入额-800)×20%
每次收入在 4 000 元以上的	应纳税额=每次收入额×(1-20%)×20%

七、利息、股息、红利所得应纳税额的计算

利息、股息、红利所得应纳税额的计算公式为

应纳税额=应纳税所得额×适用税率=每次收入额×20%

注意：储蓄存款利息适用税率，2007 年 8 月 15 日前为 20%，2007 年 8 月 15 日起降为 5%，2008 年 10 月 9 日起暂免征收。

八、财产租赁所得应纳税额的计算

（一）应纳税所得额

（1）财产租赁所得以 1 个月内取得的收入为一次。

（2）定额或定率减除：①每次收入≤4 000 元，每次收入额减除 800 元。②每次收入＞4 000 元，定率减除 20%的费用。

（3）纳税人在出租财产过程中缴纳的税金和教育费附加，可持完税凭证，从其财产租赁收入中扣除。

（4）个人出租房产的规定。在计算应纳税所得额时从收入中依次扣除以下费用：

① 财产租赁过程中缴纳的税费（营业税、城市维护建设税、教育费附加、房产税、印花税）；

② 取得转租收入的个人向出租方支付的租金；

③ 由纳税人负担的该出租财产实际开支的修缮费用（每次 800 元为限，一次扣不完的下次继续扣除，直到扣完为止）（见表 6-16）。

表 6-16 个人出租房产应纳税所得额的计算

情形	应纳税所得额
每次（月）收入≤4 000 元的	每次（月）收入额-准予扣除项目-修缮费用（800 元为限）-800 元
每次（月）收入＞4 000 元的	[每次（月）收入额-准予扣除项目-修缮费用（800 元为限）]×（1-20%）

（二）应纳税额的计算方法

财产租赁所得适用税率为 20%。但是对于个人按市场价格出租的居民住房取得的所得，暂减按 10%的税率征收个人所得税。其相关计算公式为

应纳税额=应纳税所得额×适用税率

【例 6-14·计算题】张先生系某市一公司职员（中国公民），2015 年 1～6 月收入情况如下：

（1）每月取得工资收入 4 900 元。

（2）1 月份取得上年一次性奖金 48 000 元（上年每月工资 4 600 元）。

（3）3 月份取得特许权使用费所得 50 000 元。

（4）每月取得出租居民住房租金收入 5 000 元（按市场价出租，当期未发生修缮费用）。

要求：（1）计算 1～6 月工资应缴纳的个人所得税。

（2）计算奖金应缴纳的个人所得税。

（3）计算特许权使用费应缴纳的个人所得税。

（4）计算 1～6 月租金收入应缴纳的营业税。

（5）计算 1～6 月租金收入应缴纳的城市维护建设税。

（6）计算 1～6 月租金收入应缴纳的教育费附加。

（7）计算 1～6 月租金收入应缴纳的房产税。

（8）计算 1～6 月租金收入应缴纳的个人所得税。

『答案』

（1）1～6 月工资应纳个人所得税=(4 900−3 500)×3%×6=252（元）

（2）商数=48 000÷12=4 000（元），适用税率是 10%，速算扣除数是 105 元，则

应纳个人所得税=48 000×10%−105=4 695（元）

（3）特许权使用费应缴纳的个人所得税

=50 000×(1−20%)×20%=8 000（元）

（4）按市场价格出租的居民住房，按 3%减半征收营业税：

1～6 月租金收入应纳营业税=5 000×3%×50%×6=450（元）

（5）1～6 月租金收入应纳城市维护建设税=450×7%=31.5（元）

（6）1～6 月租金收入应纳教育费附加=450×3%=13.5（元）

（7）自 2008 年 3 月 1 日起，个人出租住房，不区分用途，按 4%的税率征收房产税：

1～6 月租金收入应纳房产税=5 000×4%×6=1 200（元）

（8）1～6 月租金收入应缴纳的个人所得税

=[5 000−5 000×3%×50%×(1+7%+3%)−5 000×4%]×(1−20%)×10%×6

=2 264.4（元）

九、财产转让所得应纳税额的计算

一般情况下财产转让所得应纳税额的计算公式为

应纳税额=应纳税所得额×适用税率

=（收入总额−财产原值−合理税费）×20%

【例 6-15 • 计算题】某人建房一幢，造价 36 000 元，支付费用 2 000 元。该人转让房屋，售价 60 000 元，在卖房过程中按规定支付交易费等有关费用 2 500 元，计算其应纳个人所得税税额。

『答案』

应纳税所得额=财产转让收入−财产原值−合理费用

=60 000−(36 000+2 000)−2 500

=19 500（元）

应纳税额=19 500×20%=3 900（元）

十、偶然所得应纳税额的计算

偶然所得应纳税额的计算公式为

应纳税额=应纳税所得额×适用税率=每次收入额×20%

【例 6-16 • 计算题】陈某在参加商场的有奖销售过程中，中奖所得共计价值 20 000 元。陈某领奖时告知商场，从中奖收入中拿出 4 000 元通过教育部门向某希望小学捐赠。计算商场代扣代缴个人所得税后，陈某实际可得中奖金额。

『答案』

（1）捐赠扣除限额=20 000×30%=6 000（元）

因此，陈某的捐赠额可以全部从应纳税所得额中扣除

（2）应纳税所得额=20 000−4 000=1 6000（元）
（3）应纳税额（即商场代扣税款）=16 000×20%=3 200（元）
（4）陈某实际可得金额=20 000−4 000−3 200=12 800（元）

十一、其他所得应纳税额的计算

其他所得应纳税额的计算公式为
应纳税额=应纳税所得额×适用税率=每次收入额×20%

十二、应纳税额计算中的特殊问题

（一）个人取得全年一次性奖金应纳税额的计算

1. 基本规定

单独作为1个月工资、薪金所得计算纳税，由扣缴义务人发放时代扣代缴（见表6-17）。

表6-17 全年一次性奖金应纳税额的计算表

项目	确定税率和速算扣除数	计算应纳税额
当月工资超过费用扣除额	商数=全年一次性奖金/12，按其商数确定适用税率和速算扣除数	应纳税额=雇员当月取得全年一次性奖金×适用税率−速算扣除数
当月工资未超过费用扣除额	商数=（全年一次性奖金−雇员当月工资薪金所得与费用扣除额的差额）/12，按其商数确定适用税率和速算扣除数	应纳税额=（雇员当月取得全年一次性奖金−雇员当月工资薪金所得与费用扣除额的差额）×适用税率−速算扣除数

注意：
（1）一个纳税年度内，对每一个纳税人，上述计税办法只允许采用一次。
（2）雇员取得除全年一次性奖金以外的其他各种名目奖金，如半年奖、季度奖、加班奖、先进奖、考勤奖等，一律与当月工资、薪金收入合并，按税法规定缴纳个人所得税。

【例6-17·计算题】李丽为中国公民，2015年12月份的工资为3 300元，12月31日又一次性领取年终奖24 200元。计算李丽取得该笔奖金应缴纳的个人所得税。
『答案』
① 商数=[24 200−(3 500−3 300)]÷12=2 000（元）
故适用的税率为10%，速算扣除数为105
② 应纳税额=[24 200−(3 500−3 300)]×10%−105=2 295（元）

2. 雇主为雇员承担全年一次性奖金部分税款应纳税额的计算

【例6-18·计算题】张某为中国公民，2015年1月取得2014年不含税全年一次性奖金收入64 800元。张某取得的全年一次性奖金应缴纳多少个人所得税？（注：1月份工资超过扣除标准）
『答案』
（1）由于1月的工资超过费用扣除标准，可直接用不含税奖金除以12的商数来确定适用税率和速算扣除数。每月的不含税奖金=64 800÷12=5 400（元），查找表适用税率和速算扣除数分别为 20%和 555 元。

（2）含税的全年一次性奖金收入=(64 800−555)÷(1−20%)=80 306.25（元）

（3）每月的含税奖金=80 306.25÷12=6 692.19（元），适用税率和速算扣除数分别为 20%和 555 元。

（4）应纳个人所得税=80 306.25×20%−555=15 506.25（元）

（二）低价向职工销售住房的个人所得税的征税规定

低价向职工销售住房的个人所得税的征税规定如表 6-18 所示。

表 6-18　低价向职工销售住房的税务处理

情形	税务处理
各单位在住房制度改革期间，按照所在地县级以上人民政府规定的房改成本价格向职工出售公有住房，职工因支付的房改成本价格低于房屋建造成本价格或市场价格而取得的差价收益	免征个人所得税
其他情形下，单位按低于购置或建造成本价格出售住房给职工，职工因此而少支出的差价部分	按“全年一次性奖金”计征个税

（三）特定行业职工工资、薪金所得的计税方法

所谓的特定行业，包括采掘业、远洋运输业、远洋捕捞业。

特定行业职工工资、薪金所得按月预缴，年终终了后 30 日内合计计算全年工资、薪金所得，按月平均计算应纳税款，多退少补

（四）关于保险费（金）征税问题

1. 基本规定

关于保险费（金）征收个人所得税，基本规定如表 6-19 所示。

表 6-19　各种保险费的税务处理

类型	税务处理
基本保险	免征个税
补充保险	征个税，但补充养老保险计税方法有优惠
商业保险	征个税，应在企业向保险公司缴付时并入员工当期的工资收入，按“工资、薪金所得”项目计征个人所得税，税款由企业负责代扣代缴

2. 企业年金（补充养老保险）

关于企业年金征收个人所得税，具体规定如表 6-20 所示。

表 6-20　企业年金的税务处理

情形			税务处理
个人缴费			不得在计算个税时扣除
企业缴费	月工资低于费用扣除标准	月工资+企业缴费≤费用扣除标准	不征个税
		月工资+企业缴费>费用扣除标准	超过部分征收个税
	职工月工资高于费用扣除标准		企业缴费部分单独作为一个月工资，缴纳个税

【例 6-19·计算题】某公司发放给职工的工资及保险、住房公积金缴纳情况如表 6-21 所示，计算应纳个人所得税。

表 6-21　某公司职工的工资及保险、住房公积金缴纳情况　　单位：元

姓名	工资	个人缴费		企业缴费		个税
		基本保险及住房公积金	补充养老保险	基本保险及住房公积金	补充养老保险	
张鑫	3 800	850	190	1 140	190	
王路	4 400	980	220	1 320	220	
李凡	8 900	1 980	445	2 670	445	

『答案』张鑫的月应税工资及应纳个人所得税额如表 6-22 所示。

表 6-22　职工张鑫的应纳个人所得税情况　　单位：元

姓名	工资	个人缴费		企业缴费		个税
		基本保险及住房公积金	补充养老保险	基本保险及住房公积金	补充养老保险	
张鑫	3 800	850	190	1 140	190	0

月应税工资=3 800−850=2 950＜3 500（元）

月应税工资+企业缴费=2 950+190=3 140＜3 500（元）

王路的月应税工资及应纳个人所得税额如表 6-23 所示。

表 6-23　职工王路的应纳个人所得税情况　　单位：元

姓名	工资	个人缴费		企业缴费		个税
		基本保险及住房公积金	补充养老保险	基本保险及住房公积金	补充养老保险	
王路	4400	980	220	1 320	220	0

月应税工资=4 400−980=3 420＜3 500（元）

月应税工资+企业缴费=3 420+220=3 640＞3 500（元）

应纳税额=(3 640−3 500)×3%=4.2（元）

李凡的应税工资及应纳个人所得税额如表 6-24 所示。

表 6-24　职工李凡的应纳个人所得税情况　　单位：元

姓名	工资	个人缴费		企业缴费		个税
		基本保险及住房公积金	补充养老保险	基本保险及住房公积金	补充养老保险	
李凡	8 900	1 980	445	2 670	445	250.35

月应税工资=8 900−1 980=6 920＞3 500（元）

应纳税额=(6 920−3 500)×10%−105+445×3%=250.35（元）

（五）退职费、内部退养收入、提前退休收入征税问题

不属于免税收入，应按“工资、薪金所得”缴纳个人所得税。

1. 退职费

视为一次取得数月的工资、薪金收入，并以原每月工资、薪金收入总额为标准，划分为

若干月份的工资、薪金收入后，计算应纳个人所得税额。但最多不得超过 6 个月。

个人退职后 6 个月内又再次任职、受雇的，对个人已缴纳个人所得税的退职费收入，不再与再次任职、受雇取得的工资、薪金所得合并计算补缴个人所得税。

2. 内部退养收入

在办理内部退养手续后从原任职单位取得的一次性收入，应按办理内部退养手续后至法定离退休年龄之间的所属月份进行平均，并与领取当月的“工资、薪金”所得合并后减除当月费用扣除标准，以余额为基数确定适用税率，再将当月工资、薪金加上取得的一次性收入，减去费用扣除标准，按适用税率征收个人所得税。

个人在办理内部退养手续后至法定退休年龄之间重新就业取得的“工资、薪金”所得，应与其从原任职单位取得的同一月份的“工资、薪金”所得合并缴纳个人所得税。

【例 6-20·单选题】因单位减员增效，距离法定退休年龄尚有 3 年零 4 个月的王某，于 2015 年 3 月办理了内部退养手续，当月领取工资 3 800 元和一次性补偿收入 80 000 元。王某 3 月份应缴纳个人所得税（　　）元。

A. 2 409　　B. 7 925　　C. 8 030　　D. 22 630

『答案』B

『解析』①按办理内部退养手续后至法定离退休年龄之间的所属月份进行平均：80 000/40=2 000（元）。②2 000+3 800−3 500=2 300（元），税率 10%，速算扣除数 105。③应纳税额=(80 000+3 800−3 500)×10%−105=7 925（元）。

3. 提前退休取得的补贴收入

个人因办理提前退休手续而取得的一次性补贴收入，应按照办理提前退休手续至法定退休年龄之间所属月份平均分摊计算个人所得税。相关计算公式为

应纳税额={[（一次性补贴收入÷办理提前退休手续至法定退休年龄的实际月份数）−费用扣除标准]×适用税率−速算扣除数}×提前办理退休手续至法定退休年龄的实际月份数

（六）个人因解除劳动合同取得经济补偿金的征税方法

表 6-25　个人因解除劳动合同取得经济补偿金的税务处理

项目	税务处理		
从依法宣告破产的企业取得的一次性安置费收入	免税		
个人因与用人单位解除劳动关系而取得的一次性补偿收入	收入在当地上年职工平均工资 3 倍数额以内的部分		免税
	超过部分	在本企业实际工作年限小于 12 年的，除以个人在本企业的工作年限数	以其商数作为个人的月工资、薪金收入，计算纳税
		超过 12 年的，按 12 计算	

注意

（1）个人在解除劳动合同后又再次任职、受雇的，已纳税的一次性补偿收入不再与再次任职、受雇的工资薪金所得合并计算补缴个人所得税。

（2）个人领取一次性补偿收入时按照国家和地方政府规定的比例实际缴纳的住房公积金、

医疗保险费、基本养老保险费、失业保险费，可以在计征其一次性补偿收入的个人所得税时予以扣除。

【例 6-21·计算题】2013 年 4 月 1 日，公司与任职 8 年的李某解除了聘用合同，李某取得一次性补偿金 100 000 元（该公司所在地上年度职工平均工资为 20 000 元）。计算其纳个人所得税。

『答案』

补偿金超过 3 倍的部分=100 000−20 000×3=40 000（元）

应纳税所得额=40 000÷8−3 500=1 500（元）

应纳税额=1 500×3%×8=360（元）

（七）个人股票期权所得的征税办法

个人股票期权所得具体包括不可公开交易的股票期权、可公开交易的股票期权、公司雇员以非上市公司股票期权形式取得的所得和企业改组改制过程中个人取得量化资产。

1. 不可公开交易的股票期权

个人股票期权所得的个人所得税处理如表 6-26 所示。

表 6-26　个人股票期权所得的税务处理

情形	税务处理	
员工接受股票期权时	除另有规定外，一般不作为应税所得征税	
行权时	从企业取得股票的实际购买价（施权价）低于购买日公平市场价（指该股票当日的收盘价）的差额，应按“工资、薪金所得”缴纳个人所得税。员工在行权日之前转让股票期权，以股票期权的转让净收入，作为工资薪金所得缴纳个人所得税	
将行权之后的股票再转让	获得的高于购买日公平市场价的差额，应按照“财产转让所得”征免个人所得税	境内上市公司股票转让所得，暂不征收个人所得税；个人转让境外上市公司的股票而取得的所得，应依法纳税
因拥有股权而参与企业税后利润分配取得的所得	按“利息、股息、红利所得”缴纳个人所得税	

行权时应纳税额的计算公式为

股票期权形式的工资、薪金应纳税所得额=（行权股票的每股市场价−员工取得该股票期权支付的每股施权价）×股票数量

应纳税额=（股票期权形式的工资、薪金应纳税所得额/规定月份数×适用税率−速算扣除数）×规定月份数

规定月份数：

（1）员工取得来源于中国境内的股票期权形式的工资薪金所得的工作期间月份数＜12 个月的，按工作期间月份数计算；

（2）工作期间月份数≥12 个月的，按 12 个月计算

【例 6-22·计算题】中国公民李先生为某上市公司技术人员，每月工资 8 000 元。2013 年该公司开始实行股票期权计划。2013 年 10 月 28 日，该公司授予李先生股票期权 50 000 股，授予价 3.5 元/股；该期权无公开市场价格，并约定 2014 年 10 月 28 日起李先生可以行权，行

权前不得转让。2014 年 10 月 28 日李先生以授予价购买股票 50 000 股，当日股票在上证交易所的公平价格 7 元/股。计算李先生股票期权行权所得应缴纳多少个人所得税？

『答案』

股票期权形式的工资、薪金应纳税所得额

=(行权股票的每股市场价-员工取得该股票期权支付的每股施权价)×股票数量

=(7-3.5)×50 000=175 000（元）

应纳税额

=（股票期权形式的工资、薪金应纳税所得额/规定月份数×适用税率-速算扣除数）×规定月份数

=[175 000÷12×25%-1 005]×12=31 690（元）

【例 6-23・单选题】孟波所在的公司 2010 年实行雇员股票期权计划。2010 年 3 月 25 日，该公司授予孟波股票期权 90 000 股，施权价 3 元/股，约定 2011 年 11 月 25 日起可以行权，行权前不得转让。2011 年 11 月 25 日孟波以施权价购买股票 90 000 股，当日该股票的公开市场价格 5 元/股。孟波股票期权行权所得应缴纳个人所得税（　　）元。

A．0　　B．28 000　　C．28 875　　D．32 940

『答案』D

『解析』孟波股票期权形式的工资、薪金应纳税所得额=（5-3）×90 000=180 000 元；工作期间月份数为 20 个月≥12 个月的，按 12 个月计算，应纳个人所得税=〔180 000÷12×25%-1 005〕×12=32 940（元）。

2. 可公开交易的股票期权

（1）员工取得可公开交易的股票期权

作为员工授权日所在月份的工资薪金所得，计算缴纳个人所得税。

如果员工以折价购入方式取得股票期权的，可以授权日股票期权的市场价格扣除折价购入股票期权时实际支付的价款后的余额，作为授权日所在月份的工资薪金所得。

（2）员工取得可公开交易的股票期权后，转让该股票期权所取得的所得——财产转让所得。

（3）员工取得可公开交易的股票期权后，实际行权时，不再计算缴纳个人所得税。

其中：员工以在一个公历月份中取得的股票期权形式工资薪金所得为一次；员工多次取得或者一次取得多项来源于中国境内的股票期权形式工资薪金所得，而且各次或各项股票期权形式工资薪金所得的境内工作期间月份数不相同的，以境内工作期间月份数的加权平均数为月份数，但最长不超过 12 个月。

【例 6-24・计算题】2013 年 11 月 1 日某内资上市公司实施员工期权计划，王鑫以 2 000 元的价格获得 10 000 股可公开交易的股票期权（按价格 1 元购买）的配额，授权日市场价格为 4 元/股，2014 年 11 月 1 日为行权日。此外当月王鑫还取得正常工资 5 000 元。王鑫应如何计算缴纳个人所得税。

『答案』

2011 年 11 月应纳个人所得税额

=(5 000-3 500)×3%+{[10 000×(4-1)-2 000]÷12×10%-105] }×12

=1 585（元）

2014 年 11 月 1 日行权时则不再纳税。

3. 公司雇员以非上市公司股票期权形式取得的所得

公司雇员以非上市公司股票期权形式取得的所得可比照全年一次性奖金计征个人所得税。

由于非上市公司的股票没有可参考的市场价格，为便于操作，除存在实际或约定的交易价格，或存在与该非上市股票具有可比性的相同或类似股票的实际交易价格情形外，购买日股票价值可暂按非上市公司上一年度经中介机构审计的会计报告中每股净资产数额来确定。

4. 企业改组改制过程中个人取得量化资产征税问题

企业改组改制过程中个人取得量化资产征税问题如表 6-27 所示。

表 6-27 个人取得量化资产的税务处理

情形	税务处理
对职工个人以股份形式取得的量化资产仅作为分红依据，不拥有所有权的企业量化资产	不征收个人所得税
对职工个人以股份形式取得的拥有所有权的企业量化资产	暂缓征收个人所得税
个人将股份转让时	适用税目：财产转让所得 应纳税所得额=转让收入额-个人取得该股份时实际支付的费用支出-合理转让费用
对职工个人以股份形式取得的企业量化资产参与企业分配而获得的股息、红利	按“利息、股息、红利”项目征收个人所得税

（八）在外商投资企业、外国企业和外国驻华机构工作的中方人员取得工资、薪金所得的征税规定

在外商投资企业、外国企业和外国驻华机构工作的中方人员取得工资、薪金所得的征税如表 6-28 所示。

表 6-28 从雇佣单位和派遣单位都取得工薪收入的税务处理表

凡由雇佣单位和派遣单位分别支付的	
雇佣单位	只由雇佣单位一方在支付工资、薪金时，按税法规定减除费用，计算扣缴个税
派遣单位	派遣单位支付的工资、薪金不再减除费用，以支付金额直接确定适用税率，计算扣缴个税
个人汇算清缴其个人所得税，多退少补	

【例 6-25 · 计算题】王某为一外商投资企业雇佣的中方人员，假定 2012 年 5 月，该外商投资企业支付给王某的薪金为 7 200 元，同月王某还收到其所在的派遣单位发给的工资 1 900 元。请问：该外商投资企业、派遣单位应如何扣缴个人所得税？王某实际应缴纳多少个人所得税？

『答案』

（1）外商投资企业应为王某扣缴的个人所得税=(7 200−3 500)×10%−105=265（元）

（2）派遣单位应为王某扣缴的个人所得税=1 900×10%−105=85（元）

（3）王某实际应纳个人所得税=(7 200+1 900−3 500)×20%−555=565（元）

王某到某税务机关申报时，还应补缴 215 元（565−265−85）。

（九）对在中国境内无住所的个人一次取得数月奖金或年终加薪、劳动分红（不包括应按月支付的奖金）的计税方法

对在中国境内无住所的个人一次取得数月资金或年终加薪、劳动分红（不包括应按月支付的奖金），单独作为 1 个月的工资薪金所得，不得减除费用，不再按居住天数进行划分，计算缴纳个人所得税。

（十）在中国境内无住所的个人取得工资薪金所得的征税处理规定

1. 关于工资、薪金所得来源地的确定

个人实际在中国境内工作期间取得的工资、薪金，无论由谁支付，均属来源于中国境内的所得；个人实际在中国境外工作期间取得的工资、薪金，无论由谁支付，均属于来源于中国境外的所得。

2. 对中国境内无住所的个人，工资、薪金所得的征税规定

对中国境内无住所的个人，工资、薪金所得的征税规定如表 6-29 所示。

表 6-29　对中国境内无住所的个人，工资、薪金所得的征税规定

居住时间	纳税人性质	境内所得		境外所得	
		境内支付	境外支付	境内支付	境外支付
90 日（或 183 日）以内	非居民	√	免税	×	×
90 日（或 183 日）～1 年	非居民	√	√	×	×
1～5 年	居民	√	√	√	免税
5 年以上	居民	√	√	√	√

3. 对担任中国境内企业董事或高层管理人员工资、薪金所得的征税规定

对担任中国境内企业董事或高层管理人员工资、薪金所得的征税规定如表 6-30 所示。

表 6-30　对担任中国境内企业董事或高层管理人员工资、薪金所得的征税规定

居住时间	纳税人性质	境内所得		境外所得	
		境内支付	境外支付	境内支付	境外支付
90 日（或 183 日）以内	非居民	√	免税	√	×
90 日（或 183 日）～1 年	非居民	√	√	√	×
1～5 年	居民	√	√	√	免税
5 年以上	居民	√	√	√	√

4. 注意事项

（1）上述规定只对在中国境内无住所的个人取得工资薪金所得适用。

（2）如果上述各类个人取得的是日工资薪金或者是不满一个月的工资薪金，仍应以日工资薪金乘以当月天数换算成月工资薪金后，按照下述公式计算其应纳税额：

应纳税额=（当月工资薪金应纳税所得额×适用税率-速算扣除数）×当月实际在中国天数/当月天数

【例 6-26·单选题】韩国居民崔先生受其供职的境外公司委派，来华从事设备安装调试工作，在华停留 60 天，期间取得境外公司支付的工资 40 000 元，取得中国体育彩票中奖收入 20 000 元。崔先生应在中国缴纳个人所得税（　　）元。

A．4 000　　B．5 590　　C．9 590　　D．11 805

『答案』A

『解析』境内无住所的个人在我国境内连续或累计居住不超过 90 日，境内所得境外支付部分免税，应纳税额=20 000×20%=4 000（元）。

（十一）两个以上的纳税人共同取得同一项所得的计税规定

对于两个以上的纳税人共同取得先分、后扣——对每个人分得的收入分别减除费用，并计算各自应纳的税款。

（十二）个人取得拍卖收入征收个人所得税

个人取得拍卖收入征收个人所得税的税务处理如表 6-31 所示。

表 6-31　个人取得拍卖收入的税务处理情况

情形	适用税目	应纳税额的计算
作者将自己的文字作品手稿原件或复印件拍卖取得的所得	特许权使用费所得	（转让收入额-800 元或 20%）×20%
个人拍卖除文字作品原稿及复印件外的其他财产	财产转让所得	（转让收入额-财产原值-合理费用）×20%
纳税人如不能提供合法、完整、准确的财产原值凭证，不能正确计算财产原值的		转让收入额×3%征收率
		拍卖品为经文物部门认定是海外回流文物的：转让收入额×2%

（十三）房屋赠与个人所得税计算方法

（1）以下情形的房屋产权无偿赠与，对当事人双方不征收个人所得税：

① 房屋产权所有人将房屋产权无偿赠与配偶、父母、子女、祖父母、外祖父母、孙子女、外孙子女、兄弟姐妹；

② 房屋产权所有人将房屋产权无偿赠与对其承担直接抚养或者赡养义务的抚养人或者赡养人；

③ 房屋产权所有人死亡，依法取得房屋产权的法定继承人、遗嘱继承人或者受遗赠人。

（2）除上述规定情形以外，房屋产权所有人将房屋产权无偿赠与他人的，受赠人因无偿受赠房屋取得的受赠所得，按照“其他所得”缴纳个人所得税，税率为 20%。相关计算公式为

应纳税所得额=房地产赠与合同上标明的赠与房屋价值-赠与过程中受赠人支付的相关税费

（3）受赠人转让受赠房屋的，应纳税所得额的计算公式为

应纳税所得额=转让受赠房屋的收入-原捐赠人取得该房屋的实际购置成本-赠与和转让过程中受赠人支付的相关税费

（十四）个人因购买和处置债权取得所得征收个人所得税的方法

（1）个人通过招标、竞拍或其他方式购置债权以后，通过相关司法或行政程序主张债权而取得的所得，应按照 “财产转让所得”项目缴纳个人所得税。

（2）个人取得“打包”债权，只处置部分债权时应纳税所得额的确定：

① 以每次处置部分债权的所得，作为一次财产转让所得征税。

② 应税收入按照个人取得的货币资产和非货币资产的评估价值或市场价值的合计数确定。

③ 当次处置债权成本费用=个人购置“打包”债权实际支出×当次处置债权账面价值（或拍卖机构公布价值）÷“打包”债权账面价值（或拍卖机构公布价值）。

④ 个人购买和处置债权过程中发生的拍卖招标手续费、诉讼费、审计评估费以及缴纳的税金等合理税费，在计算个人所得税时允许扣除。

（十五）个人转让限售股征收个人所得税的规定

（1）按照“财产转让所得”，适用 20%的比例税率征收个人所得税。

（2）个人转让限售股的应纳税所得额

应纳税所得额=限售股转让收入-（限售股原值+合理税费）

应纳税额=应纳税所得额×20%

如果纳税人未能提供完整、真实的限售股原值凭证的，不能准确计算限售股原值的，主管税务机关一律按限售股转让收入的 15%核定限售股原值及合理税费

（3）纳税人同时持有限售股及该股流通股的，其股票转让所得，按照限售股优先原则，即：转让股票视同为先转让限售股，按规定计算缴纳个人所得税。

（4）对个人在上海证券交易所、深圳证券交易所转让从上市公司公开发行和转让市场取得的上市公司股票所得，继续免征个人所得税。

（十六）个人终止投资经营收回款项征收个人所得税的规定

个人终止投资经营收回款项应按“财产转让所得”项目适用的规定计算缴纳个人所得税。相关计算公式为

应纳税所得额=个人取得的股权转让收入、违约金、补偿金、赔偿金及以其他名目收回款项合计数-原实际出资额（投入额）及相关税费

（十七）纳税人收回转让的股权征收个人所得税的办法

转让行为结束后，当事人双方签订并执行解除原股权转让合同、退回股权的协议，是另一次股权转让行为，对前次转让行为征收的个人所得税款不予退回。

（十八）个人取得有奖发票奖金征免个人所得税的规定

个人取得有奖发票奖金征免个人所得税的税务处理如表 6-32 所示。

表 6-32　个人取得有奖发票奖金征免个人所得税情况

情形	税务处理
单张有奖发票奖金所得≤800 元的	暂免征收个人所得税
个人取得单张有奖发票奖金所得＞800 元的	全额按“偶然所得”项目征收个人所得税

（十九）企业促销展业赠送礼品个人所得税的规定

（1）企业在销售商品（产品）和提供服务过程中向个人赠送礼品，属于下列情形之一的，不征收个人所得税：

① 企业通过价格折扣、折让方式向个人销售商品（产品）和提供服务；

② 企业在向个人销售商品（产品）和提供服务的同时给予赠品，如通信企业对个人购买手机赠话费、入网费，或者购话费赠手机等；

③ 企业对累积消费达到一定额度的个人按消费积分反馈礼品（如超市的会员卡积分换礼品、电信企业话费积分换礼品等）。

（2）征收个税的情形。税款由赠送礼品的企业代扣代缴。

① 企业在业务宣传、广告等活动中，随机向本单位以外的个人赠送礼品，对个人取得的礼品所得，按照“其他所得”项目，全额适用 20%的税率缴纳个人所得税。

② 企业在年会、座谈会、庆典以及其他活动中向本单位以外的个人赠送礼品，对个人取得的礼品所得，按照“其他所得”项目，全额适用 20%的税率缴纳个人所得税。

③ 企业对累积消费达到一定额度的顾客，给予额外抽奖机会，个人的获奖所得，按照“偶然所得”项目，全额适用 20%的税率缴纳个人所得税。

（3）企业赠送的礼品是自产产品（服务）的，按该产品（服务）的市场销售价格确定个人的应税所得；是外购商品（服务）的，按该商品（服务）的实际购置价格确定个人的应税所得。

（二十）企业资金为个人购置资产个人所得税征税方法

个人取得以下情形的房屋或其他财产，不论所有权人是否将财产无偿或有偿交付企业使用，其实质均为企业对个人进行了实物性质的分配，应依法计征个人所得税：

（1）企业出资购买房屋及其他财产，将所有权登记为投资者个人、投资者家庭成员或企业其他人员的；

（2）企业投资者个人、投资者家庭成员或企业其他人员向企业借款用于购买房屋及其他财产，将所有权登记为投资者、投资者家庭成员或企业其他人员，且借款年度终了后未归还借款的。

具体税务处理如表 6-33 所示。

表 6-33 企业资金为个人购置资产的税务处理

类型	税务处理
非法人企业的个人投资者或其家庭成员	个体工商户的生产、经营所得
法人企业的个人投资者或其家庭成员	利息、股息、红利所得 企业为个人股东购买的资产，不属于企业的资产，不得在企业所得税前扣除折旧
企业其他人员	工资、薪金所得

（二十一）个人所得为外币时换算方法

企业和个人取得的收入和所得为美元、日元、港币的，统一使用中国人民银行公布的人民币对上述三种货币的基准汇价计税；企业和个人取得的收入和所得为其他货币的，应当根据美元对人民币的基准汇价和国家外汇管理局提供的纽约外汇市场美元对主要外币的汇价进行套算，按照套算以后的汇价计税。

套算公式为

某种货币对人民币的汇价=美元对人民币的基准汇价÷纽约外汇市场美元对该种货币的汇价

第五节 税收优惠

一、免征个人所得税的优惠

以下项目免征个人所得税：

（1）省级人民政府、国务院部委和中国人民解放军军以上单位，以及外国组织颁发的科学、教育、技术、文化、卫生、体育、环境保护等方面的奖金。

（2）国债和国家发行的金融债券利息。

（3）按国家统一规定发给的补贴、津贴。

（4）福利费、抚恤金、救济金。

（5）保险赔款。

（6）军人的转业费、复员费。

（7）按照国家统一规定发给干部、职工的安家费、退职费、离退休工资、离休生活补助费。

（8）驻华的使馆、领事馆人员的所得。

（9）中国政府参加的国际公约以及签订的协议中规定免税的所得。

（10）见义勇为奖金。

（11）企业和个人按照省级以上人民政府规定的比例提取并缴付的住房公积金、医疗保险金、基本养老保险金、失业保险金，免税。个人领取原提存的住房公积金、医疗保险金、基本养老保险金时，免税。

（12）教育储蓄存款利息免税。

（13）储蓄机构内从事代扣代缴工作的办税人员取得的扣缴利息税手续费所得，免征个人所得税。

（14）生育妇女按照县级以上人民政府根据国家有关规定制定的生育保险办法，取得的生育津贴、生育医疗费或其他属于生育保险性质的津贴、补贴，免征个人所得税。

（15）第二届高等学校教学名师奖奖金，免予征收个人所得税；第二届高等学校教学名师奖获奖人数为 100 人，每人奖金 2 万元。（新增）

（16）对工伤职工及其近亲属按照《工伤保险条例》规定取得的工伤保险待遇，免征个人所得税。（新增）

（17）外籍个人以非现金形式或实报实销形式取得的住房补贴、伙食补贴、搬迁费、洗衣费。

（18）外籍个人按合理标准取得的境内外出差补贴。

（19）外籍个人取得的探亲费、语言训练费、子女教育费等，经当地税务机关审核批准为合理的部分。

（20）个人举报、协查违法、犯罪行为而获得的奖金。

（21）个人办理代扣代缴税款的手续费。

（22）个人转让自用达 5 年以上、并且是唯一的家庭居住用房取得的所得。

（23）延长离、退休期间的工资薪金视同离退休工资免征个人所得税。

（24）外籍个人从外商投资企业取得的股息、红利所得

（25）符合下列条件之一的外籍专家取得的工资、薪金所得可免征个人所得税

（26）股权分置改革中非流通股股东通过对价方式向流通股股东支付的股份、现金等收入，暂免征收流通股股东应缴纳的个人所得税。

（27）按规定标准取得的拆迁补偿款，免征个人所得税。

（28）保险营销员的佣金、证券经纪人从证券公司取得的佣金收入，如表 6-34 所示。

表 6-34　保险营销员、证券经纪人的佣金收入税务处理

类型	税务处理
展业成本（营销费）	佣金中展业成本的比例暂定为 40% 免征个人所得税
劳务报酬	适用税目：劳务报酬所得 期限：以一个月内取得的佣金收入为一次 应纳税所得额=佣金-展业成本-实际缴纳的营业税及附加

（29）从上市公司取得的股息红利。2013 年 1 月 1 日以后，个人从公开发行和转让市场取得的上市公司股票取得的股息红利所得计税规定如表 6-35 所示。

表 6-35　从上市公司取得的股息红利的个税计算

类型	应纳税所得额的确定
持股期限≤1 个月	股息红利所得全额计入应纳税所得额
1 个月<持股期限≤1 年	暂减按 50%计入应纳税所得额
持股期限>1 年	暂减按 25%计入应纳税所得额

二、经批准减征个人所得税的项目

经批准以下项目减征个人所得税：

（1）残疾、孤老人员和烈属的所得；

（2）因严重自然灾害造成重大损失的；

（3）其他经国务院财政部门批准减税的。

未经全国人大及其常委会授权，任何地区、部门和单位均不得擅自提高个人所得税费用扣除标准，不得随意变通或超越权限扩大不征税项目的适用范围。

【例 6-27 · 多选题】下列外籍个人所得项目中可免予征收个人所得税的是（　　）。

A．以非现金形式取得的伙食补贴

B．以实报实销形式取得的洗衣费

C．以现金形式取得的住房补贴、搬迁费

D．从外商投资企业取得的股息、红利所得

『答案』ABD

【例 6-28 · 多选题】下列各项个人所得中，应当征收个人所得税的有（　　）。

A．企业集资利息

B．从股份公司取得股息

C．企业债券利息

D．国家发行的金融债券利息

『答案』ABC

【例 6-29 · 多选题】下列关于个人所得税的表述中，正确的有（　　）。

A．在中国境内无住所，但一个纳税年度内在中国境内居住满 365 天的个人，为居民纳税人

B．连续或累计在中国境内居住不超过 90 天的非居民纳税人，其所取得的中国境内所得并由境内支付的部分免税

C．在中国境内无住所，且一个纳税年度内在中国境内一次居住不超过 30 天的个人，为非居民纳税人

D．在中国境内无住所，但在中国境内居住超过五年的个人，从第六年起的以后年度中，凡在境内居住满一年的，就来源于中国境内外的全部所得缴纳个人所得税

『答案』ACD

第六节　境外所得的税额扣除

纳税人从中国境外取得的所得，准予其在应纳税额中扣除已在境外缴纳的个人所得税税额。但扣除额不得超过该纳税义务人境外所得依我国税法规定计算的应纳税额。

税额扣除要点包括以下几点：

（1）扣除方法：限额扣除——多不退，少要补。

（2）限额计算方法：先分国分项计算，之后将同一国家（地区）不同应税项目抵免限额加总计算该国（地区）抵免限额。抵免限额的最终结果：分国（地区）不分项。

（3）限额抵扣方法：①按实际已纳税额与抵免限额较低者抵免；②超过抵免限额部分，不得在该纳税年度的应纳税额中扣除，但可在以后纳税年度该国家或地区抵免限额的余额中补扣，补扣期最长不得超过 5 年。

（4）居民纳税人从境内、境外取得的所得，分别计算应纳税额。

【例 6-30 • 计算题】某纳税人在同一纳税年度，从 A、B 两国取得应税收入，其中：在 A 国一公司任职，取得工资、薪金收入 69 600 元（平均每月 5 800 元），因提供一项专利技术使用权，一次取得特许权使用费收入 30 000 元，这两项收入在 A 国缴纳个人所得税 5 100 元；因在 B 国出版著作获得稿酬收入 15 000 元，并在 B 国缴纳该项收入的个人所得税 1 720 元。计算其抵免限额及需要在我国补交的个人所得税。

『答案』

（1）A 国的抵免限额。

① 工资、薪金所得：

全年应纳税额=(5 800−4 800)×3%×12=360（元）

② 特许权使用费所得：

应纳税额=30 000×(1−20%)×20%=4 800（元）

A 国抵免限额为 5 160 元（360+4 800）。A 国实际缴纳个人所得税 5 100 元，低于抵免限额，可以全额抵扣，并需在中国补缴差额部分的税款，计 60 元（5 160−5 100）。

（2）B 国的抵免限额：

稿酬所得应纳税额=15 000×(1−20%)×20%×(1−30%)=1 680（元）

即抵免限额为 1 680 元。该纳税义务人的稿酬所得在 B 国实际缴纳个人所得税 1 720 元，超出抵免限额 40 元，不能在本年度扣减，但可在以后 5 个纳税年度的该国减除限额的余额中补减。

【例 6-31 • 计算题】

我国公民张先生为国内某企业高级技术人员，2012 年 9～12 月收入情况如下：

（1）每月取得工薪收入 8 400 元。

（2）9 月转让 2009 年购买的三居室精装修房屋一套，售价 230 万元，转让过程中支付的相关税费 13.8 万元。该套房屋的购进价为 100 万元，购房过程中支付的相关税费为 3 万元。所有税费支出均取得合法凭证。

（3）10 月因提供重要线索，协助公安部门侦破某重大经济案件，获得公安部门奖金 2 万元，已取得公安部门提供的获奖证明材料。

（4）11 月在参加某商场组织的有奖销售活动中，中奖所得共计价值 30 000 元。将其中的 10 000 元通过市教育局用于公益性捐赠。

（5）12 月将自有的一项非职务专利技术提供给境外某公司使用，一次性取得特许权使用费收入 60 000 元，该项收入已在境外缴纳个人所得税 7 800 元。

要求：根据所给资料，回答下列问题，每问需计算出合计数。

（1）计算 9～12 月工薪收入应缴纳的个人所得税。

（2）计算转让房屋所得应缴纳的个人所得税。

（3）计算从公安部门获得的奖金应缴纳的个人所得税。

（4）计算中奖所得应缴纳的个人所得税。

（5）计算从境外取得的特许权使用费在我国缴纳个人所得税时可以扣除的税收限额。

（6）计算从境外取得的特许权使用费在我国实际应缴纳的个人所得税。

『答案』

（1）9～12 月工薪收入应缴纳的个人所得税

=[(8 400−3 500)×20%−555]×4

=1 700（元）

（2）转让房屋所得应缴纳的个人所得税

=(2 300 000−1 000 000−138 000−30 000)×20%

=226 400（元）

（3）从公安部门获得的奖金免征个人所得税。

（4）公益捐赠扣除限额=30 000×30%=9 000（元）

由于实际捐赠额超过扣除限额，只能按扣除限额扣除。

中奖所得应缴纳的个人所得税=(30 000−9 000)×20%=4 200（元）

（5）税收限额=60 000×(1−20%)×20%=9 600（元）

（6）在我国实际应纳个人所得税=9 600−7 800=1 800（元）

【例 6-32 • 综合题】

中国公民王某就职于国内 A 上市公司，2013 年收入情况如下：

（1）1 月 1 日起将其位于市区的一套公寓住房按市价出租，每月收取租金 3 800 元。1 月因卫生间漏水发生修缮费用 1 200 元，已取得合法有效的支出凭证。

（2）在国内另一家公司担任独立董事，3 月取得该公司支付的上年度独立董事津贴 35 000 元。

（3）3 月取得国内 B 上市公司分配的红利 18 000 元，王某于 2012 年 1 月购买该公司股票。

（4）5 月赴国外进行技术交流期间，在甲国演讲取得收入折合人民币 12 000 元，在乙国取得专利转让收入折合人民币 60 000 元，分别按照收入来源国的税法规定缴纳了个人所得税折合人民币 1 800 元和 12 000 元。

（5）5 月在业余时间为一家民营企业开发了一项技术，取得收入 40 000 元。通过有关政府部门向某地农村义务教育捐款 28 000 元，取得了相关捐赠证明。

（6）6 月与一家培训机构签订了半年的劳务合同，合同规定从 6 月起每周六为该培训中心授课 1 次，每次报酬为 1 200 元。6 月份为培训中心授课 4 次。

（7）7 月转让国内 C 上市公司股票，取得 15 320.60 元，同月转让在香港证券交易所上市的某境外上市公司股票，取得转让净所得折合人民币 180 000 元，在境外未缴纳税款。

（8）9 月开始被 A 上市公司派遣到所属的某外商投资企业工作，合同期内作为该外商投资企业雇员，每月从该外商投资企业取得薪金 18 000 元，同时每月取得派遣公司发给的工资 4 500 元。

（10）A 上市公司于 2013 年 12 月与王某签订了解除劳动关系协议，A 上市公司一次性支付已在本公司任职 8 年的王某经济补偿金 115 000 元（A 上市公司所在地上年职工平均工资 25 000 元）。

要求：根据所给资料，回答下列问题，每问需计算合计数。

（1）计算王某 1～2 月出租房屋应缴纳的个人所得税（不考虑其他税费）。

（2）计算王某 3 月取得的独立董事津贴应缴纳的个人所得税。

（3）计算王某 3 月取得的红利应缴纳的个人所得税。

（4）计算王某 5 月从国外取得收入应在国内补缴的个人所得税。

（5）计算某民营企业 5 月支付王某技术开发费应代扣代缴的个人所得税。

（6）计算培训中心 6 月支付王某授课费应代扣代缴的个人所得税。

（7）计算王某 7 月转让境内和境外上市公司股票应缴纳的个人所得税。

（8）计算王某 9 月从外资企业取得收入时应由外资企业扣缴的个人所得税。

（9）计算王某 9 月从派遣单位取得工资收入时应由派遣单位扣缴的个人所得税。

（10）计算王某 9 月取得全年一次性奖金应当缴纳的个人所得税。

（11）计算公司 12 月支付王某一次性经济补偿金应代扣代缴的个人所得税。

『答案』

（1）应纳个人所得税=(3 800−800−800)×10%+(3 800−400−800)×10%=480（元）

（2）取得的独立董事津贴应按劳务报酬纳税：

应纳税额=35 000×(1−20%)×30%−2 000=6 400（元）

（3）2013 年 1 月 1 日以后，个人从公开发行和转让市场取得的上市公司股票，持股期限超过 1 年的，暂减按 25%计入应纳税所得额：

应纳税额=18 000×25%×20%=900（元）

（4）甲国的抵免限额=12 000×(1−20%)×20%=1 920（元）

应补缴个人所得税=1 920−1 800=120（元）

乙国的抵免限额=60 000×(1−20%)×20%=9 600（元）

由于在国外已经缴纳 12 000 元，所以不需要补缴个人所得税。

（5）个人向农村义务教育捐款，可以从应纳税所得额中全额扣除。

代扣代缴的个人所得税=[40 000×(1−20%)−28 000]×20%=800（元）

（6）属于同一事项连续取得收入的，以 1 个月内取得的收入为一次：

应代扣代缴的个人所得税=1 200×4×(1−20%)×20%=768（元）

（7）转让境内上市公司的股票所得免个人所得税，转让境外上市公司的股票所得按 20%的税率缴纳个人所得税：

转让境外股票应纳个人所得税=180 000×20%=36 000（元）

（8）外企应扣缴个税=(18 000−3 500)×25%−1 005=2 620（元）

（9）派遣单位应扣缴个税=4 500×10%−105=345（元）

（10）9 月取得当年一次性奖金 36 000 元，王某当月的工资为 4 500 元

商数=36 000÷12=3 000（元）

适用 10%的税率，速算扣除数为 105：

应纳税额=36 000×10%−105=3 495（元）

（11）超过免税标准的补偿金=115 000−25 000×3=40 000（元）

应纳税所得额=40 000÷8−3 500=1 500

故适用 3%的税率：

应纳个人所得税=1 500×3%×8=360（元）

第七节 征收管理

个人所得税的主要缴纳方式为自行申报纳税和代扣代缴。

一、个人所得税的自行申报

在我国，个人所得税自行申报的范围和纳税期限如表6-36所示。

表6-36 个人所得税自行申报

自行纳税申报的范围	纳税期限
年所得12万元以上的纳税人	在纳税年度终了后3个月内
从中国境内两处或两处以上取得工资、薪金所得的	取得所得的次月15日内
从中国境外取得所得的	年度终了后30日内
取得应税所得，没有扣缴义务人的	① 个体工商户和个人独资、合伙企业投资者取得的生产、经营所得应纳税款，月份或季度终了后15日内预缴税款；纳税年度终了后，纳税人在3个月内进行汇算清缴 ② 对企事业单位承包经营、承租经营所得，年终一次取得所得的，自取得所得之日起30日内纳税申报
国务院规定的其他情形	取得所得的次月15日内

【例6-33·多选题】下列各项中，纳税人应当自行申报缴纳个人所得税的有（　　）。

A．年所得12万元以上的

B．从中国境外取得所得的

C．取得应税所得没有扣缴义务人的

D．从中国境内两处或者两处以上取得工资，薪金所得的

『答案』ABCD

（一）年所得12万元以上的纳税人自行申报纳税的内容

（1）构成12万元的所得——11项应税所得的合计。

（2）不包含在12万元中的所得：

① 免税所得；个人所得税法及其实施条例规定的免税所得。

② 暂免征税所得；外交豁免权。

③ 可以免税的来源于中国境外的所得。

（3）各项所得的年所得的计算方法：

① 一般情况下，按照毛收入计算；

② 特殊：财产转让所得，个体工商户的生产、经营所得（含个人独资企业、合伙企业）按照应纳税所得额计算。

股票转让所得：以一个纳税年度内，个人股票转让所得与损失盈亏相抵后的正数为申报所得数额，盈亏相抵为负数的，此项所得按“零”填写。

【例 6-34 • 多选题】下列各项中，计算个人所得税自行申报的年所得时允许扣除的项目有（　　）。

A．财产保险赔款　　　　B．国家发行的金融债券利息

C．国际组织颁发的环境保护奖金　　　　D．商场购物取得的中奖所得

『答案』ABC

（二）自行申报的申报地点

个人所得税自行申报的申报地点如表 6-37 所示。

表 6-37　个人所得税自行申报的申报地点

纳税人类型	纳税地点
在中国境内有任职、受雇单位的	任职、受雇单位所在地
在中国境内有两处或者两处以上任职、受雇单位的	选择并固定向其中一处单位所在地
从两处或者两处以上取得工资、薪金所得的	
在中国境内无任职、受雇单位	年所得项目中有生产、经营所得的，向其中一处实际经营所在地主管税务机关申报
	年所得项目中无生产、经营所得的，向户籍所在地主管税务机关申报： ① 在中国境内有户籍，但户籍所在地与中国境内经常居住地不一致的，选择并固定向其中一地主管税务机关申报 ② 在中国境内没有户籍的，向中国境内经常居住地主管税务机关申报。
从中国境外取得所得的	向中国境内户籍所在地主管税务机关申报；同上
个体工商户	实际经营所在地
个人独资、合伙企业投资者兴办两个或两个以上企业的	① 兴办的企业全部是个人独资性质的，分别向各企业的实际经营管理所在地主管税务机关申报 ② 兴办的企业中含有合伙性质的，向经常居住地主管税务机关申报 ③ 兴办的企业中含有合伙性质，个人投资者经常居住地与其兴办企业的经营管理所在地不一致的，选择并固定向其参与兴办的某一合伙企业的经营管理所在地主管税务机关申报 ④ 除以上情形外，纳税人应当向取得所得所在地主管税务机关申报

二、代扣代缴

（一）扣缴义务人和代扣代缴的范围

除个体工商户的生产经营所得外，扣缴义务人向个人支付应纳税所得时，不论纳税人是否属于本单位人员，均应代扣代缴其应纳的个人所得税税款。

（二）扣缴义务人的义务及应承担的责任

扣缴义务人对纳税人的应扣未扣税款，其应纳税款仍然由纳税人缴纳，扣缴义务人应承担应扣未扣税款 50%以上至 3 倍的罚款。

（三）代扣代缴期限

扣缴义务人每月所扣税款，应当在次月 15 日内缴入国库。

【例 6-35·单选题】下列关于个人所得税的表述，正确的是（　　）。

A．扣缴义务人对纳税人的应扣未扣税款应由扣缴义务人予以补缴

B．外籍个人从外商投资企业取得的股息、红利所得应缴纳个人所得税

C．在判断个人所得来源地时对不动产转让所得以不动产坐落地为所得来源地

D．个人取得兼职收入应并入当月“工资、薪金所得”应税项目计征个人所得税

『答案』C

三、核定征收

（1）任何地区均不得对律师事务所实行全行业核定征税办法。

（2）对核定征税的律师事务所，根据当地同行业的盈利水平从高核定其应税所得率，应税所得率不得低于 25%。

（3）律师事务所各类人员应纳个人所得税的规定，如表 3-38 所示。

表 6-38　律师事务所各类人员应纳个人所得税的相关规定

<table>
<tr><th>类型</th><th>适用税目</th><th colspan="3">税务处理</th></tr>
<tr><td>律师事务所支付给雇员的所得（含律师及行政辅助人员，但不包括律师事务所的投资者）</td><td>工资薪金所得</td><td colspan="3">从其分成收入中扣除办理案件支出费用的标准，在 2013 年 1 月 1 日至 2015 年 12 月 31 日期间，按照分成收入的 35%比例内确定</td></tr>
<tr><td>律师以个人名义再聘请其他人员为其工作而支付的报酬</td><td>劳务报酬所得</td><td colspan="3">税款可由其任职的律师事务所代为缴入国库</td></tr>
<tr><td>兼职律师从律师事务所取得的工资、薪金性质的所得</td><td>工资薪金所得</td><td colspan="3">律师事务所在代扣其个人所得税时，不再减除个人所得税法规定的费用扣除标准，以收入全额（取得分成收入的为扣除办理案件支出费用后的余额）直接确定适用税率，计算扣缴个人所得税</td></tr>
<tr><td rowspan="4">合伙人律师应纳个人所得税的规定</td><td rowspan="4">个体工商户的生产经营所得</td><td colspan="3">在计算应纳税所得额时，应凭合法有效凭据按照个人所得税法和有关规定扣除费用</td></tr>
<tr><td rowspan="3">对确实不能提供合法有效凭据而实际发生与业务有关的费用，经当事人签名确认后，可再按下列标准扣除费用</td><td>个人年营业收入不超过 50 万元的部分</td><td>按 8%扣除</td></tr>
<tr><td>超过 50 万元至 100 万元的部分</td><td>按 6%扣除</td></tr>
<tr><td>超过 100 万元的部分</td><td>按 5%扣除</td></tr>
</table>

（4）会计师事务所、税务师事务所、审计师事务所以及其他中介机构的个人所得税征收管理，也应按照上述律师事务所有关原则进行处理。

四、个人财产对外转移提交税收证明或者完税凭证的规定

申请人拟转移的财产已取得完税凭证的，可直接向外汇管理部门提供完税凭证，不需向税务机关另外申请税收证明。

申请人拟转移的财产总价值在人民币 15 万元以下的，可不需向税务机关申请税收证明。

本 章 小 结

个人所得税是对个人（即自然人）取得的各项应税所得征收的一种直接税。按应纳税所

得的来源划分，现行个人所得税共分为 11 个应税项目。

我国个人所得税实行分类征收，按税法规定扣除一定费用后作为应纳税所得额计算应纳税额。不同的收入来源和收入数量，有不同的计税依据，分别对应不同的计税公式。纳税人分为个人和按规定缴纳个人所得税的企业，除了工资薪金、经营所得和劳动报酬实行超额累进税率外，其他的使用比例税率。

关 键 术 语

个人所得税　居民纳税人　非居民纳税人　速算扣除数　工资薪金　劳务报酬

综 合 练 习

一、单项选择题

1．张某 2013 年 3 月取得劳务报酬所得 100 000 元，根据个人所得税法律制度的规定，张某应缴纳个人所得税（　　）元。

A．20 000　　B．21 000　　C．22 000　　D．25 000

2．某画家 2013 年 8 月将其精选的书画作品交由某出版社出版，从出版社取得报酬 10 万元。该笔报酬在缴纳个人所得税时适用的税目是（　　）。

A．工资薪金所得　　B．劳务报酬所得

C．稿酬所得　　D．特许权使用费所得

3．张某 2013 年 8 月取得稿酬所得 80 000 元，根据个人所得税法律制度的规定，张某当月应缴纳个人所得税（　　）元。

A．12 200　　B．16 000　　C．12 800　　D．8 960

4．王某 2013 年 8 月取得稿酬所得 20 000 元，讲课费收入 4 000 元，已知稿酬所得适用个人所得税税率为 20%。并按应纳税额减征 30%，劳务报酬所得适用个人所得税税率为 20%。根据个人所得税法律制度的规定，王某当月应缴纳个人所得税额为（　　）元。

A．2 688　　B．2 880　　C．3 840　　D．4 800

5．国内某作家的一篇小说在一家晚报上连载三个月，三个月的稿酬收入分别为 3 000 元、4 000 元和 5 000 元。根据个人所得税法律制度的规定，该作家所获稿酬应缴纳个人所得(　　)元。

A．1 316　　B．1 344　　C．1 568　　D．1 920

6．国内某作家完成了一部小说，3 月份第一次出版获得稿酬 20 000 元，8 月份该小说再版获得稿酬 10 000 元。根据个人所得税法律制度的规定，该作家两次所获稿酬应缴纳个人所得税（　　）元。

A．3 360　　B．4 800　　C．3 460　　D．4 660

7. 张某于 2013 年 3 月取得特许权使用费收入 3 000 元，4 月取得特许权使用费收入 4 500 元。根据个人所得税法律制度的规定，张某应缴纳个人所得税（　　）元。

A．1 160　　B．1 200　　C．1 340　　D．1 500

8．2013 年 4 月，李某出版一本小说取得稿酬 80 000 元，从中拿出 20 000 元通过国家机关捐赠给受灾地区。根据个人所得税法律制度的规定，李某当月应缴纳个人所得税（　　）元。

A．6 160　　B．6 272　　C．8 400　　D．8 960

9．根据个人所得税法律制度的规定，下列各项中，应当征收个人所得税的是（　　）。

A．个人举报犯罪行为而获得的奖金

B．个人购买赈灾彩票中奖 1 万元

C．国有企业职工因企业被依法宣告破产，从破产企业取得的一次性安置费收入

D．个人取得单张有奖发票奖金 900 元

10. 根据个人所得税法律制度的规定，我国公民张某于 2013 年 4 月份取得的下列所得中，应缴纳个人所得税的是（　　）。

A．股票转让所得 10 万元

B．领取原提存的住房公积金 5 万元

C．转让自用 6 年并且是家庭唯一生活用房取得的收入 100 万元

D．购买体育彩票取得一次中奖收入 2 万元

二、多项选择题

1．根据个人所得税法律制度的规定，下列各项中，属于个人所得税居民纳税人的有（　　）。

A．在中国境内有住所的个人

B．在中国境内无住所而在境内居住满 1 年的个人

C．在中国境内无住所又不居住的个人

D．在中国境内无住所而在中国境内居住不满 1 年的个人

2．根据个人所得税法律制度的规定，下列在中国境内无住所的人员中，属于中国居民纳税人的有（　　）。

A．外籍个人甲 2009 年 9 月 1 日入境，2010 年 10 月 1 日离境，其间一次临时离境 20 天

B．外籍个人乙 2009 年 9 月 1 日入境，2010 年 10 月 1 日离境，其间两次临时离境各 25 天

C．外籍个人丙 2010 年 1 月 1 日入境，2011 年 1 月 2 日离境，其间一次临时离境 20 天

D．外籍个人丁 2010 年 1 月 1 日入境，2011 年 1 月 2 日离境，其间两次临时离境各 25 天

3．根据个人所得税法律制度的规定，下列关于个人所得来源地的判断中，正确的有（　　）。

A．特许权使用费所得，以特许权的使用地作为所得来源地

B．动产转让所得，以实现转让的地点作为所得来源地

C．劳动报酬所得，以纳税义务人实际提供劳务的地点作为所得来源地

D．利息、股息、红利所得，以取得利息、股息、红利的个人所在地作为所得来源地

4．根据个人所得税法律制度的规定，下列各项中，应按“工资、薪金所得”税目征收个人所得税的有（　　）。

A．独生子女补贴

B．退休人员再任职取得的收入

C．离退休人员按规定领取离休工资外，另从原任职单位取得的奖金、实物

D．个人兼职取得的收入

5．根据个人所得税法律制度的规定，下列各项中，应按“工资、薪金所得”税目征收个人所得税的有（　　）。

A．不在甲公司任职、受雇，只担任甲公司董事的张某，从甲公司取得的董事费收入1万元

B．在甲公司任职同时兼任监事的王某，从甲公司取得的监事费收入1万元

C．在乙杂志社任职的记者韩某因在本单位杂志上发表作品取得收入1万元

D．受雇于乙杂志社的清洁工李某因在本单位杂志上发表作品取得收入1万元

6．根据个人所得税法律制度的规定，下列表述中，不正确的有（　　）。

A．作者去世后，财产继承人取得的遗作稿酬，不征收个人所得税

B．出版社的专业作者翻译的作品，由本社以图书形式出版而取得的稿费收入，应按“工资、薪金所得”项目征收个人所得税

C．作者将自己的文字作品手稿原件或复印件公开拍卖取得的收入，应按“稿酬所得”项目征收个人所得税

D．个人取得特许权的经济赔偿收入，应按“特许权使用费所得”项目缴纳个人所得税

7．根据个人所得税法律制度的规定，下列各项中，免征个人所得税的有（　　）。

A．张某获得的保险赔款

B．王某按照市场价格出租居民住房所得

C．李某领取的按照国家统一规定发给的补贴

D．赵某领取的按照国家统一规定发给的退休工资

8．根据个人所得税法律制度的规定，下列各项中免征或者暂免征收个人所得税的有（　　）。

A．离退休人员从社保部门领取的基本养老保险金

B．离退休人员按规定领取离休工资外，另从原任职单位取得的奖金、实物

C．军人取得的转业安置费

D．外籍个人以非现金形式取得的住房补贴和伙食补贴

9．根据个人所得税法律制度的规定，下列各项中，免征个人所得税的有（　　）。

A．离退休人员按规定领取离休工资外，另从原任职单位取得的补贴

B．国债利息

C．个人取得的保险赔款

D．个人提取由单位和个人共同缴付的住房公积金

10．根据个人所得税法律制度的规定，在计算应纳税所得额时，按照定额与比例相结合的方法扣除费用的有（　　）。

A．劳务报酬所得

B．特许权使用费所得

C．对企事业单位的承包经营、承租经营所得

D．财产转让所得

11．根据个人所得税法律制度的规定，下列各项中，以取得的收入全额为应纳税所得额计征个人所得税的有（　　）。

A．稿酬所得

B．偶然所得

C．股息所得

D．特许权使用费所得

三、业务实训题

1．王华为大学教授，2016 年 12 月份取得收入情况如下：

（1）取得工资、薪金 5 000 元；

（2）出版专业书一本，取得稿酬 20 000 元；

（3）为其他单位授课一次，取得收入 5 000 元；

（4）当月闲置房屋租赁取得收入 2 000 元，税费共计支付 120 元；

（5）取得银行存款利息收入 200 元。

要求：试计算该教授当月应纳个人所得税税额。

2．中国公民李某在国内某单位任职，2016 年 10 月份取得如下收入：

（1）工资收入 3 000 元，当月奖金 1 000 元，季度奖 2 400 元；

（2）接受某公司邀请担任技术顾问，一次性取得收入 35 000 元；

（3）将一套住房出租。月租金 4 500 元，当月支付房屋修缮费 100 元；

（4）因汽车失窃，获得保险公司赔偿 8 万元；

（5）取得购买国债利息 500 元。

要求：请计算李某当月应纳的个人所得税税额。

第七章

其他税种

学习目标

掌握各税种的征税范围、应纳税额的计算与清缴；熟悉相关的税收优惠政策。

案例导入

"房企欠税门"事件

2013年11月24日，中央电视台《每周质量报告》报道称，45家房地产企业欠缴土地增值税，且数目惊人。报道称，2005年1月1日至2012年12月31日8年间，房地产开发企业应交而未交的土地增值税总额超过3.8万亿元。SOHO中国、富力、万科、招商地产、合生创展、金地集团、华远地产等知名房企均榜上有名。其中，欠缴最多的雅居乐地产控股有限公司欠缴达83亿元。

上述点名房地产企业认为央视报道系误解，称"欠缴"土地增值税的说法并不合适，应将其称为"预提费用"，即"预先提取但尚未实际支付的各项费用"。达到交付条件的，公司均已按照国家相关规定依法纳税。

知名地产商任志强更是声称央视"愚蠢与无知"，并"正在研究如何公开起诉央视的事宜"。

亚豪机构市场总监郭毅表示，土地增值税是对房地产开发商在开发房地产过程中的增值部分征收的税费，由于房地产开发周期短则两三年，长则五六年，只有完成地块的全部销售后，才能明确增值金额，也才能明确适用的土地增值税税率，因此，财政部、税务总局规定，按照销售前预征、完成销售后清算、多退少补的缴税原则。由此可以看出，央视指全国房企欠缴巨额土地增值税，实际是应缴未缴，而造成未缴的原因主要是开发企业开发楼盘尚未完成销售，无法确定最终的销售收入以及增值金额。但土地增值税在取得预售许可证、面向市场销售之前已经按一定比例预征，因此并不能说房企欠缴，只能说因为种种原因未完成清算。

【讨论】

在该"房企欠税门"事件中，究竟谁是谁非，说自己的看法。

第一节　城市维护建设税与教育费附加

一、城市维护建设税与教育费附加的基本内容

（一）纳税人

在征税范围内缴纳增值税和消费税的单位和个人，都是城市维护建设税的纳税义务人。城市维护建设税用于城市的公用事业和公共设施的维护建设。

教育费附加的纳税人同城建税规定。教育费附加用于地方教育事业。

（二）征税范围

城市维护建设税的征税范围比较广，包括城市市区、县城、建制镇，以及征收增值税和消费税的其他地区。

教育费附加征收范围的规定同城建税。

（三）计税依据

城市维护建设税的计税依据：纳税人实际缴纳的增值税、消费税税额，但不包括加收对应的滞纳金和罚款。经国家税务总局正式审核批准的当期免抵的增值税税额应纳入城市维护建设税和教育费附加的计征范围。

教育费附加计税依据的规定同城建税。

（四）税率

城市维护建设税按照地区差别设置税率，具体如表 7-1 所示。

表 7-1　城市维护建设税率表

地区	税率（%）
城市市区	7
县城、建制镇	5
上述以外的地区	1

特殊规定：

（1）由受托方代扣代缴、代收代缴“三税”的单位和个人，其代扣代缴、代收代缴的城市维护建设税按受托方所在地适用税率执行；

（2）流动经营等无固定纳税地点的单位和个人，在经营地缴纳“三税”的，其城市维护建设税的缴纳按经营地适用税率执行。

教育费附加的征收率没有地区差别，统一为 3%。

（五）税收优惠

1. 一般原则：原则上不单独规定税收优惠

城市维护建设税与教育费附加以增值税与和消费税为计税依据，对前“两税”减免，同

时也就对城市维护建设税与教育费附加实行了减免。

2. 例外规定

（1）“进口不交，出口不退”：海关对进口产品或服务代征增值税、消费税的，不征税城市维护建设税与教育费附加；对出口产品或服务退回增值税、消费税的，不退回已缴纳税城市维护建设税与教育费附加。

（2）下岗就业优惠：新办商贸企业，当年招用下岗失业人员达到职工总数 30%以上，3 年内免征城市维护建设税与教育费附加。下岗失业人员从事特定个体经营，从开业起 3 年内免征城市维护建设税与教育费附加。

（3）退役士兵就业优惠：新办服务型企业，当年招用退役士兵达到职工总数 30%以上，3 年内免征城市维护建设税与教育费附加。退役士兵从事特定个体经营，从开业起 3 年内免征城市维护建设税与教育费附加。

（六）征税管理

（1）直接缴纳“两税”的：纳税人在缴纳“两税”的同时，在缴纳“两税”地缴纳城市维护建设税与教育费附加。

（2）代扣代缴“两税”的：同时代扣代缴城市维护建设税与教育费附加。

二、城市维护建设税与教育费附加的计算

城市维护建设税与教育费附加应纳税额的计算公式为

城市维护建设税应纳税额=（增值税额+消费税额）×适用税率

教育费附加应纳税额=（增值税额+消费税额）×3%

【例 7-1·计算题】兴丰公司位于市区，为增值税一般纳税人。2016 年 1 月按税法规定缴纳增值税金 20 万元，同时补交上年增值税金 10 万元及相应滞纳金 1 万元和罚款 5 万元。计算该企业本月应缴纳城市维护建设税与教育费附加。

『答案解析』

计税依据为实际缴纳的“两税”金额，不包括对应的滞纳金和回款：

20+10=30（万元）

适用税率：地处市区，故城市维护建设税适用税率 7%；教育费附加征收率统一为 3%。

应纳城市维护建设税税额=30×7%=2.1（万元）

应纳教育费附加=30×3%=0.9（万元）

第二节 印 花 税

一、印花税的基本内容

（一）纳税人

在中华人民共和国境内书立、领受、使用应税凭证的单位和个人，都是印花税的纳税义

务人。值得特别注意的是，应税凭证在我国境外书立或领受，但是如果带回在我国境内使用，受我国法律保护，该凭证也要缴纳印花税。另外，以电子形式签订的电子版应税凭证，也同纸质版凭证一样照章缴纳印花税（见表 7-2）。

表 7-2　印花税纳税人

纳税人	具体内容	备　注
立合同人	书立合同的当事人，但担保人、证人、鉴定人除外	当事人为多方，各方均为纳税人
立账簿人	设立并使用账簿的单位或个人	
立据人	订立财产转移书据的当事人	立据人未纳税的，持有人补税
领受人	领受权利许可证照的单位或个人	
使用人	在境外书立或领受，在境内使用的单位或个人	
签订人	以电子形式签订应税凭证的单位或个人	电子版应税凭证一样要纳税

（二）征税范围

征税印花税的应税凭证比较多，分为四大类别，共有 13 个税目（十项合同，五类产权转移书据，二类营业账簿，五种权利、许可证照），具体包括以下内容。

1. 十项经济合同

并不是所有合同都征收印花税，目前征收印花税的 10 项经济合同如表 7-3 所示。

表 7-3　应税经济合同

经济合同	具体范围	例　外
购销合同	包括供应、预购、采购、购销结合及协作、调剂、补偿、易货等合同	电网与用户之间订立的供用电合同不征税
加工承揽合同	包括加工、定作、修缮、修理、印刷、广告、测绘、测试等合同	
建设工程勘察设计合同	包括勘察和设计总包合同、分包合同与转包合同	
建筑安装工程承包合同	包括建筑、安装工程总包合同、分包合同与转包合同	
财产租赁合同	包括租赁房屋、船舶、飞机、机动车辆、机械、器具、设备等合同，还包括企业或个人出租门店、柜台签订的合同	
货物运输合同	包括民用航空运输、铁路运输、海上运输、内河运输、联运合同	
仓储保管合同	包括仓储、保管合同	
借款合同	银行及其他金融组织和借款人订立合同；融资租赁合同也属于借款合同	银行同业拆借合同不征税
财产保险合同	包括财产、责任、保证、信用等保险合同	
技术合同	包括技术开发、转让、咨询、服务等合同。 技术转让合同包括专利申请转让、非专利技术转让合同，不包括专利权转让、专利实施许可合同；技术咨询合同是就有关项目的分析、论证、评价、预测和调查订立的技术合同；技术服务合同包括技术服务、技术培训和技术中介合同	一般法律、会计、审计等方面的咨询不属于技术咨询，所订立的合同不征税

对于应税经济合同，还应特别注意以下几点：

（1）具有应税合同性质的凭证应视同应税合同纳税。有些凭证虽没有采用规范的合同名称或形式，但实质内容与上述 10 项经济合同一样，对当事各方具有法律约束力，此类凭证应视同应税合同纳税。

（2）未兑现应税合同也应纳税。不论应税合同是否兑现或能否兑现，一经订立就要纳税。

（3）同时书立合同和开立单据。同一项业务在书立合同的同时又开立单据的，就合同纳税，单据不纳税。

2. 五类产权转移书据

（1）财产所有权转移书据。这里需特别注意的是：此处所指的“财产”是特指在政府管理机关登记注册的动产、不动产和企业股权，并不是所有财产。

（2）版权转移书据。

（3）商标专用权转移书据。

（4）专利权转移书据。

（5）专利技术使用权转移书据。

理解产权转移书据时，还应特别注意：土地使用权出让、转让合同和商品房销售合同按产权转移书据纳税，不按购销合同纳税。

3. 二类营业账簿

（1）资金账簿：登记企业“实收资本”和“资本公积”金额的账簿。

（2）其他账簿：资金账簿以外的账簿。

4. 五种权利、许可证照

（1）土地使用证。

（2）房屋产权证。

（3）专利证。

（4）商标注册证。

（5）工商营业执照。

超出上述范围的证照，如税务登记证、卫生许可证、驾照等，不征税。

【例 7-2 • 多选题】下列各项中，应当征收印花税的项目有（　　）。

A. 产品加工合同　B. 法律咨询合同　C. 技术开发合同　D. 出版印刷合同

『答案』ACD

【例 7-3 • 多选题】下列各项中，应按“产权转移书据”税目征收印花税的有（　　）。

A. 商品房销售合同　B. 土地使用权转让合同

C. 专利申请权转让合同　D. 个人无偿赠与不动产登记表

『答案』ABD

（三）计税依据

印花税实行从价计税和从量计税两种计税方法，因此，应税凭证不同，其计税依据也不同。

1. 应税经济合同

应税经济合同的印花税是采取从价计税方法，其计税依据一般为经济合同所载金额，但也有例外。

（1）应税经济合同的金额能够确定的。应税经济合同的金额能够明确的，其计税依据的具体规定如表 7-4 所示。

表 7-4　应税经济合同的计税依据

经济合同	计税依据
购销合同	一般规定：以合同所载购销金额计税 特殊规定：以货换货交易的，为合同所载购销金额的合计金额计税
加工承揽合同	① 委托方提供主要材料的，以加工费和辅助材料金额的合计金额计税 ② 受托方提供主要材料的，如果加工费和材料费分别在合同中注明的，加工费按本项目计税，材料费按“购销合同”计税；若合同未分别注明的，适用从高税率，统一按本项目计税
建设工程勘察设计合同	以勘察、设计获取的收入计税
建筑安装工程承包合同	以承包金额计税，不得扣除任何费用；若承包人将工程分包或转包，则再按分包或转包合同记载的金额另行计税
财产租赁合同	以租赁金额（租金）计税
货物运输合同	以运费计税，不包括所运货物金额、装卸费和保险费
仓储保管合同	以仓储保管费计税，不包括所保管货物的金额
借款合同	一般规定：以借款金额计税 特殊规定： ① 一项信贷业务既签订借款合同，又一次或分次填开借据的，只就借款合同所载金额计税 ② 一项信贷业只填开借据的，按照借据所载金额计税 ③ 流动资金周转性借款合同：一般按年（期）签订，规定最高限额，借款人在规定的期限和最高限额内随借随还。对这类合同只就其规定的最高额在签订时计税一次，在限额内随借随还不签订新合同的，不再另行计税 ④ 抵押借款合同：应按借款合同规定计税 ⑤ 融资租赁合同：以按合同所载租金总额，按借款合同计税 一般规定：以借款金额计税 特殊规定： ① 一项信贷业务既签订借款合同，又一次或分次填开借据的，只就借款合同所载金额计税 ② 一项信贷业只填开借据的，按照借据所载金额计税 ③ 流动资金周转性借款合同：一般按年（期）签订，规定最高限额，借款人在规定的期限和最高限额内随借随还。对这类合同只就其规定的最高额在签订时计税一次，在限额内随借随还不签订新合同的，不再另行计税 ④ 抵押借款合同：应按借款合同规定计税 ⑤ 融资租赁合同，以按合同所载租金总额，按借款合同计税 ⑥ 银团借款合同：贷款方是由若干银行组成的银团，银团各方均承担一定的贷款数额，借款合同由借款方与银团各方共同书立，各执一份合同正本。对这类合同，借款方与贷款银团各方应分别在所执的合同正本上，按各自的借贷金额计税 ⑦ 基本建设借款合同：先按年度用款计划分年签订借款合同，在最后一年按总概算签订借款总合同。总合同的借款金额包括各个分合同的借款金额。对这类基建借款合同，应按分合同分别计税，最后签订的总合同，只就借款总额扣除分合同借款金额后的余额计税
财产保险合同	一般规定：以保险费计税，不包括所保财产的金额
技术合同	一般规定：以合同所载金额计税 特殊规定：技术开发合同，只就合同所载的报酬金额计税，研发经费不计税

【例 7-4・单选题】某中学委托一服装厂加工校服，合同约定布料由学校提供，价值 50 万元，学校另支付加工费 10 万元。下列关于计算印花税的表述，正确的是（　　）

A．学校应以 50 万元的计税依据，按销售合同的税率计算印花税
B．服装厂应以 50 万元的计税依据，按销售合同的税率计算印花税
C．服装厂应以 10 万元加工费为计税依据，按加工承揽合同的税率计算印花税
D．服装厂和学校均以 60 万元为计税依据，按照加工承揽合同的税率计算印花税
『答案』C

（2）签订应税经济合同的金额不能确定的。在实际中，有些应税合同在签订时无法确定合同金额，如技术转让合同约定转让收入按照销售收入的一定比例支付，对于这类应税合同，在签订合同时先按 5 元定额计税，待以后金额确定时，再按上表规定计税。

2. 产权转移书据

产权转移书据的印花税是采取从价计征方法，其计税依据为书据所载金额。

3. 营业账簿

营业账簿分为资金账簿和其他账簿两类，其计税依据规定如下。
（1）资金账簿。资金账簿的印花税是采取从价计税方法，其计税依据为“实收资本”与“资本公积”两项的合计金额。
（2）其他账簿。其他账簿的印花税是采取从量计税方法，其计税依据为账簿的本数。

4. 权利、许可证照

权利、许可证照的印花税是采取从量计税方法，其计税依据为权利、许可证照的件数。

（四）税率

（1）应税经济合同的税率，具体如表 7-5 所示。

表 7-5　应税经济合同的税率表

经济合同	税率
购销合同	0.03%（万分之三）
加工承揽合同	0.05%（万分之五）
建设工程勘察设计合同	0.05%（万分之五）
建筑安装工程承包合同	0.03%（万分之三）
财产租赁合同	0.1%（万分之十）
货物运输合同	0.05%（万分之五）
仓储保管合同	0.1%（万分之十）
借款合同	0.005%（万分之零点五）
财产保险合同	0.1%（万分之十）
技术合同	0.03%（万分之三）

（2）产权转移书据的税率统一为 0.05%（万分之五）。
（3）营业账簿的税率，如表 7-6 所示。

表 7-6　营业账簿的税率表

项目	账簿类别	税率
营业账簿	资金账簿	0.05%（万分之五）
	其他账簿	5 元/本

（4）权利、许可证照的税率统一为 5 元/件。

（五）税收优惠

印花税的主要税收优惠如表 7-7 所示。

表 7-7　印花税税收优惠表

免税凭证	备　注
已税凭证的副本或抄本	如果副本或抄本视同正本使用，则需照章纳税
农副产品收购合同	国家指定部门与农民个人或村委会签订的农产品收购合同免税
企业改制前已税凭证	企业改制前已税凭证在改制后条款未做改变的不需另外纳税
企业改制签订的产权转移书据	免税
公益捐赠签订的产权转移书据	将财产捐赠政府、抚养孤老伤残福利单位、学校订立的书据

（六）征税管理

（1）印花税纳税方法，如表 7-8 所示。

表 7-8　印花税的纳税方法

纳税方法		适用条件
一般纳税方法	“三自”	自行计算应纳税额，自行购买并贴印花，自行注销
简易纳税方法	以缴款书或完税凭证代替贴花	一份凭证应纳税额较大（超过 500 元）
	按期汇总纳税	同一类凭证需频繁贴花，按确定期限汇总纳税（不超过 1 个月）
委托代征法	税务机关委托由发放或者办理应纳税凭证的单位代为征收印花税	

（2）贴花规定。纳税人贴花时应遵守如表 7-9 所示的相关规定。

表 7-9　印花税的贴花规定

规定	说明
及时贴花	合同在签订时、账簿在启用时、证照在领受时、境外签订的合同在入境时贴花，不得延后
自行贴花，自行注销	印花税票贴在应税凭证上，并由纳税人在税花骑缝处盖戳注销或画销，不得揭下重用
少贴补贴	已贴花应税凭证，凡修改后增加所载金额的，就增加金额部分补贴税花
多贴不退	多贴税花的，不得申请退税或抵扣

（3）印花税票。印花税票是缴纳印花税的完税凭证，由国家税务总局负责监制。其票面金额以人民币为单位，分为壹角、贰角、伍角、壹元、贰元、伍元、拾元、伍拾元、壹佰元 9 种。图 7-1 和图 7-2 为税票样式。

图 7-1 中国印花税票（50 元）

图 7-2 中国印花税票（100 元）

（4）管理与处罚。印花税完税凭证应保存 10 年，违章处罚具体如表 7-10 所示。

表 7-10 印花税的违章处罚

<table>
<tr><th>具体行为</th><th>处理措施</th></tr>
<tr><td>在应纳税凭证上未贴或少贴印花税票的或者已粘贴在应税凭证上的印花税票未注销或者未划销的（无追究刑事责任的规定）</td><td rowspan="3">由税务机关追缴其不缴或者少缴的税款、滞纳金，并处不缴或者少数的税款 50%以上 5 倍以下的罚款</td></tr>
<tr><td>已贴用的印花税票揭下重用造成未缴或少缴印花税的</td></tr>
<tr><td>按期汇总缴纳印花税的纳税人，超过税务机关核定的纳税期限，未缴或少缴印花税的</td></tr>
<tr><td>伪造印花税票的</td><td>由税务机关责令改正，处以 2000 元以上 1 万元以下的罚款；情节严重的，处以 1 万元以上 5 万元以下的罚款</td></tr>
<tr><td>汇总缴纳印花税的，未将已贴印花或缴款书盖章注销；未按规定保存纳税凭证（无追究刑事责任的规定）</td><td>由税务机关责令限期改正，处以 2000 元以下的罚款；情节严重的，处以 2000 元以上 1 万元以下的罚款</td></tr>
</table>

二、印花税的计算

【例 7-5·计算题】2016 年 1 月 1 日兴丰公司依法成立并开业。

（1）公司成立开业时领受了下列权利、许可证照：工商营业执照、税务登记证、卫生许可证、房产证、商标注册证、专利权证书各一份。

（2）公司开启了下列营业账簿：资金账簿登记实收资本 400 万元，资本公积 100 万元；其他账簿 10 本。

（3）公司购买厂房一栋，签订购房合同一份，合同金额为 200 万元。

就上述事项，计算该企业应缴纳的印花税。

『答案』

（1）计税依据。

业务 1 的计税依据：应税凭证为工商营业执照、房产证、商标注册证、专利权证书共 4 件。

业务 2 的计税依据：其中资金账簿的计税依据为实收资本和资本公积金额合计数 500 万元；其他账簿计税依据为 10 本。

业务 3 的计税依据：购房合同金额 200 万元。

（2）适用税率：权利、许可证照适用税率为 5 元/件；其他账簿适用税率为 5 元/本；资金账簿适用税率为 0.05%；购房合同按产权转移书据纳税，适用税率为 0.05%。

（3）业务 1：权利、许可证照应纳印花税税额=4×5=20（元）

业务 2：资金账簿应纳印花税税额=500×0.05%=0.25（万元）

其他账簿应纳印花税税额=10×5=50（元）

业务 3：购房合同应纳印花税税额=200×0.05%=0．1（万元）

应纳印花税税额总计：20+2 500+50+1 000=3 570（元）

【例 7-6 • 计算题】2016 年 2 月，兴丰公司发生下列业务：

（1）公司接受甲公司投资 100 万元，实收资本增加至 500 万元。

（2）公司作为受托方签订技术开发合同一份，合同总金额为 400 万元，其中研究开发经费 300 万元，报酬为 100 万元。

（3）公司作为承包方签订建筑安装总包合同一份，总包合同总金额为 200 万元，公司将其中 20 万元工程分包给丙公司，并与之签订分包合同。

就上述事项，计算该企业应缴纳的印花税。

『答案』

（1）计税依据。

业务 1 的计税依据：资金账簿的中实收资本增加金额 100 万元。

业务 2 的计税依据：技术开发合同，其计税依据为合同载明的报酬金额 100 万元。

业务 3 的计税依据：总包合同金额+分包合同金额=220 万元。

（2）适用税率：资金账簿适用税率为 0.05%；技术开发合同适用税率 0.03%；建筑安装工程承包合同适用税率 0.03%。

（3）业务 1：资金账簿应纳印花税税额=100×0.05%=0.05（万元）

业务 2：技术开发合同应纳印花税税额=100×0.03%=0.03（万元）

业务 3：建筑安装工程承包合同应纳印花税税额=220×0.03%=0.066（万元）

应纳印花税税额总计：500+300+660=1 460（元）

【例 7-7 • 计算题】2016 年 3 月，兴丰公司发生下列业务：

（1）公司与当地建行签订借款合同一份，合同金额为 100 万元。

（2）公司与乙公司签订委托加工合同一份，约定由乙公司提供材料 100 万元，公司负责加工，收取加工费 10 万元。

（3）公司与丁公司签订易货交易合同一份，约定用自己产品 100 万元换取丁公司原材料 100 万元。

（4）公司与顺丰公司签订运输合同一份，约定运费 10 万元，保险费 1 万元。

就上述事项，计算该企业应缴纳的印花税。

『答案』

（1）计税依据：

业务（1）的计税依据：借款合同金额 100 万元。

业务（2）的计税依据：委托加工合同一份，由对方提供材料的，其计税依据为收取的加工费 10 万元。

业务（3）的计税依据：易货交易合同一份，其计税依据为购、销金额的合计数 100×2=200 万元。（解读：易货交易应理解为先卖出自己的产品，再购入对方的产品，包括销售与购买两项业务）

业务（4）的计税依据：货物运输合同一份，其计税依据为运费 10 万元，不包括保险费、装卸费等。

（2）适用税率：借款合同适用税率为 0.005%；委托加工合同适用税率 0.05%；易货交易合同适用税率 0.03%；货物运输合同适用税率 0.05%。

（3）业务（1）：借款合同应纳印花税税额=100×0.005%=0.005（万元）

业务（2）：委托加工合应纳印花税税额=10×0.05%=0.005（万元）

业务（3）：易货交易合同应纳印花税税额=200×0.03%=0.06（万元）

业务（4）：货物运输合同应纳印花税税额=10×0.05%=0.005（万元）

应纳印花税税额总计：50+50+600+50=750（元）

第三节　土地增值税

一、土地增值税的基本内容

（一）纳税人

在中华人民共和国境内转让国有土地使用权、地上的建筑物及其附着物并取得收入的单位和个人，为土地增值税的纳税义务人。

（二）征税范围

土地增值税的征税对象为纳税人转让房地产所取得的增值额。其征税范围的规定如下。

1. 征税范围一般规定

（1）只对转让国有土地使用权征税，对出让国有土地使用权和转让集体土地使用权不征土地增值税。

（2）既对转让国有土地使用权征税，又对转让地上建筑物和其他附着物的产权征税，即对转让的整个房地产征税。

2. 征税范围特殊规定

表 7-11　土地增值税征税范围的特殊规定

事项	具体规定
以房地产投资	① 非房地产企业和个人以自有房地产对外投资到非房地产企业，免税 ② 非房地产企业和个人以自有房地产对外投资到房地产企业，照章纳税 ③ 房地产企业以其建造的商品房对外投资，照章纳税
企业兼并	企业因兼并转让房地产的，免税

续表

事项	具体规定
互换房地产	① 个人之间互换房地产的，免税 ② 单位之间互换房地产的，照章纳税
国家收回房地产	国家有偿收回或征用房地产，原房地产所有人免税
用房地产抵债	房地产所有人用房地产抵债，照章纳税
无偿转让房地产	① 房地产所有人死亡，其继承人依法继承其房地产的，免税 ② 房地产所有人将房地产赠与其直系亲属或承担直接赡养义务人的，免税 ③ 房地产所有人通过境内非营利性社会团体、政府机关将房地产赠与教育、民政、社会福利和公益事业的，免税 ④ 除上述3项无偿转让房地产外，其他无偿转让房地产的，视同有偿转让，照章纳税

【例 7-8 • 单选题】下列各项中，应计算缴纳土地增值税的有（　　）。

A．被兼并企业将房地产转让到兼并企业中

B．个人之间互换自有居住用房地产

C．房产所有人将房屋产权用于抵债的

D．房地产开发企业以建造商品房用于商业招租，不发生产权转移的

『答案』C

（三）计税依据

土地增值税的计税依据：纳税人在转让房地产所取得的增值额。

转让房地产的增值额为转让房地产收入减除法定扣除项目的金额，用公式表示为

增值额=转让收入−扣除项目金额

因此，确定土地增值税的增值额，关键是确定转让收入与法定扣除项目及其金额。

1. 确定转让收入

转让收入，是指纳税人转让房地产所取得的各种收入，包括货币收入、实物收入和其他收入在内的全部价款及有关的经济利益。

2. 确定扣除项目及其金额

房地产转让可归纳为以下几种情况：转让新房地产、转让旧房地产、转让未开发的土地。其中，转让新房地产又要进一步分为房地产企业与非房地产企业转让新房地产，后面两类转让不做区分。下面分别介绍税法就上述各种情况下对扣除项目及其金额的规定。

1）转让新房地产

房地产企业与非房地发企业转让新房地产在扣除项目及其金额的规定上有所不同，如表 7-12 所示。

表 7-12　转让新房地产扣除项目及其金额的规定

企业	扣除项目	扣除金额确定规定
房地产企业	取得土地使用权支付的金额	① 取得土地使用权支付的地价款 ② 取得土地使用权时，按国家统一规定缴纳的费用，如契税、登记和过户手续费

续表

企业	扣除项目	扣除金额确定规定
房地产企业	开发成本	① 土地征用及拆迁补偿费 ② 前期工程费：规划、设计、水文和地质勘查、测绘、“三平一通”支出 ③ 建筑安装工程费 ④ 基础设施费：开发小区内的道路、供水、供电、供气、排污、排洪、通信、照明、环卫、绿化工程支出 ⑤ 公共配套设施费 ⑥ 开发间接费：直接组织、管理开发项目的支出
	开发费用	开发费用是指管理费用、销售费用、财务费用，为了便于计算操作，其能扣除的金额与会计账簿中登记的金额不一样。具体规定如下： ① 所转让房地产项目的利息费用确定清楚，并能提供金融机构证明的：可扣除金额=实际支付的利息+（取得土地使用权支付的金额+开发成本）×5%以内 ② 所转让房地产项目的利息费用不能确定清楚的：可扣除金额=（取得土地使用权支付的金额+开发成本）×10%以内 注：上述具体比例由省、自治区、直辖市人民政府决定
	转让环节支付的税金	① 转让环节支付的税金：不能抵扣的增值税进项税额、城市维护建设税、教育费附加 ② 特别注意：转让环节支付的印花税已经计算在开发费用中的管理费用中了，故此处不能再扣除
	加计扣除	加计扣除是财政部确定的一项扣除项目，其意图是，房地产开发项目开发周期长，投入资金大，保证房地产开发商能取得合理回报，调动其开发积极性。其计算公式为：可扣除金额=（取得土地使用权支付的金额+开发成本）×20%
非房地产企业	取得土地使用权支付的金额	同上
	开发成本	同上
	开发费用	同上
	转让环节支付的税金	① 转让环节支付的税金：不能抵扣的增值税进项税、城市维护建设税、教育费附加、印花税 ② 特别注意：非房地产企业转让环节支付的印花税可以扣除

如表 7-12 所述，房地产企业与非房地产企业转让新房地产在扣除项目及其金额的规定的区别在于以下两点差别外，在扣除项目的其他方面都一致：①房地产企业扣除项目中有加计扣除项目，而非房地产企业没有此扣除项目；②房地产企业在转让环节支付的税金扣除项目中，印花税金不能扣除，而非房地产企业可以扣除。

另外，房地产开发企业有关扣除项目规定注意如下事项：

① 除另有规定外，扣除取得土地使用权所支付的金额、房地产开发成本、费用及与转让房地产有关税金，须提供合法有效凭证；不能提供合法有效凭证的，不予扣除。

② 房地产开发企业办理土地增值税清算所附送的前期工程费、建筑安装工程费、基础设施费、开发间接费用的凭证或资料不符合清算要求或不实的，地方税务机关可核定这四项开发成本的单位面积金额标准，并据以计算扣除。

③ 房地产开发企业开发建造的公共设施的税务处理如表 7-13 所示。

表 7-13 房地产开发企业开发建造的公共设施税务处理表

用途	收入	成本费用
建成后产权属于全体业主所有的	无须确认收入	其成本、费用可以扣除
建成后无偿移交给政府、公用事业单位用于非营利性社会公共事业的		
建成后有偿转让的	计算收入	

【例 7-9 • 单选题】清算土地增值税时，房地产开发企业开发建造的与清算项目配套的会所等公共设施，其成本费用可以扣除的情形是（　　）。

A．建成后开发企业转为自用的　　B．建成后开发企业用于出租的

C．建成后直接赠与其他企业的　　D．建成后产权属于全体业主的

『答案』D

④ 房地产开发企业销售已装修的房屋，其装修费用可以计入房地产开发成本。房地产开发企业的预提费用，除另有规定外，不得扣除。

⑤ 属于多个房地产项目共同的成本费用，应按清算项目可售建筑面积占多个项目可售总建筑面积的比例或其他合理的方法，计算确定清算项目的扣除金额。

⑥ 房地产开发企业在工程竣工验收后，根据合同约定，扣留建筑安装施工企业的质量保证金，在计算土地增值税时：建筑安装施工企业就质量保证金对房地产开发企业开具发票的，按发票所载金额予以扣除；未开具发票的，扣留的质保金不得计算扣除。

⑦ 房地产开发企业逾期开发缴纳的土地闲置费不得扣除。

2）转让旧房地产

在转让旧房地产时，所有企业和个人在扣除项目及其金额的规定都一样，不做区分（见表 7-14）。

表 7-14　转让旧房地产扣除项目及其金额的规定

纳税人	扣除项目	扣除金额确定规定
所有企业和个人	取得土地使用权支付的金额	①取得土地使用权支付的地价款 ②取得土地使用权时，按国家统一规定缴纳的费用，如契税、登记和过户手续费
	评估价格	①能取得评估价格的用评估价格：评估价格=重置成本价×成新度折旧率 ②不能取得评估价格的，按购房发票所载金额（不含契税）并从购买之日起到转让之日止每满一年加计 5%计算扣除 注意：上述“一年”这样计算，自购买发票开具之日起至销售发票开具之日止，每满 12 个月为一年；超过一年，未满 12 个月但超过 6 个月的，按一年计算
	转让环节支付的税金	不能抵扣的增值税进项税额、城市维护建设税、教育费附加、印花税

3）转让未开发的土地

在转让未开发的土地时，所有企业和个人在扣除项目及其金额的规定都一样，不做区分（见表 7-15）。

表 7-15　转让旧房地产扣除项目及其金额的规定

	纳税人	扣除项目	扣除金额确定规定
转让未开发的土地	所有企业和个人	取得土地使用权支付的金额	① 取得土地使用权支付的地价款 ② 取得土地使用权时，按国家统一规定缴纳的费用，如契税、登记和过户手续费
		转让环节支付的税金	转让环节支付的税金：不能抵扣的增值税进项税额、城市维护建设税、教育费附加、印花税

（四）税率

土地增值税按照增值率实行四级累进税率。

所谓增值率，就是增值额占扣除项目金额的比例，用公式表示为

增值率=增值额/扣除项目金额×100%

=（转让收入-扣除项目金额）/扣除项目金额×100%

表 7-16　土地增值税的税率

增值率	税率（%）	速算扣除系数（%）
未超过 50%的部分	30	0
超过 50%～100%部分	40	5
超过 100%～200%部分	50	15
超过 200%部分	60	35

（五）税收优惠

（1）建造普通标准住宅出售，其增值率未超过 20%的，予以免税。

（2）因国家建设需要而被政府征用、收回的房地产，免税。

（3）个人销售住房：2008 年 11 月 1 日起，对居民个人销售住房一律免征收土地增值税。

（六）征税管理

1. 纳税申报时间

在土地增值税的纳税申报时间上，房地产开发纳税人与其他纳税人的规定不尽相同（见表 7-17）。

表 7-17　纳税申报时间

规　定	说　明
房地产开发纳税人	在签订房地产转让合同后 7 日内纳税申报；经常转让房地产的，难以每次申报的，可在税务机关核定的期限内纳税申报。
其他纳税人	一律在签订房地产转让合同后 7 日内纳税申报。

2. 纳税时间与方法

纳税人纳税时间与方法依转让房地产的方式不同，税法对其规定也不尽相同。具体见表 7-18：

表 7-18　纳税时间与方法

转让方式		规　定	
		纳税方法	纳税时间
一次交割、付清价款		一次性缴纳全部税款	主管税务机关规定其在办理过户、登记手续前数日内
分期收款		分期纳税 每次应纳税额=总应纳税额×（每次收入/总收入）	主管税务机关规定其在合同约定收款日后数日内
项目全部竣工前部分转让	分期分批开发、转让	先预征，后汇算，多退少补	取得转让收入时预缴，全部竣工时汇算清缴
	开发前预售		取得预售收入款时预缴，全部竣工时汇算清缴

3. 纳税地点

土地增值税由房地产所在地税务机关负债征收，故纳税人一律在所转让的房地产坐落的主管税务机关申报纳税。

4. 土地增值税的清算管理

（1）以国家有关部门审批的房地产开发项目为单位进行清算，对于分期开发的项目，以分期项目为单位清算。开发项目中同时包含普通住宅和非普通住宅的，应分别计算增值额。土地增值税的清算可以分为两种类型：必须清算和税务机关可要求清算。具体规定如表7-19所示。

表7-19　土地增值税的清算管理规定

清算类型	条　件	清算完成时间
必须清算	房地产开发项目全部竣工、全部完成销售的	满足清算条件之日起90天内
	整体转让未竣工房地产开发项目的	
	直接转让土地使用权	
可要求清算	房地产开发项目全部竣工，已销售的房地产建筑面积占整个项目可销售建筑面积达85%以上，或虽未达到85%，但剩余部分已经出租或自用的	被要求清算之日起90天内
	取得销售（预售）证满3年仍未销售完毕的	
	申请注销税务登记证但未办理土地增值税清算手续的	在办理注销税务登记证之前

【例7-10·多选题】下列情形中，纳税人应当进行土地增值税清算的有（　　）。

A．直接转让土地使用权的

B．整体转让未竣工决算房地产开发项目的

C．房地产开发项目全部竣工并完成销售的

D．取得销售（预售）许可证2年仍未售完的

『答案』ABC

（2）清算后再转让房地产的处理。在土地增值税清算时未转让的房地产，清算后销售或有偿转让的，纳税人应按规定进行土地增值税的纳税申报，扣除项目金额按清算时的单位建筑面积成本费用乘以销售或转让面积计算。相关计算公式为

单位建筑面积成本费用=清算时的扣除项目总金额÷清算的总建筑面积

小思考

大家学完土地增值税纳税时间与方法、土地增值税清算管理规定后，再仔细阅读本章“导入案例”中的2013年“房企欠税门”事件，在该事件中，究竟孰是孰非，说说自己的判断与理由。

二、土地增值税的计算

（一）土地增值税的计算步骤

土地增值税的计算一般由以下步骤构成。

（1）确定房地产转让收入。

（2）确定扣除项目及其金额。

（3）计算增值额与增值率。

（4）确定适用税率。

（5）计算应纳税额。

（二）土地增值税的计算公式

土地增值税应纳税额的相关计算公式为

增值额=转让收入-扣除项目金额

增值率=增值额/扣除项目金额×100%

评估价格=重置成本价×成新度折扣率

应纳税额=增值额×适用税率-扣除项目金额×速算扣除系数

特别注意：计算增值率时，分母是扣除项目金额，不是转让收入。

【例 7-11 • 计算题】甲房地产开发公司位于 A 市市区，2016 年发生了下列业务：

（1）2016 年 5 月 1 日，在 B 市 C 区通过竞拍取得一宗土地，支付地价款、税费共计 1 000 万元，计划开发一栋高级写字楼。

（2）2016 年 5 月 1 日至当年 10 月，该高级写字楼开发完成。在开发过程中发生了下列费用：拆迁补偿费用 300 万元，基础设施费 100 万元，建筑安装工程费 600 万元；管理费用 100 万元，销售费用 30 万元，支付利息 50 万元（能提供金融机构的证明）；另外发生营业外支出 80 万元，其中支付违约金 10 万元，通过政府向灾区捐赠现金 70 万元。

（3）公司将该栋写字楼销售给乙公司，签订销售合同一份，合同销售金额为 4 440 万元（含税）。

（4）该公司在整个项目开发过程中共有增值税进项税 300 万元，全部尚未抵扣。

当地政府规定房地产开发费用扣除比例为 5%。

就上述事项，试计算甲房地产开发公司应缴纳的土地增值税，并说明该公司在何地申报纳税。

『答案解析』

（1）应纳税额的计算：

① 确定房地产转让收入：4 440÷(1+11%)=4 000（万元）

② 确定扣除项目及其金额：甲是房地产开发企业，所以扣除项目为 5 项。

a．取得土地使用权支付的金额：地价款、税费共计 1 000 万元

b．开发成本：300+100+600=1 000（万元）

c．开发费用：所转让房地产项目的利息费用确定清楚，并能提供金融机构证明，

所以，可扣除金额=实际支付的利息+（取得土地使用权支付的金额+开发成本）×5%

=50+(1 000+1 000)×5%=150（万元）

d．转让环节支付的税金：甲是房地产开发企业，所以可扣除转让环节支付的税金是不能抵扣的增值税进项税税额、城市维护建设税、教育费附加

应纳增值税税额=4440÷(1+11%)×11%−300=140（万元）

应纳城市维护建设税税额=140×7%=9.8（万元）

应纳教育费附加=140×3%=4.2（万元）

可扣除转让环节支付的税金=0+9.8+4.2=14（万元）

e．加计扣除：

可扣除金额=(取得土地使用权支付的金额+开发成本)×20%

=(1 000+1 000)×20%=400（万元）

可扣除总金额=1 000+1 000+150+14+400=2 564（万元）

（2）计算增值额与增值率：

增值额=转让收入−扣除项目金额=4 000−2 564=1 436（万元）

增值率=增值额/扣除项目金额×100%=(1436÷2 564)×100%=56%

（3）确定适用税率：适用税率为40%。

（4）计算应纳税额：

应纳税额=增值额×适用税率−扣除项目金额×速算扣除系数

=1 436×40%−2564×5%=574.4−128.2=446.2（万元）

（5）申报纳税地点：因为所转让的房地产坐落在B市C区，故应在B市C区的主管税务机关申报纳税。

第四节　资　源　税

一、资源税的基本内容

（一）纳税人

在中华人民共和国领域及管辖海域开采应税矿产品或者生产盐的单位和个人，为资源税的纳税人。

对于资源税，需要注意以下几点。

（1）进口不征，出口不退。资源税是对在我国境内生产或开采应税资源的单位或个人征收，而对进口应税资源产品的单位或个人不征资源税。对出口应税产品也不退（免）已纳的资源税。

（2）一次性课征。资源税是对开采或生产应税资源进行销售或自用的单位和个人，在出厂销售或自用时一次性征收，而对已税产品批发、零售的单位和个人不再征收资源税。

（3）自2011年11月1日起，中外合作开采石油、天然气的企业也征收资源税。

（4）收购未税矿产品的独立矿山、联合企业和其他单位（包括个体户）为资源税的扣缴义务人。

（二）征税范围

1．全国统一规定征收资源税的应税矿产品

全国统一规定征收资源税的应税矿产品包括六大类、若干小类，如表7-20所示。

表 7-20 资源税的税目

税目		备注
一级税目	子税目	
原油		不包括人造石油
天然气		包括专门开采或与石油同时开采的天然气
煤炭		包括原煤和以未税原煤加工的洗选煤
盐	固体盐	包括海盐原盐、湖盐原盐、井矿盐
	液体盐	又名卤水，即氯化钠达到一定浓度的溶液
其他非金属矿	玉石、硅藻土、高铝黏土、焦宝石、萤石、磷矿石、膨润土、沸石、珍珠岩、宝石、金刚石、耐火黏土、石墨、石英砂、重晶石、毒重石、蛭石、长石、滑石、白云石、硅灰石、凹凸棒石黏土、高岭土、云母、天然碱、石膏、硅线石、石棉 、硫铁矿、自然硫、磷铁矿、砂石	
金属矿	黑色金属矿	铁矿石、锰矿石、铬矿石
	有色金属矿	稀土矿、铜矿石、铅锌矿石、铝土矿、钨矿石、锡矿石、锑矿石、钼矿石、镍矿石、黄金矿、钒矿石

2. 全国未统一规定征收资源税的应税矿产品

表 7-20 中未列举名称的其他金属和非金属矿产品，由省、自治区、直辖市人民政府决定是否征收，并报财政部和国家税务总局备案。

3. 扩大资源税征收范围试点

2016 年 5 月 10 日，财政部和国家税务总局联合发布《关于全面推进资源税改革的通知》，自 2016 年 7 月 1 日起全面推进资源税改革。此次改革主要内容之一就是将逐步扩大征税范围。

（1）开展水资源税改革试点工作：鉴于取用水资源涉及面广、情况复杂，为确保改革平稳有序实施，先在河北省开展水资源税试点，将地表水和地下水纳入征税范围，实行从量定额计征。在总结试点经验基础上，财政部、国家税务总局将选择其他地区逐步扩大试点范围，条件成熟后在全国推开。

（2）逐步将森林、草场、滩涂纳入征收范围：鉴于森林、草场、滩涂等资源在各地区的市场开发利用情况不尽相同，对其全面开征资源税条件尚不成熟，此次改革不在全国范围统一规定对森林、草场、滩涂等资源征税。各省、自治区、直辖市人民政府可以结合本地实际，根据森林、草场、滩涂等资源开发利用情况提出征收资源税的具体方案建议，报国务院批准后实施。

（三）计税依据

2016 年 7 月 1 日起全面推进资源税改革后，除对经营分散、多为现金交易且难以控管的黏土、砂石等少数矿产品，仍实行从量定额计征外，其他都采用从价定率计征。

（1）正常销售情况下计税依据的确定，如表 7-21 所示。

表 7-21 资源税计税依据（正常销售）

计征方法	计税依据	确定规则
从量定额计征的	销售量	
从价定率计征的	销售额	向购买方收取的全部价款和价外费用，但增值税、代垫运费、政府性基金、事业性收费除外 如果纳税人申报销售价格明显偏低，又无正当理由的，按照下列顺序确定销售额： ① 按纳税人最近时间同类货物的平均销售价格 ② 按其他纳税人最近时期同类货物的平均销售价格 ③ 组成计税价格：组成计税价格=成本×（1+成本利润率）÷（1-税率）

（2）视同销售情况下计税依据的确定：纳税人开采或者生产应税产品，自用于连续生产应税产品的，不缴纳资源税；自用于其他方面的（比如捐赠、用于职工福利、用其他非应税产品生产等），视同销售，照章缴纳资源税。

表 7-22 资源税计税依据（视同销售）

	计征方法	计税依据	备注
视同销售	从量定额计征的	自用数量	
	从价定率计征的	销售额	按照下列顺序确定销售额： ① 按纳税人最近时间同类货物的平均销售价格 ② 按其他纳税人最近时期同类货物的平均销售价格； ③ 组成计税价格：组成计税价格=成本×（1+成本利润率）÷（1-税率）

（四）税率

2016 年 7 月 1 日起全面推进资源税改革，此次改革主要内容之一就是其计征方法普遍改为从价定率计征，税率普遍改为比例税率。

国家统一规定税率的幅度，各省、自治区、直辖市具体适用税率由省级人民政府在规定的税率幅度内提出，报财政部、国家税务总局确定核准。

表 7-23 资源税税目税率幅度

税目		征税对象	税率幅度（%）
金属矿	铁矿	精矿	1～6
	金矿	金锭	1～4
	铜矿	精矿	2～8
	铝土矿	原矿	3～9
	铅锌矿	精矿	2～6
	镍矿	精矿	2～6
	锡矿	精矿	2～6
	未列举名称的其他金属矿产品	原矿或精矿	税率不超过 20%
非金属矿	石墨	精矿	3～10
	硅藻土	精矿	1～6
	高岭土	原矿	1～6
	萤石	精矿	1～6

续表

税目		征税对象	税率幅度（%）
非金属矿	石灰石	原矿	1～6
	硫铁矿	精矿	1～6
	磷矿	原矿	3～8
	氯化钾	精矿	3～8
	硫酸钾	精矿	6～12
	井矿盐	氯化钠初级产品	1～6
	湖盐	氯化钠初级产品	1～6
	提取地下卤水晒制的盐	氯化钠初级产品	3～15
	煤层（成）气	原矿	1～2
	黏土、砂石	原矿	每吨或立方米 0.1～5 元
	未列举名称的其他非金属矿产品	原矿或精矿	从量税率每吨或立方米不超过 30 元；从价税率不超过 20%
海盐		氯化钠初级产品	1～5

（五）税收优惠

（1）开采原油过程中用于加热、修井的原油，免税。

（2）纳税人开采或者生产应税产品过程中，因意外事故或者自然灾害等原因遭受重大损失的，由省、自治区、直辖市人民政府酌情决定减税或者免税。

（3）铁矿石资源减按 80%征收资源税。

（4）尾矿再利用的，不再征收资源税。

（5）从 2007 年 1 月 1 日起，对地面抽采煤矿瓦斯暂不征收资源税。

（6）自 2010 年 6 月 1 日起，纳税人在新疆开采的原油、天然气，自用于连续生产原油、天然气的，不缴纳资源税；自用于其他方面的，视同销售，依照规定计算缴纳资源税。

（7）三类减免税项目：

① 油田范围内运输稠油过程中用于加热的原油、天然气，免征资源税；

② 稠油、高凝油和高含硫天然气资源税减征 40%；

③ 三次采油资源税减征 30%。

（六）征税管理

1. 纳税义务发生时间

资源税纳税义务发生时间，随销售方式不同而不同，具体规定如表 7-24 所示。

表 7-24　资源税纳税义务的发生时间

销售方式	纳税义务发生时间
分期收款销售	合同约定收款日
预收款销售	发出应税产品当天
除上述以外销售	收讫货款或取得索取价款凭证的当天
自产自用	已送应税产品的当天
代扣代缴税款	支付货款的当天

2. 纳税地点

（1）资源税纳税地点：向应税产品开采或生产所在地主管税务机关申报纳税。

（2）代扣代缴资源税：向应税产品收购地主管税务机关申报纳税。

二、资源税的计算

【例 7-12·计算题】2016 年 1 月，某油田发生下列业务。

（1）生产销售原油 1 万吨，每吨销售价格 2 200 元。

（2）生产销售人造原油 0.1 万吨，每吨销售价格 2 800 元。

（3）销售与原油同时开采的天然气 1 万吨，每吨销售价格 3 500 元。

（4）向外单位赠送原油 1 000 吨。

（5）用于加热自己油井 0.1 吨。

该地原油资源税率为 10%，天然气资源税税率为 5%。

就上述事项，计算该企业应缴纳的资源税。

『答案』

（1）计税依据：

业务（1）的计税依据：1×2 200=2 200（万元）

业务（2）的计税依据：人造原油，免税。

业务（3）的计税依据：1×3 500=3 500（万元）

业务（4）的计税依据：视同销售，照章纳税。0.1×2 200=220（万元）

业务（5）的计税依据：用于加热自己油井，免税。

（2）适用税率：原油资源税率为 10%，天然气资源税税率为 5%。

（3）应纳税额的计算：

原油应纳资源税税额=(2 200+220)×10%=242（万元）

天然气应纳资源税税额=3 500×5%=175（万元）

应纳资源税税总额=242+175=417（万元）

第五节 房 产 税

一、房产税的基本内容

（一）纳税人

在征税范围内的房屋产权所有人为房产税纳税义务人。目前，房产税征税范围主要限于城镇的经营性房屋。

（二）征税范围

房产税是对征税范围内的房产征税，因此把握房产税征税范围，关键要把握以下两点：一是征税的区域范围，二是所谓的房产。

（1）征税的区域范围。目前，并不是对所有区域的房产都征税，只对下列区域内的房产征税即城市、县城、建制镇和工矿区。具体内容如表 7-25 所示。

表 7-25　房产税征税的区域范围

征税区域	说明	范围之外
城市	国务院批准设立的市，包括市区和市郊	农村
县城	县人民政府所在地	
建制镇	镇人民政府所在地	
工矿区	工商业比较发达、人口比较集中，符合建镇标准，但尚未建镇的大中型工矿企业所在地。	

（2）征税的房产（见表 7-26）。

表 7-26　房产税的征税房产

征税房产	说明	非房产举例
房产	征税房产是指以房屋形态表现的财产，房屋是指由屋面和围护结构，能遮风避雨，可供人们生产、生活、工作、学习、居住或储藏物资的场所，包括地上和地下建筑物。	独立于房屋之外的建筑物：围墙、烟囱、水塔、室外泳池等

（三）计税依据

房产税的计税方法和计税依据因房产的使用方式不同而不同。房产的使用方式分为两种：一是自用；二是出租。两种不同使用方式下，其计税方法和计税依据的确定规则如表 7-27 所示。

表 7-27　房产税计税依据

使用方式	征税方法	计税依据	确定规则
自用	从房产余值计税	房产余值	房产余值为房产原值一次扣除 10%～30%的损耗后的余额。用公式表示： 房产余值=房产原值×（1−损耗扣除率） 注：具体损耗扣除率在上述幅度内由省级人民政府规定
出租	从租金收入计税	租金收入	取得的资金收入

从表 7-27 可知，房产原值的确定正确与否，决定自用房计税依据的正确与否，进而决定房产税应纳税额的正确与否，故要准确地掌握税法对房产原值的确定规则。房产原值由表 7-28 所示的项目构成。

表 7-28　房产原值构成

构成项目	价值确定规则
房屋价值	取得房屋时实际支付的金额，即历史成本，不得扣除折旧
地价	取得房屋时，支付金额不含地价，需另外支付的，还要加上地价款
附属设备和配套设施的价值	与房屋不可分割或以房屋为载体，不可随意移动的附设备和配套设施，如排水、供水、供暖、供电、消防、电梯、空调、智能化楼宇设备等
改建、扩建增加值	对原有房产改扩建的，增加原有房产价值
更换附属设备和配套设施的价值	更换附属设备和配套设施的，将其价值计入房屋原值，被更换附属设备和配套设施的价值可以扣除
地下建筑价值	具有房屋功能的地下建筑价值计入房屋原值，如地下停车场、地下人防设施

表 7-27 中计税租金收入的确定，如果是以劳务或者其他形式为报酬抵付房租收入的，应根据当地同类房产的租金水平，确定一个标准租金额从租计征。对出租房产，租赁双方签订的租赁合同约定有免收租金期限的，免收租金期间由产权所有人按照房产原值缴纳房产税。

投资联营房产与融资租赁房产计税的规定如表 7-29 所示。

表 7-29 投资联营房产与融资租赁房产的税务处理

类型	税务处理	
投资联营	以房产投资联营，投资者参与投资利润分红，共担风险的	从价计征：按房产余值作为计税依据计征房产税
	以房产投资，收取固定收入，不承担联营风险的	从租计征：由出租方按租金收入计缴房产税
融资租赁	计税依据	以房产余值计算征收
	纳税人	由当地税务机关根据实际情况确定

（四）税率

房产税税率因计税方法不同而不同，具体如表 7-30 所示。

表 7-30 房产税税目的税率幅度

计税方法	税率（%）	适用情形
从房产余值计税	1.2	经营自用房产
从租金收入计税	12	
	4	个人出租住房，不区分用途
		单位按市价向个人出租住房

（五）税收优惠

（1）国家机关、人民团体、军队自用的房产免征房产税。

（2）由国家财政部门拨付事业经费的单位自用的房产免征房产税。

（3）宗教寺庙、公园、名胜古迹自用的房产免征房产税。（注示：上述单位对外经营的房产应照章纳税）

（4）个人所有非营业用房产免征房产税。

（5）经有关部门鉴定，对毁损不堪居住的房屋和危险房屋，在停止使用后，可免征房产税。

（6）企业办的各类学校、医院、托儿所、幼儿园自用的房产，免征房产税。

（7）因房屋大修导致连续停用在半年以上的，在大修期间免征房产税。

（8）纳税单位与免税单位共同使用的房屋，按各自使用的部分划分，分别征收或免征房产税。

（9）自 2004 年 8 月 1 日起，对军队空余房产租赁收入暂免征收房产税。

（10）凡在基建工地为基建工地服务的各种工棚、材料棚、休息棚和办公室、食堂、茶炉房等临时性房屋，不论是施工企业自行建造还是由基建单位投资建造，在施工期间，免征房产税；但是在基建工程结束后，施工单位将这种临时性房屋交还或估价转让给基建单位的，应当从基建单位接收的次月起，依照规定征收房产税。

（11）按政府规定价格出租的公有住房和廉租住房，免征房产税。

（12）对房地产开发企业建造的商品房，在出售前不征收房产税。但对出售前房地产开发企业已使用或出租、出借的商品房应按规定征收房产税。

（13）老年服务机构自用的房产暂免征收房产税。

（六）征税管理

1. 纳税义务发生时间

房产税纳税义务发生时间，如表 7-31 所示。

表 7-31 房产税纳税义务的发生时间

使用方式	纳税义务发生时间
原有房产用于经营	自生产经营之月起，计税
自建房产用于经营	自建成之日的次月起，计税
出租、出借房产	自交付出租、出借之次月起，计税

2. 纳税期限

房产纳税按年计税，分期缴纳。

3. 纳税地点

房产纳税地点：在房产所在地主管税务机关申报纳税。

二、房产税的计算

房产税的计算公式总结如表 7-32 所示。

表 7-32 房产税应纳税额的计算公式

<table>
<tr><th>使用方式</th><th>房屋类型</th><th>用途</th><th>计算公式</th></tr>
<tr><td rowspan="3">自用房产</td><td>地上房屋建筑</td><td>不区分用途</td><td>应纳税额=房产计税余值×税率
其中：
房产计税余值=房产原值×（1-损耗扣除率）</td></tr>
<tr><td rowspan="2">地下建筑物</td><td>工业用途</td><td>应纳税额=房产计税余值×税率
其中：
房产计税余值=房产计税原值×（1-损耗扣除率）
以地下房产原值的 50%～60%为房产计税原值</td></tr>
<tr><td>商业用途</td><td>应纳税额=房产计税余值×税率
其中：
房产计税余值=房产计税原值×（1-损耗扣除率）
以地下房产原值的 70%～80%为房产计税原值</td></tr>
<tr><td>出租房产</td><td>不区分地上地下</td><td>不区分用途</td><td>应纳税额=租金收入×税率</td></tr>
</table>

【例 7-13 • 计算题】2015 年，兴丰公司涉及公司房产业务如下：

（1）企业拥有厂房 3 栋，全年用于生产，3 栋厂房原值总计 6 000 万元。

（2）企业拥有甲、乙办公楼，原值都为 1 000 万元，其中：甲栋办公楼于 1 月 1 日转为企业开办的幼儿园使用；1 月 1 日为乙办公楼加装中央空调设备，价值 100 万元。

（3）企业新建一栋厂房于 6 月 30 日建成并投入生产使用，其原值 1 000 万元。

（4）企业拥有一处独立的地下仓库，原值为100万元，全年用于生产。

（5）企业拥有一处仓库于1月1日出租，原值为500万元，全年收取租金20万元。

（6）企业拥有室外独立一座水塔，价值50万元。

该地规定房产损耗扣除率30%，地下建筑物折算率50%

就上述事项，计算该企业应缴纳的房产税。

『答案』

（1）计税依据：

业务（1）的计税依据：房产计税余值=房产原值×(1−损耗扣除率)

=6 000×(1−30%)=4 200（万元）

计税时间为全年12个月。

业务（2）的计税依据：甲栋办公楼转为企业开办的幼儿园使用，免税。

乙办公楼加装价值100万元中央空调设备后，其房产原值为1 100万元。

房产计税余值=房产原值×(1−损耗扣除率)=1 100×(1−30%)=770（万元）

计税时间为全年12个月。

业务（3）的计税依据：房产计税余值=房产原值×(1−损耗扣除率)

=1 000×(1−30%)=700（万元）

企业新建厂房的计税时间自厂房于6月建成并投入生产使用之日的次月起，共计6个月。

业务（4）的计税依据：房产计税余值=房产计税原值×(1−损耗扣除率)

=100×50%×(1−30%)=35（万元）

计税时间为全年12个月。

业务（5）的计税依据：为租金收入20万元。

业务（6）的计税依据：室外独立一座水塔非房产，不征税。

（2）适用税率：

业务（1）～业务（4）适用税率为1.2%，业务5适用税率12%。

（3）计算应纳税额：

业务（1）应纳房产税税额=4 200×1.2%=50.4（万元）

业务（2）应纳房产税税额=770×1.2%=9.24（万元）

业务（3）应纳房产税税额=700×1.2%×（6/12）=4.2（万元）

业务（4）应纳房产税税额=35×1.2%×=0.42（万元）

业务（5）应纳房产税税额=20×12%×=2.4（万元）

2015年全年应纳房产税税总额=50.4+9.24+4.2+0.42+2.4=66.66（万元）

第六节 车辆购置税

一、车辆购置税的基本内容

（一）纳税人

在中华人民共和国境内购置应税车辆的单位和个人，为车辆购置税的纳税人。值得注意的是，车辆购置，不单指购买车辆，还包括其他途径取得车辆，具体内容如表7-33所示。

表7-33 车辆购置税的应税行为

应税行为	具体内容
购买使用行为	购买国产或进口应税车辆
进口使用行为	直接进口应税车辆
受赠使用行为	受赠承担纳税义务
自产自用行为	使用自己生产的应税车辆
获奖使用行为	各种奖励获得应税车辆
其他使用行为	如拍卖、抵债等方式获得应税车辆

（二）征税范围

车辆购置税的征税车辆如表7-34所示。

表7-34 车辆购置税应税车辆

征税车辆	具体范围	不征税车辆
汽车	各种汽车	
摩托车	轻便摩托车、两轮摩托车、三轮摩托车	
电车	无轨电车、有轨电车	
挂车	全挂车、半挂车	
农用运输车	四轮农用运输车	三轮农用运输车，免税

（三）计税依据

车辆购置税计税依据的具体规定，如表7-35所示。

表7-35 车辆购置税的计税依据

应税行为	计税依据
购买使用	支付的全部价款和价外费用，但增值税、控购费除外
进口使用	关税完税价格+关税+消费税
其他取得使用	能提供购置价的，为购置价；不能提供购置价的，为税务总局核定的最低计税价

（四）税率

车辆购置税的税率为10%。

（五）税收优惠

1. 减免税规定

（1）外国驻华使馆、领事馆和国际组织驻华机构及其外交人员自用车辆免税。

（2）中国人民解放军和中国人民武装警察部队列入军队武器装备订货计划的车辆免税。

（3）设有固定装置的非运输车辆免税。

（4）下列情形，按照规定免税或减税：

① 防汛部门和森林消防部门用于指挥、检查、调度、报汛（警）、联络的设有固定装置的指定型号的车辆；

② 回国服务的留学人员用现汇购买1辆自用国产小汽车；

③ 长期来华定居专家1辆自用小汽车。

2. 退税

纳税人已经缴纳车辆购置税但在办理车辆登记手续前，因下列原因需要办理退还车辆购置税的，由纳税人申请，征收机构审查后办理退还车辆购置税手续。

（1）公安机关车辆管理机构不予办理车辆登记注册手续的，凭公安机关车辆管理机构出具的证明办理退税手续。

（2）因质量等原因发生退回所购车辆的，凭经销商的退货证明办理退税手续。

（六）征税管理

1. 纳税期限

自购买之日起60日内申报纳税。

2. 纳税地点

车辆注册地的主管税务机关。

二、车辆购置税的计算

【例7-14·计算题】2016年5月兴丰公司发生下列业务。

（1）购买小汽车1辆，价款20万元，增值税税额3.4万元。

（2）购买混凝土泵车1辆，价款60万元，增值税税额10.2万元。

（3）购买重型卡车1辆，价款30万元，增值税税额5.1万元。

就上述事项，计算该企业应缴纳的车辆购置税。

『答案』

（1）计税依据：

业务（1）的计税依据：20万元。

业务（2）的计税依据：购买的混凝土泵车属于设有固定装置的非运输车辆，免税。

业务（3）的计税依据：30万元。

（2）适用税率：适用税率为10%。

（3）计算应纳税额：

应纳车辆购置税税额=(20+30)×10%=5（万元）

第七节 车 船 税

一、车船税的基本内容

（一）纳税人

在中华人民共和国境内，属于规定范围内车辆、船舶的所有人或者管理人，为车船税的纳税人。

（二）征税范围

车船税征税对象为车辆和船舶。

（1）车辆具体包括：乘用车、客车、货车、挂车、专用作业车、摩托车。

（2）船舶具体包括：机动船、拖船、非机动船、游艇。

上述车船不论是否需要依法登记，也不论是否在公共道路（水路、海路）行驶，均需缴纳车船税。

（三）税目与税额

车船税的税目与税额如表 7-36 所示。

表 7-36 车船税的税目与税额

税目		计税单位	年基准税额（元）	备注
乘用车〔按发动机汽缸容量（排气量）分档〕	1.0 升（含）以下的	每辆	60～360	核定载客人数 9 人（含）以下
	1.0 升以上至 1.6 升（含）的		300～540	
	1.6 升以上至 2.0 升（含）的		360～660	
	2.0 升以上至 2.5 升（含）的		660～1 200	
	2.5 升以上至 3.0 升（含）的		1 200～2 400	
	3.0 升以上至 4.0 升（含）的		2 400～3 600	
	4.0 升以上的		3 600～5 400	
商用车	客车	每辆	480～1440	核定载客人数 9 人以上，包括电车
	货车	整备质量每吨	16～120	包括半挂牵引车、三轮汽车和低速载货汽车等
挂车		整备质量每吨	按照货车税额的 50%计算	
其他车辆	专用作业车	整备质量每吨	16～120	不包括拖拉机
	轮式专用机械车		16～120	
摩托车		每辆	36～180	
船舶	机动船舶	净吨位每吨	3～6	拖船、非机动驳船分别按照机动船舶税额的 50%计算
	游艇	艇身长度每米	600～2 000	

表 7-36 为《中华人民共和国车船税法》规定的税目与税额幅度，具体适用的税额规定如下。

1. 车辆具体适用税额的规定

车辆的具体适用税额由省、自治区、直辖市人民政府依照表 7-36 规定的税额幅度内确定，并报国务院备案。

注意：车辆自重尾数在 0.5 吨以下（含 0.5 吨）的，按照 0.5 吨计算；超过 0.5 吨的，按照 1 吨计算。船舶净吨位尾数在 0.5 吨以下（含 0.5 吨）的不予计算，超过 0.5 吨的按照 1 吨计算。1 吨以下的小型车船，一律按照 1 吨计算。

2. 机动船舶具体适用税额的规定

（1）净吨位不超过 200 吨的，每吨 3 元；

（2）净吨位超过 200 吨但不超过 2 000 吨的，每吨 4 元。

（3）净吨位超过 2 000 吨但不超过 10 000 吨的，每吨 5 元。

（4）净吨位超过 10 000 吨的，每吨 6 元。

注意：拖船按照发动机功率每 2 马力折合净吨位 1 吨计算征收车船税；船舶净吨位尾数在 0.5 吨以下（含 0.5 吨）的不予计算，超过 0.5 吨的按 1 吨计算；1 吨以下的小型车船，一律按照 1 吨计算。

3. 游艇具体适用税额的规定

（1）艇身长度不超过 10 米的，每米 600 元。

（2）艇身长度超过 10 米但不超过 18 米的，每米 900 元。

（3）艇身长度超过 18 米但不超过 30 米的，每米 1 300 元。

（4）艇身长度超过 30 米的，每米 2 000 元。

（5）辅助动力帆艇，每米 600 元。

（四）税收优惠

车船税的主要税收优惠包括以下几个方面。

（1）捕捞、养殖渔船，免税。

（2）军队、武装警察部队专用的车船，免税。

（3）警用车船，免税。

（4）依照法律规定应当予以免税的外国驻华使领馆、国际组织驻华代表机构及其有关人员的车船，免税。

（5）对节约能源、使用新能源的车船可以减征或者免征车船税。

（6）省、自治区、直辖市人民政府根据当地实际情况，可以对公共交通车船，农村居民拥有并主要在农村地区使用的摩托车、三轮汽车和低速载货汽车定期减征或者免征车船税。

（五）征税管理

车船税按年申报，按月计算，一次性缴纳。

二、车船税的计算

【例 7-15・计算题】2016 年 7 月，兴丰公司发生下列业务。
（1）公司拥有自重 10 吨货车 5 辆，7 吨挂车 2 辆，2.0 升乘用车 1 辆。
（2）公司拥有机动船一艘，净吨位为 200 吨。
（3）7 月 1 日购买 2.0 升乘用车一辆。
当地政府规定货车年税额 20 元/吨，2.0 升乘用车年税额 600 元/辆。
就上述事项，计算该企业 2016 年应缴纳的车船税。
『答案』
（1）货车应纳车船税税额=10×20×5=1 000（元）
（2）挂车应纳车船税税额=7×20×50%×2=140（元）
（3）旧乘用车应纳车船税税额=1×600=600（元）
（4）机动船应纳车船税税额=200×3=600（元）
（5）因车船税按年申报，按月计算，故
新购乘用车应纳车船税税额=1×600×(6/12)=300（元）
2016 年应缴纳的车船税总额=1 000+140+600+600+300=2 640（元）

第八节 契 税

一、契税的基本内容

（一）纳税人

在中华人民共和国境内转移土地、房屋权属，承受的单位和个人为契税的纳税人。

（二）征税范围

1. 契税的一般征税范围

契税的一般征税范围包括国有土地使用权出让、土地使用权转让、房屋买卖。

2. 契税中视同房屋买卖的规定

（1）以房抵债或以实物交换房屋，视同房屋买卖，承受人照章纳税。
（2）以房对外投资，视同房屋买卖，承受人照章纳税。
（3）房屋赠与，视同房屋买卖，承受人照章纳税。
（4）房屋互换，若价值相等，不征税；如价值不等，则由支付差价方就差价部分纳税。

（三）计税依据

契税计税依据的具体规定如表 7-37 所示。

表 7-37　契税的计税依据

交易情形	计税依据
转让土地使用权	成交价
房屋买卖	房屋买卖合同的总价款，包括装修费
土地使用权、房屋赠与	税务机关参照市场交易价核定
土地使用权、房屋互换	支付的差价

（四）税率

1. 一般税率

各省、自治区、直辖市人民政府在 3%～5%的幅度内，自行确定适用税率。

2. 优惠税率

2016 年 2 月 19 日，财政部、国家税务总局、住房和城乡建设部三部委联合发布契税新政后的优惠税率（北京、上海、广州、深圳除外），如表 7-38 所示。

表 7-38　契税优惠税率

购房情况	建筑面积	优惠税率（%）
首套住房	90（含）平方米以下	1
	90 平方米以上	1.50
第二套改善性住房	90（含）平方米以下	1
	90 平方米以上	2

（五）税收优惠

契税的主要税收优惠有以下几个方面。

（1）因不可抗力灭失住房而重新购买住房的，酌情减征或免征契税。

（2）土地、房屋被县级以上人民政府征用、占用后，重新承受土地、房屋权属的，其成交价格没有超出土地、房屋补偿费、安置补助费的部分，免征契税。

（3）国家机关、事业单位、社会团体、军事单位承受土地、房屋用于办公的办公室（楼）、档案室、职工食堂，教学的教室（教学楼）、实验室（楼）、操场、图书馆、食堂、学生宿舍，医疗的门诊部、化验室、住院部、药房，科研的试验场、试验楼，以及市财政局和市地方税务局确定的其他直接用于办公、教学、医疗、科研等的土地、房屋，免征契税。

（4）共同占有的土地、房屋权属分析，免征契税；对离婚后原共有房屋产权的归属人不征收契税。

（5）纳税人承受荒山、荒沟、荒丘、荒滩土地使用权，用于农、林、牧、渔业生产的，免征契税。

（6）婚姻关系存续期间，房屋、土地权属原归夫妻一方所有，变更为夫妻双方共有的，免征契税。

（7）甲单位拥有土地，乙单位提供资金，共建住房。上述甲乙单位合建并各自分得的房屋，不发生权属转移，不征收契税。

（8）对于《中华人民共和国继承法》规定的法定继承人（包括配偶、子女、父母、兄弟姐妹、祖父母、外祖父母）继承土地、房屋权属，不征契税。

（9）对廉租住房经营管理单位购买住房作为廉租住房、经济适用住房经营管理单位回购经济适用住房继续作为经济适用住房房源的，免征契税。

（六）征税管理

1. 纳税义务发生时间

纳税人签订土地、房屋权属转移合同的当天。

2. 纳税期限

纳税人自纳税义务发生之日起10日内申报纳税。

3. 纳税地点

契税在土地、房产所在地的征收机关缴纳。

二、契税的计算

【例7-16·计算题】2016年7月，兴丰公司发生下列业务。

（1）该公司于7月1日从甲公司购买一宗土地，转让合同金额为1 000万元。

（2）该公司于7月10日将一栋办公楼转让给乙公司，转让合同金额为1 500万元。

（3）7月15日，该公司将一栋价值400万元的厂房与丙公司的一栋价值600万元办公楼交换，并支付丙公司差价200万元。

当地政府规定契税税率为3%。

就上述事项，计算该企业2016年7月应缴纳的契税。

『答案』

业务（1）应纳契税税额：1 000×3%=30（万元）

业务（2）中，兴丰公司不是房屋的承受人，不用纳税。

业务（3）中，在房屋互换中，由支付差价方就差价部分纳税，故：

应纳契税税额=200×3%=6（万元）

2016年7月应缴纳的契税总额=30+6=36（元）

第九节　城镇土地使用税

一、城镇土地使用税的基本内容

（一）纳税人

在城市、县城、建制镇、工矿区范围内使用土地的单位和个人，为城镇土地使用税的纳税人。

（二）征税范围

城镇土地使用税的征税范围为城市、县城、建制镇、工矿区，如表 7-39 所示。

表 7-39　城镇土地使用税的征税范围

征税区域	说明
城市	国务院批准设立的市，包括市区和市郊
县城	县人民政府所在地
建制镇	镇人民政府所在地
工矿区	工商业比较发达、人口比较集中，符合建镇标准，但尚未建镇的大中型工矿企业所在地。

注意：自 2009 年 1 月 1 日起，公园、名胜古迹内的索道公司经营用地，应按规定缴纳城镇土地使用税。

（三）计税依据

城镇土地使用税的计税依据为纳税人实际占用的土地面积（平方米），具体以土地使用证书上确认的面积为准。

（四）税率

城镇土地使用税实行分级幅度税额，每个幅度税额的差距为 20 倍。每平方米土地年税额规定，如表 7-40 所示。

表 7-40　城镇土地使用税税额表

城市类型	税额（元/年·平方米）
大城市	1.5～30
中等城市	1.2～24
小城市	0.9～18
县城，建制镇、工矿区	0.6～12

各省、自治区、直辖市人民政府在表 7-40 中规定的幅度内，自行确定适用税额幅度，市、县人民政府在此幅度内确定适用税额，报各省、自治区、直辖市人民政府批准执行。

经济落后地区，税额可适当降低，但降低额不得超过税率表中规定的最低税额 30%。经济发达地区的适用税额可适当提高，但需报财政部批准。

（五）税收优惠

城镇土地使用税的主要税收优惠有以下几个方面。

（1）国家机关、人民团体、军队自用的土地。

（2）由国家财政部门拨付事业经费的单位自用的土地。

（3）宗教寺庙、公园、名胜古迹自用的土地。

（4）市政街道、广场、绿化地带等公共用地。

（5）直接用于农、林、牧、渔业的生产用地。

（6）经批准开山填海整治的土地和改造的废弃土地，从使用的月份起免缴土地使用税5～10年。

（7）由财政部另行规定免税的能源、交通、水利设施用地和其他用地。

（8）新征用的耕地自批准征用之日起1年内免征土地使用税。

（9）对廉租住房、经济适用住房建设用地以及廉租住房经营管理单位按照政府规定价格、向规定保障对象出租的廉租住房用地，免征城镇土地使用税。

（10）对非营利性医疗机构自用的房产、土地，免征房产税、城镇土地使用税。

（11）企业办的学校、医院、托儿所、幼儿园自用的土地，免征土地使用税。

（12）个人所有的居住房屋及院落用地。

（六）征税管理

1. 纳税义务发生时间

城镇土地使用税纳税义务发生时间，如表7-41所示。

表7-41 城镇土地使用税纳税义务发生时间

取得房地产方式	纳税义务发生时间
购置新建商品房	自房屋交付使用之日的次月起
购置存量房	签发房屋权属证书之日的次月起
出租、出借房地产	自交付出租、出借房地产之日的次月起
新征用耕地	自批准征用之日起满1年时
新征用非耕地	自批准征用之日的次月起

2. 纳税期限

城镇土地使用税按年计税，分期缴纳。

3. 纳税地点

城镇土地使用税在土地所在地的主管税务机关缴纳。

二、城镇土地使用税的计算

【例7-17·计算题】2015年兴丰公司发生下列业务。
（1）公司占用市区土地70 000平方米，其中2 000平方米用于公司办幼儿园。
（2）公司于5月10日征用耕地2 000平方米，已经缴纳了耕地占用税。
（3）公司于6月30日征用非耕地2 000平方米，并于当日批准征用。
当地政府规定城镇土地使用税税额为5元/平方米。
就上述事项，计算该企业2015年应缴纳的城市土地使用税。
『答案解析』
业务（1）中，用于公司办幼儿园的2 000平方米土地，免税，故

应纳土地使用税税额=(7−0.2)×5=34（万元）

业务（2）中，新征用耕地，自批准征用之日起满1年后纳税，故今年不纳税。

业务（3）中，新征用非耕地，自批准征用之日的次月起纳税，纳税时间为6个月，故

应纳土地使用税税额=0.2×5×(6/12)=0.5（万元）

2015年应纳土地使用税总额=34+0.5=34.5（元）

第十节　耕地占用税

一、耕地占用税的基本内容

（一）纳税人

占用耕地建房或者从事非农业建设的单位或者个人，为耕地占用税的纳税人。

（二）征税范围

耕地占用税的征税对象为耕地具体范围如表7-42所示。

表7-42　耕地占用税的征税范围

项目	说明
耕地	指种植农业作物的土地，包括菜地、园地（如花圃、苗圃、茶园、果园、桑园以及其他种植经济林木的土地）
视同耕地	鱼塘
	占用3年内属于上述范围内的土地

（三）计税依据

耕地占用税的计税依据为纳税人实际占用的耕地面积（平方米）。耕地占用税在占用耕地环节一次性课征。

（四）税率

耕地占用税实行分级幅度税额。每平方米土地年税额规定，如表7-43所示。

表7-43　耕地占用税的税额

城市类型	税额（元/年·平方米）
人均耕地不超过1亩的地区	10～50
人均耕地超过1亩但不超过2亩的地区	8～40
人均耕地超过2亩但不超过3亩的地区	6～30
人均耕地超过3亩的地区	5～25

各地适用税额，由省、自治区、直辖市人民政府在表7-43的税额幅度内，根据本地区情况核定。经济特区、经济技术开发区和经济发达、人均耕地特别少的地区，适用税额可以适当提高，但最多不得超过上述规定税额的50%。

（五）税收优惠

（1）军事设施占用耕地，免税。
（2）学校、幼儿园、养老院、医院占用耕地，免税。
（3）铁路线路、公路线路、飞机场跑道、停机坪、港口、航道占用耕地，减按每平方米2元的税额征收耕地占用税。
（4）农村居民占用耕地新建住宅，按照当地适用税额减半征收耕地占用税。

（六）征税管理

1. 纳税期限

收到土地管理部门通知之日起30日内缴纳税款。

2. 临时占用耕地

纳税人临时占用耕地，应当依照《耕地占用税暂行条例》的规定缴纳耕地占用税。
纳税人在批准临时占用耕地的期限内恢复所占用耕地原状的，全额退还已经缴纳的耕地占用税。

3. 纳税地点

占用耕地所在地的主管税务机关缴纳。

二、耕地占用税的计算

【例7-18·计算题】2016年5月兴丰公司占用耕地10 000平方米，其中2 000平方米用于公司办幼儿园。当地政府规定耕地占用税税额为10元/平方米。
就上述事项，计算该企业2016年5月应缴纳的耕地占用税。
『答案』
公司占用耕地中的用于公司办幼儿园的2 000平方米耕地，免税，故

$$应纳耕地占用税额=(1-0.2)\times10=8（万元）$$

第十一节 烟叶税

一、烟叶税的基本内容

（一）纳税人

在中华人民共和国境内收购烟叶的单位为烟叶税的纳税人。

（二）征税范围

烟叶税的征税对象为在中华人民共和国境内收购的烟叶。

（三）计税依据

烟叶税的计税依据为纳税人收购烟叶的收购金额。

收购金额包括纳税人支付给烟叶销售者的烟叶收购价格和价外补贴。为方便征收，对价外补贴不论实际支付多少，统一按烟叶收购价款的 10%计入收购金额征税。收购金额计算公式为

$$收购金额=收购价款\times(1+10\%)$$

（四）税率

烟叶税实行比例税率，适用税率为 20%。

（五）征税管理

1. 纳税义务发生时间

烟叶税的纳税义务发生时间为纳税人收购烟叶的当天。

2. 纳税期限

纳税人应当自纳税义务发生之日起 30 日内申报纳税。

3. 纳税地点

纳税人收购烟叶，应当向烟叶收购地的主管税务机关申报纳税。

二、烟叶税的计算

【例 7-18 • 计算题】2016 年 5 月，兴丰公司从某地烟农手中收购烟叶，收购价为 50 万元。就上述事项，计算该企业 2016 年 5 月应缴纳的烟叶税。

『答案解析』

收购金额=收购价款×(1+10%)=50×(1+10%)=55（万元）

应纳烟叶税税额=收购金额×20%=55×20%=11（万元）

第十二节 船舶吨税

一、船舶吨税的基本内容

（一）纳税人

自中华人民共和国境外港口进入境内港口的船舶的负责人为船舶吨税的纳税人。

（二）征税范围

船舶吨税的征税对象为自中华人民共和国境外港口进入境内港口的船舶。

（三）计税依据

船舶吨税的计税依据为应税船舶的净吨位。

（四）税率

船舶吨税设置优惠税率和普通税率。

（1）优惠税率适用对象：

① 中华人民共和国籍的应税船舶；

② 船籍国（地区）与中华人民共和国签订含有相互给予船舶税费最惠国待遇条款的条约或者协定的应税船舶。

（2）普通税率适用对象：其他应税船舶。

表 7-44 船舶吨税税额表

税目（船舶净吨位）	税率（元/净吨）						备注
	普通税率（按执照期限划分）			优惠税率（按执照期限划分）			
	1 年	90 日	30 日	1 年	90 日	30 日	
超过 2 000 净吨	12.6	4.2	2.1	9.0	3.0	1.5	拖船和非机动驳船分别按相同净吨位船舶税率的50%计征税款
过 2 000 净吨，但不超过 10 000 净吨	24	8.0	4.0	17.4	5.8	2.9	
超过 10 000 净吨，但不超过 50 000 净吨	27.6	9.2	4.6	19.8	6.6	3.3	
超过 50 000 净吨	31.8	10.6	5.3	22.8	7.6	3.8	

（五）征税管理

1. 纳税义务发生时间

吨税纳税义务发生时间为应税船舶进入港口的当日。

应税船舶在吨税执照期满后尚未离开港口的，应当申领新的吨税执照，自上一次执照期满的次日起续缴吨税。

应税船舶在进入港口办理入境手续时，应当向海关申报纳税领取吨税执照，或者交验吨税执照；应税船舶在离开港口办理出境手续时，应当交验吨税执照。

船舶吨税分 1 年期限、90 天期限和 30 天期限三种，由纳税人自行选择。

2. 纳税期限

船舶吨税的缴款期限为自海关填发海关船舶吨税专用缴款书之日起 15 日。

3. 纳税地点

吨税由入境海关负责征收。

（六）税收优惠

（1）应纳税额在人民币 50 元以下的船舶，免征吨税。

（2）自境外以购买、受赠、继承等方式取得船舶所有权的初次进口到港的空载船舶，免征吨税。

（3）吨税执照期满后24小时内不上下客货的船舶，免征吨税。

（4）非机动船舶（不包括非机动驳船），免征吨税。

（5）捕捞、养殖渔船，免征吨税。

（6）避难、防疫隔离、修理、终止运营或者拆解，并不上下客货的船舶，免征吨税。

（7）军队、武装警察部队专用或者征用的船舶，免征吨税。

（8）依照法律规定应当予以免税的外国驻华使领馆、国际组织驻华代表机构及其有关人员的船舶，免征吨税。

二、船舶吨税的计算

船舶吨税应纳税额的计算公式为

应纳税额=船舶净吨位×定额税率

【例7-19·计算题】2016年5月兴丰公司发生下列业务。

（1）5月10日，公司自有的货轮自美国洛杉矶港口运载货物到达上海港口，并办理了相关入境手续，该货轮为中华人民共和国国籍，净吨位为3万吨，申请吨税期限为30天。

（2）5月20日，公司从韩国购买的新造货轮自韩国釜山港口空仓起航到达上海港口，并办理了相关入境手续，该货轮为中华人民共和国国籍，净吨位为2万吨。

就上述事项，计算该企业2016年5月应缴纳的船舶吨税。

『答案』

业务（1）：应纳吨税税额=船舶净吨位×定额税率=3×4.6=13.8（万元）

业务（2）：境外新购买的货轮首次空仓进口入港，免税。

本 章 小 结

税法通过定义税收要素来解决三大问题：谁来交税、交多少税、何时何地交税。在税收诸要素中，纳税人和征税范围二要素决定谁来交税；计税依据、适用税率和税收优惠三要素决定交多少税；税收管理要素决定何时何地交税。本章以最新税收法律法规以及财政部和国家税务总局的部门规章为依据，分别介绍了12个税种的纳税人、征税范围、计税依据、适用税率、税收优惠和税收管理等诸要素。

关 键 术 语

城市维护建设税与教育费附加　印花税　土地增值税　资源税　房产税

综 合 练 习

一、单项选择题

1．下列各企业中，为城市维护建设税纳税人的是（　　）。

A．缴纳资源税的某国有企业　　B．缴纳房产税的上市公司

C．缴纳增值税的某外资企业　　D．缴纳关税的私营企业

2．某企业2016年5月纳税情况如下：应缴纳增值税10万元，但实际缴纳增值税8万元；实际缴纳消费税2万元；缴纳进口增值税5万元；补交4月增值税2万元，并加收滞纳金0.1万元。则该企业5月缴纳城建税的计税依据是（　　）万元。

A．19.1　　B．19　　C．14　　D．12

3．某企业坐落在某市郊区，该企业是城市维护建设税纳税人，则适用城市维护建设税的税率是（　　）。

A．7%　　B．5%　　C．1%　　D．3%

4．下列各项中，属于印花税纳税人的是（　　）。

A．合同的证人　　B．驾照的领受人

C．合同的保证人　　D．电子版货物购销合同的书立人

5．甲企业与乙企业签订一份钢材销售合同，就该项合同下列说法正确的是（　　）。

A．甲企业应交印花税，乙企业不需交印花税

B．乙企业应交印花税，甲企业不需交印花税

C．甲、乙企业都不需交印花税

D．甲、乙企业都需交印花税

6．下列合同中，应缴纳印花税的是（　　）。

A．电网与用户之间签订的供电合同

B．企业与某会计师事务所签订的审计合同

C．撤销了的购销合同

D．企业与律师事务所签订的法律咨询合同

7．纳税人转让旧房，不能取得评估价格，则按购房发票所载金额，自发票记载的购买之日起到转让之日止，每满1年加计扣除的比率是（　　）。

A．7%　　B．5%　　C．10%　　D．15%

8．到达清算条件，应该进行土地增值税清算的项目，纳税人应该在自达到清算条件之日起（　　）天到主管税务机关办理清算手续。

A．30　　B．60　　C．90　　D．120

9．下列行为，需要交纳土地增值税的是（　　）。

A．李某将个人房产无偿赠送自己的妹妹

B．李某与张某互换住房

C．李某用自有房产对某制造企业进行投资

D．张某用自有房产对某房地产企业进行投资

10．下列资源产品，应缴纳资源税的是（　　）。

A．液体盐　　B．煤矿开采的天然气

C．进口原煤　　D．人造石油

11．某公司所有的下列建筑物中，应缴房产税的是（　　）。

A．室外游泳池　　B．水塔　　C．公司围墙　　D．公司办公楼

12．下列各项中，不需缴纳城镇土地使用税的是（　　）。

A．某公司在县城占用的土地　　B．公园饭店使用的土地

C．某农业公司在农村占用的土地　　D．某公司自办幼儿园占用的土地

13．下列各项中，城镇土地使用税的计税依据是（　　）。

A．实际占用的面积　　B．居住面积　　C．建筑面积　　D．实际使用面积

14．下列各项中，免征耕地占用税的是（　　）。

A．农村修建住宅占用耕地　　B．修建医院占用耕地

C．铁路线路占用耕地　　D．飞机场占用耕地

15．在占用之前（　　）年，是征耕地的仍需缴纳耕地占用税。

A．1　　B．2　　C．3　　D．4

二、多项选择题

1．下列各项中，应作为城市维护建设税与教育费附加计税依据的是（　　）。

A．加收纳税人的滞纳金　　B．纳税人进口货物海关征收的增值税

C．纳税人补交的消费税　　D．纳税人补交的增值税

E．纳税人应偷逃增值税而缴纳的罚款

2．下列各项中，应贴花的是（　　）。

A．工商营业执照　　B．学位证　　C．房产证

D．专利证　　E．商标注册证

3．下列合同，应按“产权转移书据”贴花的是（　　）。

A．商品房销售合同　　B．土地使用权转让合同

C．汽车销售合同　　D．专利权转让合同

E．借款合同

4．对于房地产企业，在确定土地增值税扣除项目时，在房地产转让环节缴纳的下列税金中，能够扣除的是（　　）。

A．增值税　　B．印花税　　C．城市维护建设税

D．教育费附加　　E．土地增值税

5．对于房地产企业，在确定土地增值税扣除项目时，加计扣除项目中，加计扣除 20%的基数（　　）。

A．取得土地使用权支付的金额　　B．房地产开发成本

C．房地产开发费用　　D．转让房地产缴纳的税金

E．代政府收取的费用

6．下列是资源税纳税义务人的是（　　）。

A．在我国境内开采并销售原煤的张某个人

B．在我国境内开采并销售原油的中石化

C．在我国境内开采自用天然气的某公司

D．进口原油的某炼油公司

E．销售煤炭制品的某公司

7．周某出租自有住房，并与对方签订租赁合同，则周某应缴纳的税费（　　）。

A．房产税　　B．个人所得税　　C．增值税

D．城市维护建设税和教育费附加　　E．印花税

8．某公司拥有的下列房产中，免房产税的是（　　）。

A．停用的毁坏不堪使用的房产

B．用于自办幼儿园的房产

C．因大修连续停用了 7 个月的房产

D．出租的房产

E．闲置的房产

9．下列车辆中，免车辆购置税的是（　　）。

A．两轮摩托车　　B．三轮农用运输车

C．设有固定装置的非运输车辆　　D．大客车

E．电车

10．纳税人在购买汽车时，支付的下列款项中，应计入车辆购置税计税依据的是（　　）。

A．价款

B．汽车销售商代收的牌照费

C．汽车销售商代收的保险费，发票由保险公司开具

D．汽车销售商收取的汽车装饰费

E．汽车销售商收取的工具费

11．下列车船中，免车船税的是（　　）。

A．在企业内部场所使用的运输车

B．捕捞、养殖渔船

C．警用车船

D．军队、武装警察部队专用的车船

E．闲置不用的车船

12．下列各项中，由房产承受人缴纳契税的是（　　）。

A．以房抵债　　B．以房屋对外投资

C．房屋赠与　　D．房屋互换，且价值相等

E．依法继承房屋

13．下列各项中，属于耕地占用税法规定的耕地的是（　　）。

A．池塘　　B．橘园　　C．茶园

D．菜地　　E．花圃

14．下列各项中，要计入烟叶税计税依据的是（　　）。

A．收购价款　　B．价外补贴　　C．运费

D．保险费　　E．装卸费

15．下列各项中，免船舶吨税的是（　　）。

A．应纳税额在人民币 50 元以下的船舶，免征吨税

B．自境外以购买取得船舶所有权的初次进口到港的空载船舶，免征吨税

C．吨税执照期满后 24 小时内不上下客货的船舶，免征吨税

D．非机动船舶（不包括非机动驳船），免征吨税

E．捕捞、养殖渔船，免征吨税

三、业务实训题

1．华信公司位于市区，为增值税一般纳税人。

（1）2016 年 3 月按税法规定缴纳增值税 10 万元，缴纳消费税 5 万元。

（2）3 月税务机关在税务稽查时，发现该公司存在逃税行为，遂作出下列处罚决定：补交上年少交消费税、房产税分别 10 万元、3 万元及相应滞纳金 1 万元，并处以罚款 5 万元，公司按照上述决定缴纳了所有款项。

要求：计算该企业本月应缴纳城市维护建设税与教育费附加。

2．2016 年 1 月 1 日华信公司依法成立并开业。

（1）公司成立开业时领受了下列权利、许可证照：工商营业执照、税务登记证、卫生许可证、房产证、商标注册证、专利权证书、土地使用证各一份。

（2）公司开启了下列营业账簿：资金账簿登记实收资本 1 000 万元；其他账簿 15 本。

（3）公司购买厂房一栋，签订购房合同一份，合同金额为 600 万元。

要求：就上述事项，计算该企业应缴纳的印花税。

3．2016 年 2 月 1 日华信公司发生下列业务。

（1）公司股东追加投资 500 万元，实收资本增加至 1 500 万元。

（2）公司与乙公司签订委托加工合同一份，约定由本公司提供材料 100 万元，公司负责加工，收取加工费 10 万元。

（3）公司与某公司签订易货交易合同一份，约定用自己产品 200 万元换取该公司原材料 200 万元。

（4）公司与圆通公司签订运输合同一份，约定运费 5 万元，装卸费 1 万元。

要求：就上述事项，计算该企业应缴纳的印花税。

4．万通房地产开发公司位于甲市市区，2016 年发生了下列业务：

（1）2016 年 5 月 1 日，在乙市某区通过竞拍取得一宗土地，支付地价款、税费共计 2 000 万元，计划开发一栋高级写字楼。

（2）2016 年 5 月 1 日至当年 10 月，该高级写字楼开发完成。在开发过程中发生了下列费用：拆迁补偿费用 400 万元，基础设施费 200 万元，建筑安装工程费 700 万元；管理费用 100 万元，销售费用 100 万元，支付利息 50 万元（能提供金融机构的证明）；另外发生营业外支出 100 万元，其中支付违约金 20 万元，通过政府向灾区捐赠现金 80 万元。

（3）公司将该栋写字楼销售给乙公司，签订销售合同一份，合同销售金额为 5 550 万元（含税）。

（4）该公司在整个项目开发过程中共有增值税进项税 500 万元，全部尚未抵扣。

当地政府规定房地产开发费用扣除比例为 5%。

要求：就上述事项，请计算甲房地产开发公司应缴纳的土地增值税。并说明该公司在何地申报纳税。

5．某公司（非房地产公司）位于甲市市区，2016 年发生了下列业务：2016 年 5 月 1 日，转让一栋自有高级写字楼，转让合同记载转让金额为 6 660 万元。购买发票显示该高级写字楼系该公司于 2010 年 9 月 1 日以 4 000 万元购得。

（1）假设无法获得该栋写字楼的评估价格情况下，计算甲房地产开发公司应缴纳的土地增值税。

（2）假设该栋写字楼的重置成本为 5 000 万元，六成新。

要求：请计算甲房地产开发公司应缴纳的土地增值税。

6．2016 年 1 月某天然气开采公司发生下列业务：

（1）开采销售天然气 1 万立方米，每吨销售价格 3 800 元。

（2）开采销售煤层气（瓦斯）0．1 万吨，每吨销售价格 3 000 元。

（3）向外单位赠送天然气 1 000 吨。

（4）用于加热天然气开采矿井 100 吨。

天然气资源税税率为 5%。

要求：就上述事项，计算该企业应缴纳的资源税。

7．2015 年居民张某发生下列事项：张某拥有住房 5 套，其中 2 套自己居住，2 套对外出租，租金为每月 1 万元/套，剩余一套对外投资，获得股份 10 万股。

要求：就上述事项，计算该张某全年应缴纳的房产税。

8．2016 年 5 月王某购买小汽车一辆，向经销商支付金额如下：支付小汽车含税价款 23.4 万元，支付购置工具和零配件 3 510 元，支付经销商代收险费 6 000 元。除保险费由保险公司开具发票外，其他收款均由汽车经销商统一开具发票。

要求：就上述事项，计算王某应缴纳的车辆购置税。

9．2016 年 7 甲公司发生下列业务：

（1）公司拥有自重 5 吨货车 10 辆，3 吨挂车 2 辆，2.5 升乘用车 1 辆。

（2）公司拥有自重 1 吨运输车，该车只在公司厂房内部转运材料或产品。

（3）10 月 1 日购买 2.0 升乘用车一辆。

当地政府规定货车年税额 20 元/吨，2.0 升乘用车年税额 600 元/辆。

要求：就上述事项，计算该企业 2016 年应缴纳的车船税。

10．2016 年 7 甲公司发生下列业务：

（1）公司于 7 月 1 日从甲公司购买一宗土地，转让合同金额为 2 000 万元。

（2）公司于 7 月 10 日将一栋厂房转让给乙公司，转让合同金额为 500 万元。

（3）7 月 15 日，公司将一栋价值 500 万元的厂房与丙公司的一栋价值 600 万元办公楼交换，并支付丙公司差价 500 万元。

（4）公司于 8 月 10 日因兼并丁公司，取得丁公司房产、土地价值共计 2 500 万元。

当地政府规定契税税率为 3%。

要求：就上述事项，计算该企业 2016 年 7 月应缴纳的契税。

第八章

税收的征收管理办法

学习目标

熟悉税务登记制度；掌握主要的税款征收方式；熟悉税款征收措施及适用条件；了解税务机关在税务检查中的职权与义务；识别违反税法的行为，明确相应的法律责任。

案例导入

面馆虚假停业

九毛面馆是个体工商户，实行定期定额税收征收方式，核定月均应纳税额 840 元。2016 年 5 月 6 日，因店面装修向税务机关提出自 5 月 8 日～31 日申请停业的报告，税务机关经审核后，在 5 月 7 日作出同意核准停业的批复，并下达了《核准停业通知书》，并在办税服务厅予以公示。5 月 20 日，税务机关接到群众举报，称九毛面馆一直仍在营业中。5 月 21 日，税务机关派员实地检查，发现该面馆仍在营业，确属虚假停业，遂于 5 月 22 日送达《复业通知书》，并告知需按月均定额纳税。6 月 12 日，税务机关下达《限期改正通知书》，责令限期申报并缴纳税款，但九毛面馆没有改正。

【讨论】

税务机关应该如何处理九毛面馆的违法行为？

第一节　税务管理、征收与检查

为了加强税收征收管理、规范税款征收和缴纳行为，保障国家财政收入，保护纳税人的合法权益，促进经济和社会发展，我国于 1993 年 1 月 1 日起开始实施《税收征收管理法》，同年 8 月 4 日实施《中华人民共和国税收征收管理法实施细则》（以下简称《税收征收管理法实施细则》），2015 年对《税收征收管理法》进行第三次修改，2016 年 2 月对《税收征收管理法实施细则》进行了第三修订。《税收征收管理法》和《税收征收管理法实施细则》适用于税务机关的各种税收征收管理，其实施便于保证征纳双方的权利与义务。

一、税务登记

税务登记亦称纳税登记，是税务机关根据税法对纳税人的设立、变更、停业、复业、注销以及生产经营范围的变化等进行登记管理的一项管理制度。税务登记是税务管理的基础工作，是征纳双方实现权利及履行义务的法律依据。

小贴士

《税收征收管理法》第十五条规定："企业，企业在外地设立的分支机构和从事生产、经营的场所，个体工商户和从事生产、经营的事业单位（以下统称从事生产、经营的纳税人）自领取营业执照之日起三十日内，持有关证件，向税务机关申报办理税务登记。"

根据现行《税务登记管理办法》及2007年11月22日国家税务总局公布的《办理纳税人涉税事项操作指南》规定，纳税人申报办理税务登记时应注意以下事项（见图8-1）。

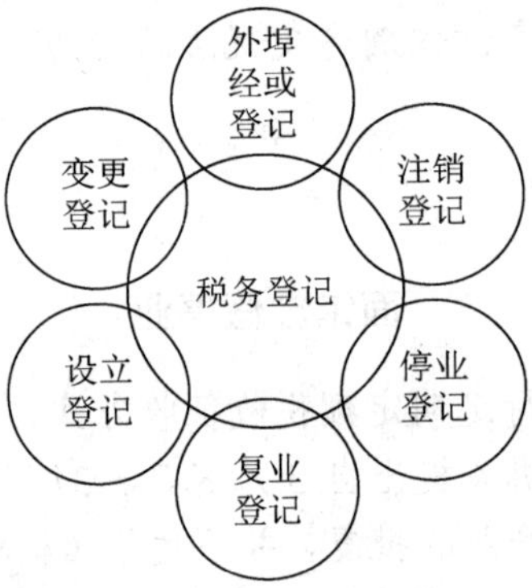

图8-1 税务登记类型

（一）设立登记

从事生产、经营的纳税人，应当自领执照之日的30日内，向生产、经营地或者纳税人发生地的主管税务机关申报办理税务登记。其他纳税人，除国家机关、个人和无固定生产、经营场所的流动性农村小商贩外，均应当自纳税义务发生之日起30日内，向纳税义务发生地的税务机关申报办理税务登记。

1. 单位纳税人的设立登记

（1）适用于单位纳税人、个人独资企业、一人有限公司办理税务登记。

（2）纳税人申请办理设立登记时应提供以下证件、资料：

①营业执照或其他核准执业原件及复印件。

②有关合同、章程和协议原件及复印件。

③法定代表人的居民身份证、护照或其他证明身份的原件及复印件。

④组织机构统一代码的证书原件及复印件。

⑤税务机关要求提供的其他证件复印件。另外，属于享受税收优惠政策的企业，应当提

供相应的证明材料。

（3）纳税人提供的主表及份数：《税务登记表》（适用单位纳税人）1 份（联合办证需 2 份）；《房屋、土地、车船情况登记表》1 份（联合办证需 2 份）。

（4）办理流程。单位纳税人申报设立税务登记证的流程如图 8-2 所示。

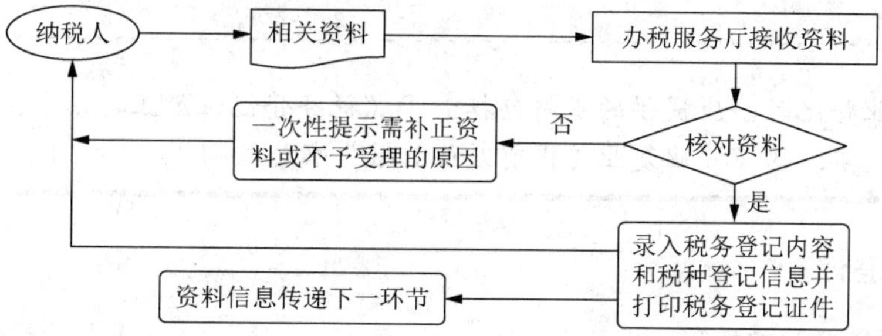

图 8-2　单位纳税人税务登记流程

2. 个体经营纳税人的设立登记

（1）从事生产、经营的纳税人应当自领取营业执照之日起或有关部门批准设立之日起 30 日内，或自纳税义务发生之日 30 日内，到税务机关领取《税务登记表》（适用个体经营），填写完整，办理税务登记。

（2）办理税务登记，纳税人应提供的证件、资料：

①营业执照副本或其他核准执业证件的原件及复印件；

②业主身份证原件及复印件；

③房产证明（产权证、租赁协议）原件及复印件。

（二）变更登记

变更登记是指纳税人在办理税务登记后，原登记的内容发生变化时向原税务登记机关申报办理的税务登记变更。

《税收征收管理法实施细则》第十四条第一款规定："纳税人税务登记内容发生变化的，应当自工商行政管理机关或者其他机关办理变更登记之日起 30 日内，持有关证件向原税务登记机关申报办理变更税务登记。"

纳税人办理税务变更登记，如果是登记证件内容发生变化时，纳税人应填写《变更税务登记表》1 份，同时应提供以下资料：①营业执照及工商变更登记复印件；②组织机构统一代码证书（副本）原件；③法定代表人或业主身份证原件及复印件；④场地变更证明；⑤《税务登记证》正、副本原件。

其他内容变更时，纳税人填写《变更税务登记表》1 份，并提供资料：纳税人变更登记内容的决议及其有关证明文件。

（三）停业与复业登记

经确定实行定期定额征收方式的个体工商户在营业执照核准的经营期限内需要停业的，应当在发生停业的上月向税务机关申请办理停业登记，说明停业的理由、时间、停业前的纳税情况和发票领、用、存情况。已办理停业登记的纳税人停业期限满不能及时恢复生产经营的应当在停业期满前向税务机关提出延长停业登记申请。

纳税人应当在恢复生产、经营前，向税务机关提出复业申请，经确认后办理复业登记手续。提前复业的应在恢复生产、经营前向税务机关申请办理复业登记。

小贴士

停业与复业登记时，应提供的资料包括：①《税务登记证》正、副本；②《发票领购簿》及结存的发票；③《停业复业（提前复业）报告书》。

（四）注销登记

（1）发生注销登记的情形：

①纳税人发生解散、破产、撤销以及其他情形，依法终止纳税义务的；

②纳税人因住所、经营地点变动，涉及改变税务登记机关的；

③纳税人被工商行政管理机关吊销营业执照或者被其他机关予以撤销登记的。

（2）纳税人办理业务的时限要求：

①纳税人发生解散、破产等情形而依法终止纳税义务的，应当在向工商行政管理机关或者其他机关办理注销登记前，持有关证件向原税务登记机关申报办理注销税务登记；

②纳税人不需要在工商行政管理机关或者其他机关办理注册登记的，应当自有关机关批准或者宣告终止之日起 15 日内，持有关证件向原税务登记机关申报办理注销税务登记；

③纳税人向工商行政管理机关或者其他机关申请办理变更或者注销登记前或者住所、经营地点变动前，向原税务登记机关申报办理注销税务登记，并在 30 日内向迁达地税务机关申报办理税务登记；

④纳税人被工商行政管理机关吊销营业执照或者被其他机关予以撤销登记的，应当自营业执照被吊销或者被撤销登记之日起 15 日内，向原税务登记机关申报办理注销税务登记。

（3）纳税人应提供的资料：①《税务登记证》正、副本；②上级主管部门批复文件或董事会决议复印件；③工商营业执照，被吊销的应提交工商行政部门发出的吊销决定及复印件。

（五）外埠经营登记

外埠经营登记是指纳税人到外县（市）从事生产、经营的，应当到主管税务机关申请开具外出经营活动税收管理证明，向营业地税务机关报验登记。

（1）纳税人提供的资料：《税收登记证》副本。

（2）纳税人办理的时限要求：纳税人应在《外出地经营活动税收证明》经营地生产经营前，向经营地税务机关报验。纳税人外出活动结束，应当向经营地税务机关填报《外出经营活动情况申请表》，并结清税款、缴销发票。

此外，应注意税务机关对《税务登记证》证件实行定期验证和换证制度（见图 8-3）。凡在国税机关办理税务登记证的纳税人，应当在国税机关公告的时间内申请税务登记证验证、换证。

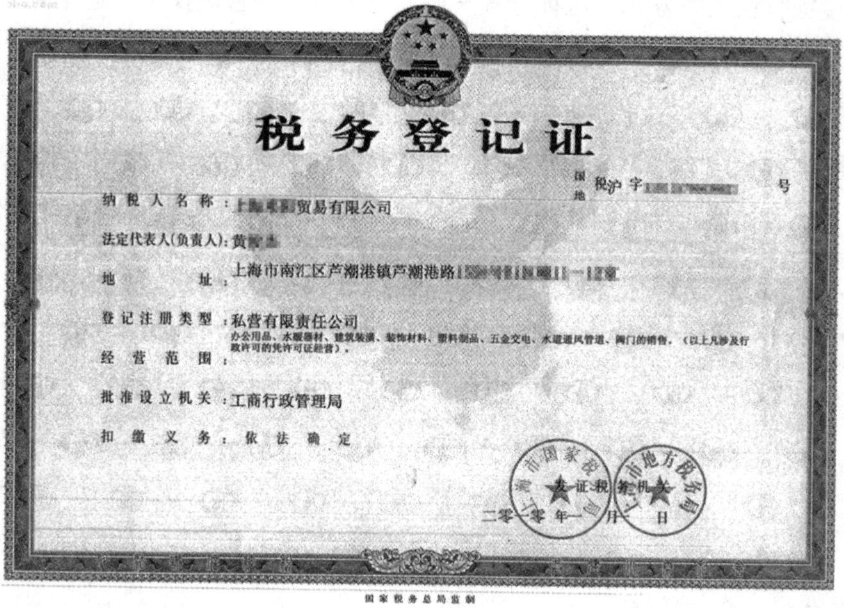
税务登记证

国地税沪字[redacted]号

纳税人名称：[redacted]贸易有限公司

法定代表人(负责人)：黄[redacted]

地址：上海市南汇区芦潮港镇芦潮港路[redacted]

登记注册类型：私营有限责任公司

经营范围：办公用品、水暖器材、建筑装潢、装饰材料、塑料制品、五金交电、水道通风管道、阀门的销售。（以上凡涉及行政许可的凭许可证经营）。

批准设立机关：工商行政管理局

扣缴义务：依法确定

发证税务机关

二零一零年 月 日

国家税务总局监制

图 8-3 税务登记证

二、税款征收

（一）税款征收方式

税款征收是税收征收管理工作的中心环节，其征收工作应根据税种特点及征纳双方的情况展开的。税款的征收方式主要有以下几种方式。

1. 查账征收

税务机关根据纳税人的会计账簿等财务核算资料，依据适用税率计算缴纳税款的方式。这种方式一般适用于财务制度健全、能够认真履行纳税义务的纳税人。

2. 查定征收

税务机关根据纳税人从业人数、生产设备、材料消耗和经营成本等，查定核实其应纳税额的一种方式。这种方式一般适用于经营规模较小、产品零星、税源分散及会计核算不健全的纳税人。

3. 查验征收

税务机关对纳税人应税商品，通过查验数量，按市场一般销售单价计算其销售收入并据以征税的方式。这种方式一般适用于经营品种比较单一，经营地点、时间和商品来源不固定的纳税单位。

4. 定期定额征收

纳税机关根据纳税人自报和一定的审核评议程序，核定其一定时期应税收入和应纳税额，并按月或季度征收税款的方式。这种方式一般适用于生产经营规模小，达不到《个体工商户建账管理暂行办法》规定设置账簿标准，难以查账征收，不能准确计算营业额和所得税额的小规模纳税人或个体工商户。

小贴士

《个体工商户建账管理暂行办法》第六条规定："达不到上述建账标准的个体工商户，经县以上税务机关批准，可按照税收征管法的规定，建立收支凭证粘贴簿、进货销货登记簿或者使用税控装置。"

5. 委托代征

税务机关依法委托相关单位和个人，代其向纳税人征税税款的方式。例如，税务机关委托车辆经销商代其征收车辆购置税、营改增后暂由地税局办理纳税人不动产销售或出租的增值税等。

6. 代收代缴、代扣代缴

税务机关依法委托对负有代收代缴、代扣代缴税款义务的单位和个人从与纳税人的经济往来中以及从持有纳税人收入中收取或扣缴其应纳税款的方式。例如，委托加工应税消费品，由受托方代缴消费税。这种方式适用有代收代缴、代扣代缴税款义务的单位和个人。

7. 其他征收方式

（1）网上办税。通过国税局或者地税局的指定网站，纳税人在法定申报期限和税款缴纳期限内，直接通过网络方式方便快捷地办理纳税手续。

（2）税务代理。纳税人委托税务事务所、会计事务所或审计事务所等进行代理记账，办理税务登记证，缴纳说款等。

小贴士

纳税人采用何种税款征收方式缴纳税款，由主管税务机关确定。

（二）税款征收措施

为确保税款征收顺利进行，税务机关依照税法对纳税人采取的税款征收措施。税务机关在征收税款可以采取的措施如下（见图 8-4）。

1. 加收滞纳金

纳税人未按照规定期限缴纳税款的，扣缴义务人未按照规定期限解缴税款的，税务机关除责令限期缴纳外，从滞纳税款之日起，按日加收滞纳税款万分之五的滞纳金。

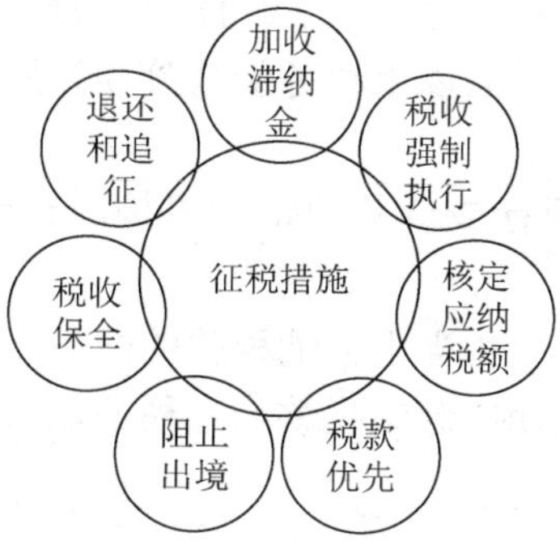

图 8-4　税款征收措施

【例 8-1 ·简答题】美华公司将主管税务机关确定的应于 2016 年 5 月 10 日缴纳的税款 100 000 元拖延到该月 5 月 30 日缴纳，税务机关如何处理该事件？

『答案』

税务机关对该公司加收 20 天的滞纳金 1 000(10 0000×0.5‰×20)元。

纳税人确实有特殊困难，不能按期缴纳税款的，经省、自治区或直辖市国家税务局、地方税务局批准，可以延期缴纳税款，但最长不得超过三个月。纳税人经批准延期缴纳税款的，在批准延期限内，不加收滞纳金。

2. 核定应纳税额

税务机关依照税法规定，对未设置账簿、账目混乱或未按规定办理税务登记证等情形的纳税人定期内的应纳税经营额或应纳所得税额进行核定，并以此为计税依据，确定其应纳税额的一种征收方式。

纳税人有下列情形之一的，税务机关有权核定其应纳税额。

（1）依照法律、行政法规的规定可以不设置账簿的。

（2）依照法律、行政法规的规定应当设置账簿但未设置的。

（3）擅自销毁账簿或者拒不提供纳税资料的。

（4）虽设置账簿，但账目混乱或成本资料、收入凭证、费用凭证残缺不全，难以查账的。

（5）发生纳税义务，未按照规定的期限办理纳税申报，经税务机关责令限期申报，逾期仍不申报的。

（6）纳税人申报的计税依据明显偏低，又无正当理由的。

（7）未按照规定办理税务登记的从事生产、经营的纳税人以及临时从事经营的纳税人。

注：税务机关核定应纳税额的具体程序和方法由国务院税务主管部门规定。

3. 税收保全措施

税收保全措施是税务机关有根据认为有逃避纳税义务行为的，可在规定的纳税之前，限制纳税人处理可用作缴纳税款的存款、商品等财产的一种控制管理措施。

税务机关有根据认为从事生产、经营的纳税人有逃避纳税义务行为的，可以在规定的纳税期之前，责令限期缴纳应纳税款；在限期内发现纳税人有明显的转移、隐匿其应纳税的商品、货物以及其他财产或者应纳税的收入的迹象的，税务机关可以责成纳税人提供纳税担保。如果纳税人不能提供纳税担保，经县以上税务局（分局）局长批准，税务机关可以采取下列税收保全措施：

（1）书面通知纳税人开户银行或者其他金融机构冻结纳税人的金额相当于应纳税款的存款。

（2）扣押、查封纳税人的价值相当于应纳税款的商品、货物或者其他财产。

注：纳税人在前款规定的限期内缴纳税款的，税务机关必须立即解除税收保全措施。

4. 税收强制执行措施

税务机关责令限期缴纳，逾期仍未缴纳的，经县以上税务局（分局）局长批准，税务机关可以采取下列强制执行措施：

（1）书面通知其开户银行或者其他金融机构从其存款中扣缴税款；

（2）扣押、查封、依法拍卖或者变卖其价值相当于应纳税款的商品、货物或者其他财产，以拍卖或者变卖所得抵缴税款。

税务机关强制执行措施时，对于纳税人尚未缴纳的滞纳金一并强制执行，但对个人及其抚养家属维持生活所需必要的房屋和用品，不在强制执行范围内。

5. 阻止出境

欠缴税款的纳税人或者他的法定代表人需要出境的，应当在出境前向税务机关结清应纳税款、滞纳金或者提供担保。未结清税款、滞纳金，又不提供担保的，税务机关可以通知出境管理机关阻止其出境。

6. 税款优先

税款优先是指税款的征收不受其他一般债权行使的限制，它体现了国家所拥有的税收权力上的一种优先权。

税款优先主要体现在以下几个方面。

（1）税收优于无担保债权，法律另有规定的除外；纳税人欠缴的税款发生在纳税人以财产设定的抵押、质押或者留置之前，税收应当优于抵押权、质押权和留置权执行。

（2）纳税人欠缴税款，同时又被行政机关决定处以罚款、没收违法所得的，税收优先罚款、没收违法所得。

（3）税务机关依照上述规定行使代位权、撤销权的，不免除欠缴税款的纳税人尚未履行的纳税义务和应承担的法律责任。

7. 税款的退还和追征

（1）税款的退还：纳税人超过应纳税额的税款，税务机关发现后应当立即退还；纳税人自结算缴款之日起3年内发现，可向税务机关要求退还多缴的税款并加算银行同期存款利息，税务机关查清后立刻从国库中退还。

（2）税款的追征：因税务机关的责任，致使纳税人、扣缴义务人未缴或者少缴税款的，税务机关在3年内可以要求纳税人、扣缴义务人补缴税款，但是不得加收滞纳金。

因纳税人、扣缴义务人计算错误等失误，未缴或者少缴税款的，税务机关在 3 年内可以追征税款、滞纳金；有特殊情况的，追征期可以延长到 5 年。

对偷税、抗税、骗税的，税务机关追征其未缴或者少缴的税款、滞纳金或者所骗取的税款，不受前款规定期限的限制。

案例分析

“美乐旅店”逃税

定期定额纳税人“美乐旅店”的老板王某，2016 年 1 月，将旅店承包给张某经营，张某每月向王某交承包费 3 000 元，有关承包经营的事项，王某未向税务机关报告。自 2016 年 1 月起该旅店一直未向税务机关申报纳税，税务机关多次催缴无效。2016 年 5 月 20 日，税务所找到王某，责令其在 5 月 31 日前缴纳欠缴的税款 8 000 元，责令期限已过，王某仍未缴纳税款。6 月 1 日经主管税务机关东山区地税分局批准，采取税收强制执行措施，但同美乐旅店已经在 5 月底关门停业，张某不知去向，税务机关扣押了王某的小汽车一辆。6 月 10 日小汽车以 60 000 元被拍卖，税务机关将拍卖所得抵顶税款 8 000 元、罚款 8 000 元、滞纳金及各项拍卖费用 6 000 元后，剩余款项于 6 月 15 日退还给王某，但王某不服。

【思考】税务机关对王某所采取的措施是否得当？说明理由。

【解析】得当。根据《税收征收管理法》税务机关责令限期缴纳，逾期仍未缴纳的，经县以上税务局（分局）局长批准，税务机关可以扣押、查封、依法拍卖或者变卖其价值相当于应纳税款的商品、货物或者其他财产，以拍卖或者变卖所得抵缴税款。

（三）税务争议

税务争议是纳税人对税收征管主体作出的税务具体行政行为不服或持有异议。解决争议的办法主要是税务行政复议和税务行政诉讼两种手段。争议期间，税务机关的决定不停止执行。

当事人对税务机关的处罚决定、强制执行措施或税收保全措施等不服的，可依法申请行政复议，也可以向人民法院起诉。

纳税人、扣缴义务人和纳税担保人对税务机关作出的征税行为（包含确认纳税主体、征税对象、纳税依据、适用税率等）不服的，应当向行政复议机关申请行政复议。对行政复议不服的当事人，可以再向人民法院提起行政诉讼。

申请人按前述规定申请行政复议的，必须先依据税务机关根据税法确定的税额、期限、缴纳或者解缴及滞纳金或提供的担保，方可在实际缴清税款和滞纳金或者所提供的担保得到作出具体的行政行为的行政机关确认之日起 60 天内提出行政复议，对行政复议不服的，可以依法向人民法院起诉。

小贴士

申请复议必须满足两个条件：一是要以当事人的名义提出；二是要依法缴纳或者解缴税款及滞纳金或者提供的担保。

三、税务检查

税务检查是指税务机关依据税法和财务会计制度的规定，依法对纳税人、扣缴义务人履行纳税义务的情况进行监督、检查的一种制度。纳税人、扣缴义务人必须接受税务机关依法进行的税务检查，如实反映情况，提供有关资料，不得拒绝、隐瞒。

（一）税务机关税务检查的形式

税务检查的主要形式如图 8-5 所示。

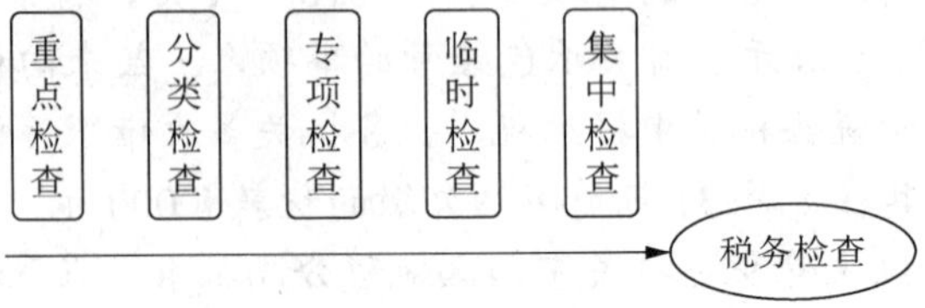

图 8-5　税务检查的形式

1. 重点检查

重点检查亦称专案检查是对公民举报、上级机关交办或有关部门转来的有偷税行为或偷税嫌疑的，纳税申报与实际生产经营情况不符合的纳税人以及具有普遍逃税行为的行业的检查。

2. 分类检查

分类检查是指根据纳税人历来纳税情况、纳税人的纳税规模及税务检查时间间隔长短等综合因素，按事先确定的纳税人分类、计划检查时间和检查频率而进行的检查。

3. 专项检查

专项检查是税务机关根据特定的目的和要求，依据征收管理部门或其他信息部门提供的信息、数据资料，通过分类、分析，选取特定的检查对象进行某个方面的或某些方面的检查。如，关税中专项检查、漏征漏管户专项检查。

4. 临时检查

临时检查是指税务机关可以根据不同的经济形势、偷税漏税趋势及税收任务完成情况等综合因素，在正常检查计划外安排的检查。例如，典型调查性的检查。其典型特点是属于正常检查的计划外安排的。

5. 集中检查

集中检查是指税务机关在一定时期、一定范围内、统一安排、统一组织的税务检查，其检查规模一般较大。

（二）税务机关在税务检查中的职权与义务

1. 税务机关的职权

（1）检查纳税人的账簿、记账凭证、报表和有关资料，检查扣缴义务人代扣代缴、代收代缴税款账簿、记账凭证和有关资料。

（2）到纳税人的生产、经营场所和货物存放地检查纳税人应纳税的商品、货物或者其他财产，检查扣缴义务人与代扣代缴、代收代缴税款有关的经营情况。

（3）责成纳税人、扣缴义务人提供与纳税或者代扣代缴、代收代缴税款有关的文件、证明材料和有关资料。

（4）询问纳税人、扣缴义务人与纳税或者代扣代缴、代收代缴税款有关的问题和情况。

（5）到车站、码头、机场、邮政企业及其分支机构检查纳税人托运、邮寄应纳税商品、货物或者其他财产的有关单据、凭证和有关资料。

（6）经县以上税务局（分局）局长批准，凭全国统一格式的检查存款账户许可证明，查询从事生产、经营的纳税人、扣缴义务人在银行或者其他金融机构的存款账户。

小贴士

税务机关调查税务违法案件时，对与案件有关的情况和资料，可以记录、录音、录像、照相和复制。

2. 税务人员的义务

税务机关派出的人员进行税务检查时应出示两个证件，即《税务检查证》和《税务检查通知书》，并有责任为被检查人保守秘密。缺少任何一个证件或工作人员未出示证件，被检查人有权拒绝检查。

小贴士

税务机关对集贸市场及集中经营业户进行检查时，可以使用统一的税务检查通知书。税务检查证和税务检查通知书的式样、使用和管理的具体办法，由国家税务总局制定。

第二节 法律责任

一、税收法律责任

税收法律责任是指纳税人（含扣缴义务人）不履行或者不完全履行税法所规定的义务应承担的法律后果。根据税法规定，税收法律责任包括经济责任、行政责任和刑事责任。

纳税人违反税法的行为包括违反纳税申报、偷税、抗税、骗税、欠税、逃避追缴欠税款、拒绝税务机关检查、虚开增值税专用发票、非法出售增值税专用发票等。根据违反税法的行为和情节程度不同，纳税人应承担相应的法律后果。

（一）违反纳税申报

纳税人未按照规定的期限办理纳税申报和报送纳税资料的，由税务机关责令限期改正，可以处 2 000 元以下的罚款；情节严重的，可以处 2 000 元以上 10 000 元以下的罚款。

（二）偷税

偷税是指纳税人伪造、变造、隐匿、擅自销毁账簿、记账凭证，或者在账簿上多列支出或者不列、少列收入，或者经税务机关通知申报而拒不申报或者进行虚假的纳税申报，不缴或者少缴应纳税款的行为。

对纳税人偷税的，由税务机关追缴其不缴或者少缴的税款、滞纳金，并处不缴或者少缴的税款 50%以上 5 倍以下的罚款；构成犯罪的，依法追究刑事责任。

《刑法》第二百零一条规定，偷税达应纳税额的 10%并且在 1 万元以上，或者因偷税被税务机关给予二次行政处罚又偷税的，处 3 年以下有期徒刑或者拘役，并处偷税额 1 倍以上 5 倍以下的罚金。

偷税额达到 10 万元以上占应纳税额的 30%以上的，处以 3 年以上 7 年以下的有期徒刑，并处偷税额 1 倍以上 5 倍以下的罚金。

小贴士

某纳税人一次演出被查出偷税 1.5 万元，其应纳税额为 20 万元，该纳税人是否构成犯罪？

（三）抗税

抗税是指纳税人以暴力、威胁方法拒不缴纳税款的行为。

根据税法，抗税除由税务机关追缴其拒缴的税款、滞纳金外，依法追究刑事责任。情节轻微，未构成犯罪的，由税务机关追缴其拒缴的税款、滞纳金，并处拒缴税款 1 倍以上 5 倍以下的罚款。

（四）骗税

骗税是指纳税人以假报出口或者其他欺骗手段，骗取国家出口退税款的行为。税务机关追缴纳税人骗取的退税款，并处骗取税款 1 倍以上 5 倍以下的罚款；构成犯罪的，依法追究刑事责任。

对骗取国家出口退税款的，税务机关可以在规定期间内停止为其办理出口退税。

小贴士

对纳税人的逃税、抗税、骗税等违法行为，税务机关追缴期限是无限的。

（五）欠税

欠税是指纳税人在规定期限内不缴或者少缴应纳或者应解缴的税款，经税务机关责令限期缴纳，逾期仍未缴纳的行为。

税务机关除依照规定，采取强制执行措施追缴纳税人未缴或少缴的税款外，还可以对不缴或少缴税款处 50%以上 5 倍以下的罚款；构成犯罪的，依法追究刑事责任。

（六）逃避追缴欠税款

纳税人欠缴应纳税款，采取转移或者隐匿财产的手段，妨碍税务机关追缴欠缴的税款的，由税务机关追缴欠缴的税款、滞纳金，并处欠缴税款 50%以上 5 倍以下的罚款；构成犯罪的，依法追究刑事责任。

（七）拒绝税务机关检查

纳税人、扣缴义务人逃税、拒绝或者以其他方式阻挠税务机关检查的，由税务机关责令其改正，可处 10 000 元以下的罚款；情节严重的，处 10 000 元以上 50 000 元以下的罚款。

（八）虚开增值税专用发票

虚开增值税发票指有为他人、为自己虚开、让他人为自己虚开、介绍他人虚开之一的违反税法规定，造成国家损失的行为。虚开增值税发票的手段多样，图 8-6 略举几种。

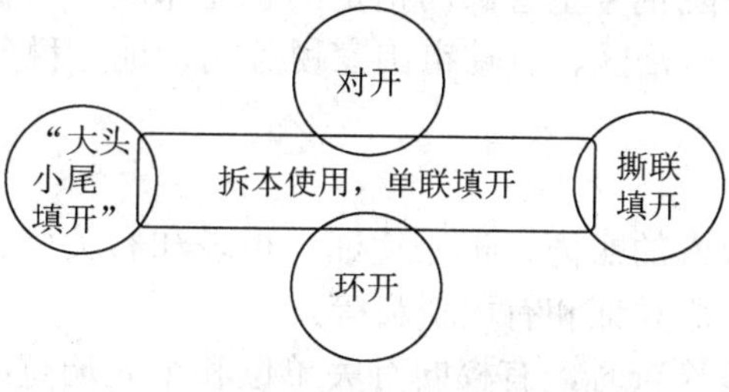

图 8-6　虚开增值税专用发票的手段

虚开增值税专用发票或者虚开用于骗取出口退税、抵扣税款的其他发票的，处 3 年以下有期徒刑或者拘役，并处 20 000 元以上 200 000 元以下罚金；虚开的税款数额较大或者有其他严重情节的，依法追究其刑事责任。

（九）非法出售增值税专用发票

非法出售增值税专用发票是指违反国家发票管理法规，非法出售增值税专用发票的行为。构成犯罪的依法追究刑事责任。

小贴士

《税收征收管理法》规定的行政处罚，罚款额在 2 000 元以下的，可以由税务所决定。

二、税务行政管理

税务行政管理是指依据国家法律设立的税务行政机关执行国家税法、政策、依法管理税收行政事务的行为。它包含了对纳税人的税务管理和对税务机构工作人员和工作质量的管理。

（一）税务机关的职权

国务院税务主管部门主管全国税收征收管理工作。各地国家税务局和地方税务局应当按照国务院规定的税收征收管理范围分别进行征收管理。税务机关的职权在各税收征收环节中得以具体化。

1. 税款征收

税务机关依照法律、行政法规的规定征收税款，不得违反法律、行政法规的规定开征、停征、多征、少征、提前征收、延缓征收或者摊派税款。

审核纳税人的申报资料、核定纳税人的应按纳税额。例如，对依照行政法规可不设账簿的、擅自销毁账簿或者拒不提供纳税资料的等纳税人。

2. 账簿、凭证管理

税务机关是发票的主管机关，负责发票印制、领购、开具、取得、保管、缴销的管理和监督。

增值税专用发票由国务院税务主管部门指定的企业印制；其他发票，按照国务院税务主管部门的规定，分别由省、自治区、直辖市国家税务局、地方税务局指定企业印制。

3. 税务检查

税务机关有权检查纳税人的账簿、记账凭证、报表和有关资料，检查扣缴义务人代扣代缴、代收代缴税款账簿、记账凭证和有关资料等。

税务机关依法进行税务检查时，有权向有关单位和个人调查纳税人、扣缴义务人和其他当事人与纳税或者代扣代缴、代收代缴税款有关的情况，有关单位和个人有义务向税务机关如实提供有关资料及证明材料。

税务机关派出的人员进行税务检查时应出示《税务检查证》和《税务检查通知书》。

（二）税务机关的义务

1. 深入开展税法普及

税务机关应当广泛宣传税收法律、行政法规，普及纳税知识，无偿地为纳税人提供纳税咨询服务。

纳税人、扣缴义务人有权向税务机关了解国家税收法律、行政法规的规定以及与纳税程序有关的情况。

2. 严守秘密

纳税人、扣缴义务人有权要求税务机关为纳税人、扣缴义务人的情况保密。税务机关应当依法为纳税人、扣缴义务人的情况保密。

收到检举的机关和负责查处的机关应当为检举人保密。税务机关应当按照规定对检举人给予奖励。

税务机关派出人员进行税务检查时有责任为被检查人保守秘密。

小贴士

纳税人、扣缴义务人保密的情况，是指纳税人、扣缴义务人的商业秘密及个人隐私。纳税人、扣缴义务人的税收违法行为不属于保密范围。

3. 开具完税凭证、税款入库

税务机关征收税款时，必须给纳税人开具完税凭证。扣缴义务人代扣、代收税款时，纳税人要求扣缴义务人开具代扣、代收税款凭证的，扣缴义务人应当开具。

税务机关扣押商品、货物或者其他财产时，必须开付收据；查封商品、货物或者其他财产时，必须开付清单。

税务机关根据保证国家税款及时足额入库、方便纳税人、降低税收成本的原则，确定税款征收的方式。

税务机关应当将各种税收的税款、滞纳金、罚款，按照国家规定的预算科目和预算级次及时缴入国库，税务机关不得占压、挪用、截留，不得缴入国库以外或者国家规定的税款账户以外的任何账户。

4. 付费或赔偿

税务机关按照规定付给扣缴义务人代扣、代收手续费。

纳税人在限期内已缴纳税款，税务机关未立即解除税收保全措施，使纳税人的合法利益遭受损失的，税务机关应当承担赔偿责任。

5. 执行公务的提示

税务机关派出的人员进行税务检查时，应当出示税务检查证和税务检查通知书，并有责任为被检查人保守秘密；未出示税务检查证和税务检查通知书的，被检查人有权拒绝检查。

6. 负责文书送达

税务机关送达税务文书，应当直接送交受送达人。受送达人是公民的，应当由本人直接签收；本人不在的，交其同住成年家属签收。

送达税务文书应当有送达回证，并由受送达人或者《税收征收管理法实施细则》规定的其他签收人在送达回证上记明收到日期，签名或者盖章，即为送达。

（三）税务机关的纳税服务

1. 建立信息共享制度

国家有计划地用现代信息技术装备各级税务机关，加强税收征收管理信息系统的现代化建设，建立、健全税务机关与政府其他管理机关的信息共享制度。

2. 提高政治业务素质

税务机关应当加强队伍建设，提高税务人员的政治业务素质。

税务机关、税务人员必须秉公执法，忠于职守，清正廉洁，礼貌待人，文明服务，尊重和保护纳税人、扣缴义务人的权利，依法接受监督。

税务人员不得索贿受贿、徇私舞弊、玩忽职守、不征或者少征应征税款;不得滥用职权多征税款或者故意刁难纳税人和扣缴义务人。

3. 健全内部制约和监督机制

各级税务机关应当建立、健全内部制约和监督管理制度。上级税务机关应当对下级税务机关的执法活动依法进行监督。各级税务机关应当对其工作人员执行法律、行政法规和廉洁自律准则的情况进行监督检查。

4. 建立回避制度

税务人员征收税款和查处税收违法案件，与纳税人、扣缴义务人或者税收违法案件有利害关系的，应当回避。

与纳税人、扣缴义务人或者其法定代表人、直接责任人有下列关系之一的，应当回避（见图 8-7）。

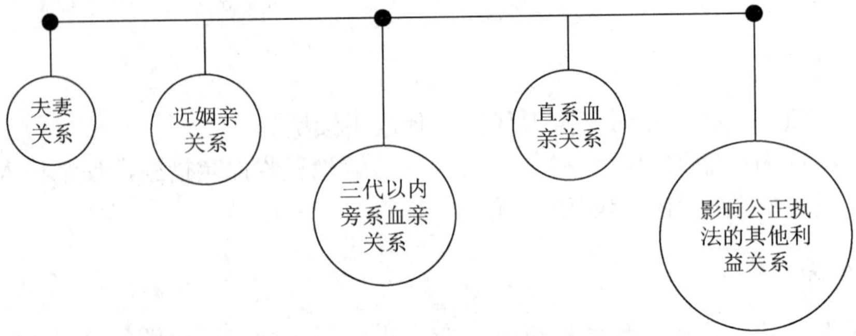

图 8-7　应当回避的关系

本 章 小 结

税务征收管理包含税务登记、税务申报、税款征收和税务检查及其法律责任等环节，其中税款征收是核心环节。

税务登记包含设立登记、变更登记、停业登记、复业登记及注销登记等方式，纳税人需在税法规定的期限向主管税务机关进行登记。

税款征收是税收管理的中心工作，税款征收采用的方式及其措施主要包括查账征收、查定征收、查验征收和定期定额征收等征收方式；加收滞纳金、核定应纳税额、税收保全、税收强制执行等征收措施。

税务检查是税收征管中的重要环节，其检查方式有重点检查、专项检查、临时检查、集中检查和分类检查。

税收征管中，纳税人、扣缴义务人违反税法的行为包括违反纳税申报、偷税、抗税、骗税、欠税、虚开增值税专用发票等。根据违反税法的行为和情节程度不同，纳税人应承担相应的法律后果。

税务行政管理涉及税务机关和工作人员的权利与义务的享有与履行，同时必要提升税务效率。

关 键 术 语

税收征管　税务登记　税款征收　税务检查　法律责任　税务申报　税务行政管理

综 合 练 习

一、单项选择题

1．向税务机关申报办理税务登记的时间是自领取营业执照之日起（　　）天。

A．20　　B．30　　C．15　　D．7

2．发票的管理机关是（　　）。

A．财政机关　　B．税务机关　　C．各级政府　　D．审计机关

3．纳税人未按期缴纳税款的，税务机关可催款并按日加收应纳税额（　　）滞纳金。

A．5‰　　B．3‰　　C．0．3‰　　D．0．5‰

4．对纳税人的偷税、抗税、骗税等违法行为，税务机关追缴其税款的期限是（　　）。

A．3 年　　B．5 年　　C．10 年　　D．无限制

5．如果纳税人不能提供纳税担保，经（　　），税务机关可以采取税收保全措施。

A．税务所局长批准

B．稽查局局长批准

C．县级以上税务局（分局）局长批准

D．设区的市、自治的以上税务局（分局）局长批准

6．对于生产不固定、账册不健全的纳税人所采取的税款征收方式是（　　）。

A．查验征收　　B．查定征收　　C．查账征收　　D．定期定额

7．根据《税收征收管理法》的规定，下列个人财产，不适用税收保全措施的是（　　）。

A．金银首饰　　B．古玩字画

C．维持生活必需的住房　　D．机动车辆

8．税务机关查封商品、货物或其他财产时，必须开付（　　）。

A．清单　　B．收据　　C．发票　　D．收据和清单

9．税务机关采取税收强制执行措施，必须经（　　）批准。

A．税务机关　　B．县级税务局局长

C．县级以上税务局（分局）局长　　D．市级税务局局长

10．虚开增值税专用发票或者虚开用于骗取出口退税、抵扣税款的其他发票的，处 3 年以下有期徒刑或者拘役，（　　）罚金。

A．并处 10 000 元以上 100 000 元以下　　B．并处 20 000 元以上 200 000 元以下

C．并处 2 000 元以上 20 000 元以下　　D．并处 1 000 元以上 10 000 元以下

二、多项选择题

1．某大型超市 2015 年度缴纳下列税种中，由地方税务局征收的有（　　）。

A．车船税　　B．房产税　　C．增值税　　D．企业所得税

2．下列属于税收保全措施的是（　　）。

A．在规定的纳税期之前，责令限期缴纳应纳税款

B．扣押、查封纳税人的价值相当于其应按税额的商品、货物或其他财产

C．书面通知纳税人开户银行从其存款中扣缴税款

D．书面通知纳税人开户银行冻结纳税人相当于其应缴税款的款

3．下列属于应核定应纳税额的有（　　）。

A．依照法律、行政法规的规定可以不设置账簿的

B．依照法律、行政法规的规定应当设置账簿但未设置的

C．擅自销毁账簿或者拒不提供纳税资料的

D．虽设置账簿，但账目混乱或成本资料、收入凭证、费用凭证残缺不全，难以查账的

4．下列各项中，属于偷税行为的有（　　）。

A．隐匿账簿、凭证的

B．进行虚假纳税申报，少缴应纳税额

C．在账簿上多列支出，少缴应纳税额

D．隐匿财产、妨碍税务机关追缴应纳税额的

5．纳税人有（　　）等情形的应当进行变更登记。

A．改变名称　　B．改变法定代表人

C．增减注册资本　　D．改变经营范围

6．根据《税收征收管理法》的规定，纳税人发生偷税行为，税务机关可以行使的权利有（　　）。

A．追缴应纳税款　　B．加收滞纳金　　C．处以罚款　　D．处以罚金

6．税务检查的方式有（　　）。

A．重点检查　　B．专项检查　　C．集中检查　　D．典型检查

7．纳税人与征税机关发生纳税争议，必须先复议的有（　　）。

A．征收税款　　B．纳税担保　　C．加收滞纳金　　D．税收保全措施

8．在我国，《税收征收管理法》规定的税收征收管理机关包括（　　）。

A．财政机关　　B．国家税务机关　　C．地方税务局　　D．海关

9．税务登记的类型有（　　）。

A．设立登记　　B．复业登记　　C．外埠经营登记　　D．注销登记

三、案例分析

1．2016 年 4 月 25 日，湖北省武汉市警税联合，在湖北武汉、安徽阜阳等地同时开展“12·8”特大虚开增值税专用发票案抓捕行动。经查，2015 年 6 月～2016 年 4 月期间，犯罪嫌疑人计某、龚某等团伙先后注册成立 136 家涉案开票公司，共领购增值税专用发票 4 430 份，已对外虚开增值税专用发票 3 137 份，涉案金额 3.1 亿元，税额 5 270 万元，涉及全国 9 个省（市）21 家企业，同时采取虚假农产品购进，非法抵扣进项税额 4 928 万元。

请问：

（1）虚开增值税专用发票手段有哪些？

（2）虚开增值税专用发票的经济责任有哪些？

（3）如何处罚以上虚开增值税专用发票的违反行为？

2．某机电公司为私营企业是增值税一般纳税人，经营机电工具。税务机关对其上年度即 2015 年的经营情况进行税务检查时发现账务处理如下：

借：银行存款（应收账款等）

贷：预收账款

类似的账务处理较多不符合会计分录的对应性，从而使税务人员产生了怀疑。

经过检查该企业的资产负债表发现 2015 年 12 月末“预收账款”贷方余额为 603 138.06 元。该企业经营的是机电产品，属于非紧俏商品基本上是买方市场，购货单位先付款后提货的可能性较小。故检查重点放到“预收账款（暂收款）”账户。此账户反映 2013 年度贷方发生额比较频繁，故抽取调阅发生额较大的凭证详细检查。经查阅，其业务日报表和销售部门的发货记录发现付款单位已将货提走，但发票未开从而确定为属于销售货物的行为，只是部分余款未结。经过逐项核实发现该企业将销售货款挂“预收账款”账户，未转入“商品销售收入”账户，少报销售额 515 502.62 元（其相应的商品成本为 443 502.62 元）。

请问：

（1）某机电公司行为是否属于偷税逃税违法行为？说明理由。

（2）税务征收机关如何处理该机电公司？说明处理依据。

参考文献

[1] 张晓慧，吉文丽．税法［M］．北京：清华大学出版社，2014.
[2] 付志宇．税法［M］．北京：高等教育出版社，2016.
[3] 中国注册会计师协会．税法［M］．北京：经济科学出版社，2016.